中国特色高水平高职学校建设项目成果
教育部首批电子商务国家级职业教育教师教学创新团队建设成果
教育部首批国家级职业教育教师创新团队电子商务专业领域实践课题（电子商务产学协同育人生态圈探索与实践，项目编号 SJ2020110104）建设成果

新媒体营销实务

主　编◎李亚斌　王晓亮　高　红
副主编◎傅正强　周霞霞　李泽华　张　雁
　　　　李　岚　朱容菽　黎秋蓉
主　审◎王庆春

中国铁道出版社有限公司

2023年·北　京

内 容 简 介

本书基于内容模块化和项目任务化的思路进行编写，从培养学生实战化技能的角度，首先对新媒体、新媒体营销、新媒体营销人员能力与岗位职责等内容进行整体阐述；其次根据新媒体平台的发展趋势，介绍了微信营销、视频营销、微博营销、App营销等相关理论知识和实践技能；最后介绍了新媒体营销的直播选品策略，进行直播营销和开展社群营销的基本步骤和方法，以帮助读者快速上手实践，对读者创业具有现实指导性。

本书适合作为高等职业院校电子商务类专业、市场营销类专业、工商管理类专业教材，也适合营销从业人员为提升实战技能学习参考。

图书在版编目(CIP)数据

新媒体营销实务/李亚斌，王晓亮，高红主编．—北京：中国铁道出版社有限公司，2023.12

中国特色高水平高职学校建设项目成果　电子商务国家级职业教育教师教学创新团队建设成果

ISBN 978-7-113-29254-6

Ⅰ.①新…　Ⅱ.①李…　②王…　③高…　Ⅲ.①网络营销　Ⅳ.①F713.365.2

中国版本图书馆CIP数据核字(2022)第099424号

书　　名：新媒体营销实务

作　　者：李亚斌　王晓亮　高　红

策　　划：潘星泉　　　　**编辑部电话：**(010) 51873371

责任编辑：潘星泉　张　彤

封面设计：郑春鹏

责任校对：刘　畅

责任印制：樊启鹏

出版发行：中国铁道出版社有限公司（100054，北京市西城区右安门西街8号）

网　　址：http://www.tdpress.com/51eds/

印　　刷：三河市燕山印刷有限公司

版　　次：2023年12月第1版　2023年12月第1次印刷

开　　本：787 mm×1 092 mm 1/16　**印张：**13.25　**字数：**330千

书　　号：ISBN 978-7-113-29254-6

定　　价：48.00元

总　序

2019年3月，教育部、财政部联合印发《关于实施中国特色高水平高职学校和专业建设计划的意见》（该计划简称“双高计划”），支持建设一批引领改革、支撑发展、中国特色、世界水平的高职学校和专业群；2019年6月，教育部印发《全国职业院校教师教学创新团队建设方案》，提出分专业建设一批高水平、结构化的国家级职业教育教师教学创新团队，教师分工协作进行模块化教学；首批电子商务国家级职业教育教师教学创新团队经过公开遴选，于2019年8月成立；2020年7月，教育部公布首批电子商务国家级职业教育教师教学创新团队专业领域实践课题研究项目。首批电子商务国家级职业教育教师教学创新团队紧紧围绕立德树人这一根本任务，建设和开发基于现代商贸流通领域的新商科专业群的系列教材。

本系列教材作为首批电子商务国家级职业教育教师教学创新团队研究成果之一，也是教育部公布的“专业领域—电子商务实践课题‘电子商务产学协同育人生态圈探索与实践（SJ2020110104）’”建设成果。

本系列教材紧密对接国家《“十四五”电子商务发展规划》要求，是适应结构化、模块化专业课程教学要求的新形态教材，同时配套建设了丰富的可听、可视、可练、可互动的数字化资源。期待本系列教材在实践中不断完善，成为培根铸魂、启智增慧的精品教材。

首批电子商务国家级职业教育教师教学创新团队

2022年2月22日

前言

《新媒体营销实务》教材既是中国特色高水平高职学校建设项目成果，也是电子商务国家级职业教育教师教学创新团队建设成果。本书秉持党的二十大报告精神："全面贯彻党的教育方针，落实立德树人根本任务，培养德智体美劳全面发展的社会主义建设者和接班人。"在编写过程中，按照"以增强学生实际应用能力为宗旨，以职业岗位能力要求为工作任务"的理念进行结构设计和体系重构，在整体框架结构上进一步优化调整了"模块一项目一任务"的模块化项目任务驱动形式；在教材内容方面，积极适应新时代对职业院校课程思政建设的需要，增加了思政元素与案例；结合"互联网＋"行动计划中所强调的，以互联网为纽带，将移动互联网、物联网、大数据、云计算、人工智能、能源网等一大批新兴技术进行融合应用与创新，将短视频、小程序、直播等新技术和新方法融入营销活动媒体传播生态圈。

本书是高等职业教育新形态教材，进行全方位立体化教材开发，对应开发配套微课、音频、动画等多样化自主学习资源素材库，服务教师教学，学生多元化学习。相关资源，可向编者索取。本书从认识新媒体入手，以新媒体营销岗位的基本技能要求为主线，理论与实操相结合，主要介绍新媒体营销团队成员的构成、素质要求、成长路径等岗位需求能力特征；围绕从事该岗位所需具备的微信营销、微博营销、视频营销、App 营销、直播营销、社群营销等能力技巧和方法展开论述。本书有助于学习者基本形成新媒体营销的职业能力，并能有效开展新媒体营销活动；有助于帮助企业培育新增长点、形成新动能。

全书内容分为三大模块九个具体项目，每个项目又细化为若干任务（共计二十二个任务）。每个任务中又包括了任务描述、任务目标、知识链接、任务案例、知识扩展共五部分，形式新颖、信息丰富、视角独特、思维创新、实用性强。

本书由李亚斌、王晓亮、高红任主编，由傅正强、周霞霞、李泽华、张雁、李岚、朱容萩、黎秋蓉任副主编，由王庆春主审。具体编写分工如下：李亚斌（昆明冶金高等专科学校）编写项目1，王晓亮（昆明冶金高等专科学校）编写项目2，张雁（昆明冶金高等专科学校）编写项目3，黎秋蓉（云南交通职业技术学院）编写项目4，周霞霞（昆明冶金高等专科学校）编写项目5，李泽华（昆明幼儿师范高等专科学校）编写项目6，李岚（昆明冶金高等专科学校）编写项目7，朱容萩（云南交通职业技术学院）编写项目8，高红（昆明幼儿师范高等专科学校）编写项目9，傅正强（昆明冶金高等专科学校）和中教畅享（北京）公司彭鑫参与了部分项目和案例的编写工作。全书由李亚斌统稿、定稿。

由于编写时间仓促，编者水平有限，书中疏漏及不妥之处在所难免，敬请广大读者不吝赐教，以便于修订，使之日臻完善。编者邮箱：83510909@qq.com。

编　者

2023年2月

模块 1　走进新媒体营销

模块 2　学会新媒体营销

模块 3　实施新媒体营销

模块1 走进新媒体营销

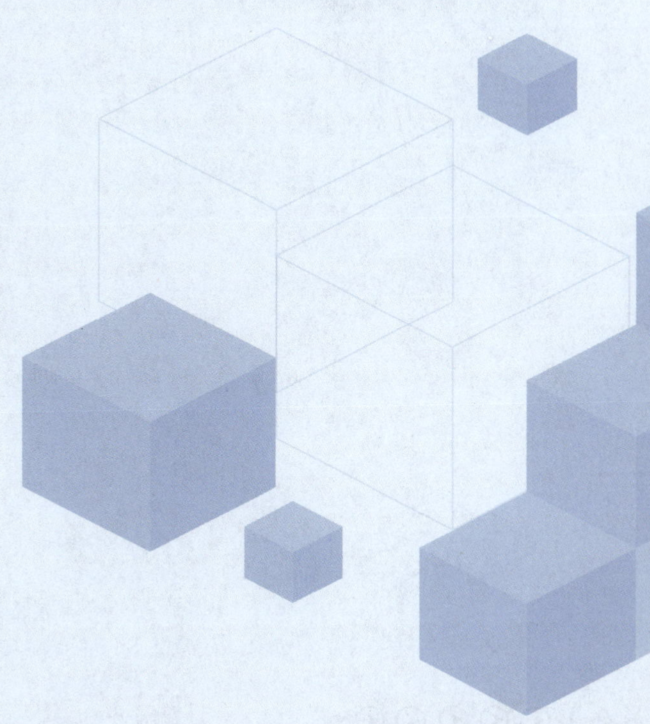

项目1 认识新媒体与新媒体营销

项目导学

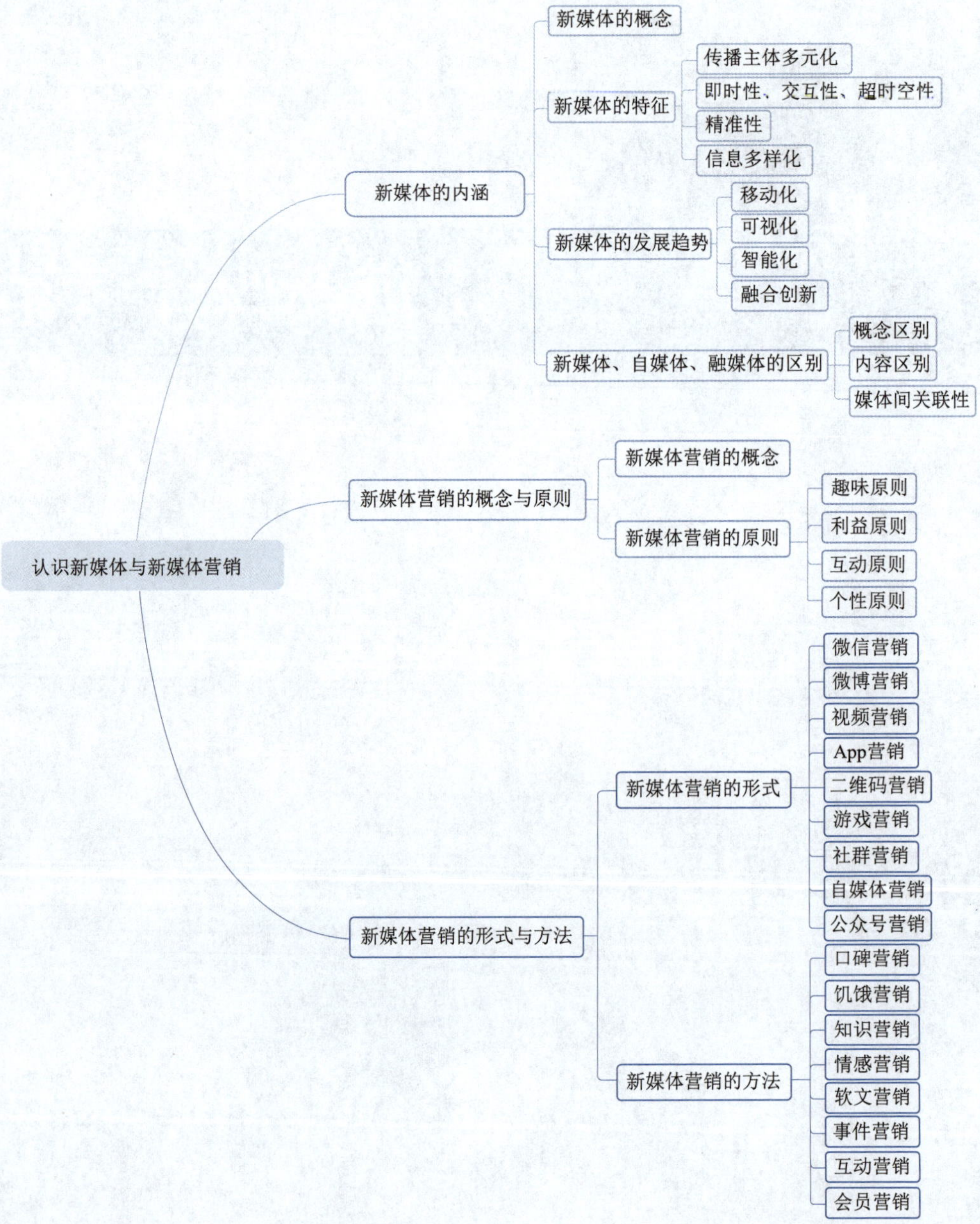

- 认识新媒体与新媒体营销
  - 新媒体的内涵
    - 新媒体的概念
    - 新媒体的特征
      - 传播主体多元化
      - 即时性、交互性、超时空性
      - 精准性
      - 信息多样化
    - 新媒体的发展趋势
      - 移动化
      - 可视化
      - 智能化
      - 融合创新
    - 新媒体、自媒体、融媒体的区别
      - 概念区别
      - 内容区别
      - 媒体间关联性
  - 新媒体营销的概念与原则
    - 新媒体营销的概念
    - 新媒体营销的原则
      - 趣味原则
      - 利益原则
      - 互动原则
      - 个性原则
  - 新媒体营销的形式与方法
    - 新媒体营销的形式
      - 微信营销
      - 微博营销
      - 视频营销
      - App营销
      - 二维码营销
      - 游戏营销
      - 社群营销
      - 自媒体营销
      - 公众号营销
    - 新媒体营销的方法
      - 口碑营销
      - 饥饿营销
      - 知识营销
      - 情感营销
      - 软文营销
      - 事件营销
      - 互动营销
      - 会员营销

任务1.1 理解新媒体的内涵

任务描述

新媒体的快速发展，不仅使用户由传统媒体转向新媒体，更改变了其获取和使用信息的方式和习惯，对企业营销行为的方式方法均产生了巨大影响，越来越多的企业开始尝试和探索新媒体营销的新模式。

任务目标

(1)了解新媒体的概念。
(2)理解新媒体、自媒体、融媒体之间的区别。
(3)掌握新媒体的特征和发展趋势。

知识链接

1.1.1 新媒体的概念

媒体一词来源于拉丁语中的“Medius”，音译为媒介，是信息传播的媒介。它是指人用来传递信息与获取信息的工具、渠道、载体、中介物或技术手段；也指传送文字、声音等信息的工具和手段。通常把媒体看作为了实现信息从信息发起者传递给受众的一切技术手段，传统的媒体一般泛指报纸、杂志、广播、电视四类传播手段。

随着科学技术的快速发展和社会的不断进步变化，人们的思维方式和生活方式都在发生改变，新媒体便是在这样的环境变迁下的产物。如今，互联网已经被公认为继电视、广播、纸质等传统媒体之后的第四媒体。这些“新媒体”不仅改变了大众传播中的传者和受者之间的关系，颠覆了大众媒体传统的传播模式和内容生产方式，在此环境下没有了所谓的“听众”、“作者”和“观众”，每个人既可以是信息传播的接收者，又可以是信息传播的发起者，于是给人类传播活动及生存方式带来了巨大的改变和影响，并受到各界人士的关注。

“新媒体”这一概念于1967提出。自“新媒体”诞生以来，对于“新媒体”的概念界定问题一直是学界的焦点之一。早期，联合国教科文组织对“新媒体”做过这样的定义：“新媒体”就是以数字技术为基础，以网络为载体进行信息传播的媒介。我国学者则对“新媒体”概念的认知不断丰富完善，例如清华大学熊澄宇教授认为：“今天的新媒体主要指计算机信息处理技术上产生和影响的媒体形态，包括在线的网络媒体和离线的其他数字媒体形式。”中国人民大学彭兰教授在《新媒体概念界定的三条线索》中提到：“新媒体”主要指基于数字技术、网络技术及其他现代信息技术或通信技术的，具有互动性、融合性的媒介形态和平台。于是对“新媒体”的认识从最初新产生的数字化、互动性媒体形式到认为新媒体是平台，概念的认知得到不断丰富完善。

基于上述认知，我们将“新媒体”定义为是一种以数字技术为代表的新兴信息传播和交流方式。它指在互联网中通过抖音、微信、今日头条、知乎、新浪微博、腾讯新闻、网易新闻等主流平台，以文字、图片或短视频等方式传播信息的媒体。数字网络技术、大数据、云计算、物联网、人工智能、移动通信等技术的发展，推动了我国“新媒体”传播方式不断发展，各大平台逐渐由单一功能转向多功能的复合“新媒体”，复合媒体功能的出现展现出了“新媒体”在我国发展过程中独有的特色，如图 1-1 所示。

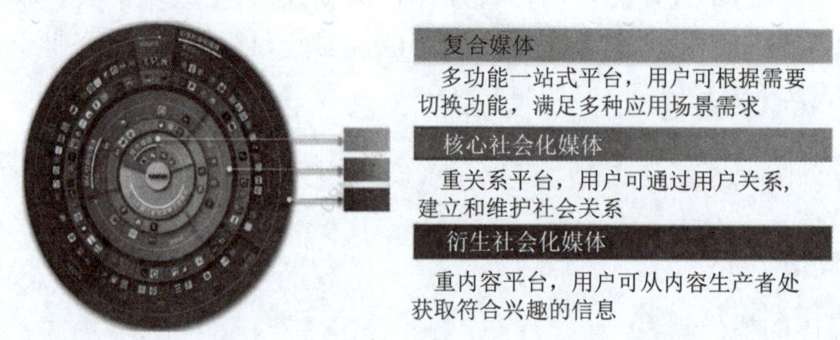

图 1-1　相关文献中出现的“复合媒体”含义

任务案例 1-1

你认为以下哪些是新媒体？请在表 1-1 中填上是或否。

表 1-1　新媒体类型辨析

类型	是/否	类型	是/否
纸质报纸		抖音	
微博		微信朋友圈	
微信公众号		知乎	
电子邮件		IPTV	
门户网站		手机新闻客户端	
个人博客		快手	

1.1.2　新媒体的特征

以数字技术为代表的新媒体，其最大特点是打破了传统媒介之间的壁垒，消融了媒体介质之间，地域、时间、形式，甚至传播者与接收者之间的边界。新媒体还表现出以下几个特征。

1. 传播主体多元化

传统媒介在进行信息传递过程中进行的往往是点对面的传播，在这个过程中将传播者作为信息把控角色，而信息受众方很少有主动选择的余地，受众的个性化需求在一定程度上也受到限制。而新媒体时代中的“受众”不再是单向度的传播，新媒体的交互性打破了传统大众媒介的传播模式，从而使信息传播有了媒体对个人、个人与个人之间的双向交互和精准的传播特点。新媒体使用者不再是被动地接收信息，而是主动地发现信息、选择信息、处理信息、使用信息，他们的媒体使用行为过程中可以有更多的自主权和选择权，可以自己控制何时、何地、用何种方式获取何种信息。“受者中心”代替“传者中心”，这也就使得传播主体多元化得以实现。

2. 即时性、交互性、超时空性

传统的信息沟通过程中如报纸、广播、电视等媒体从信息发出者到反馈往往需要一个较长周期。而新媒体不会受到时间和空间的限制，具有即时性的特征。新媒体的发展使得各种信息都会在第一时间传播出去，甚至能实现信息的“零时差”。特别在一些突发事件的报道时，新媒体更能快速地做出反应，发挥出即时性的作用。在新媒体时代，信息发布者都拥有双向交流权以及控制权，信息在交流的双方之间是互动的。信息的接收者在接收信息的同时也可以完成传播，从而成为信息的传播者。因此，在这种情况下，信息的传播者与接收者之间并没有太大的限制与区别，传播过程也不再受限于传播时间和传播地点，可以做到随时随地传播、接收信息。

3. 精准性

在新媒体平台上，企业会利用大数据，通过用户填写的社交资料、发布的社交内容、浏览记录、行为习惯、搜索记录等，推算出用户的偏好并进行用户画像，根据其兴趣爱好进行信息流广告，从而实现精准营销。

4. 信息多样化

新媒体表现形式多种多样，表现的内容和过程也丰富多样。其内容可以做到融合文字、音频、画面，并做到及时的内容扩展。新媒体用户可以自由地通过随身携带的手机和其他移动设备，实现随时、随地、随心选择不同新媒体平台，获取、接收信息，交流互动，并且这种行为习惯带有移动化、碎片化的特性。

知识扩展1-1

信息流广告

信息流是传播学中的一个重要概念，与“影响流”一起成为其“N级传播模式”的组成部分。在互联网时代，信息流被赋予了更多使命和意义。信息流广告（见图1-2）是位于社交媒体用户的好友动态，或者资讯媒体和视听媒体内容流中的广告。信息流广告的形式有图片、图文、视频等，特点是算法推荐、原生体验，可以通过标签进行定向投放，根据自己的需求选择推曝光、落地页或者应用下载等，最后的效果取决于“创意”“定向”“竞价”三个关键因素。

信息流广告是信息流里穿插出现的广告。信息流广告以文字链、图片、短视频等夹杂在用户浏览的信息中，与所处的环境贴合，被认为是“最不像广告的广告”。运营商通过各种渠道，获取用户的行为数据及兴趣数据，再基于大数据算法，将广告与用户的兴趣和需求进行匹配，然后有针对性地将广告推送到用户面前。

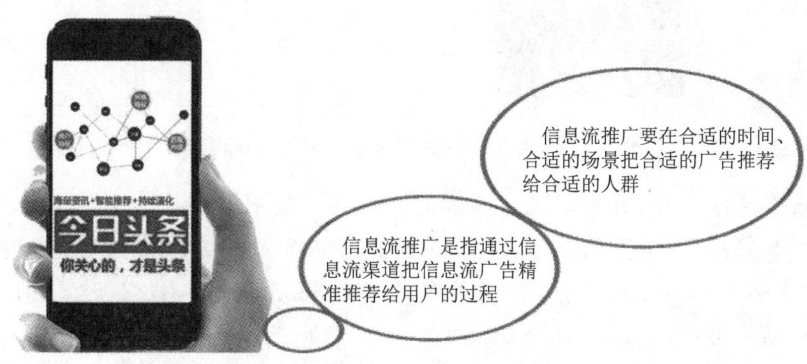

图1-2 信息流广告

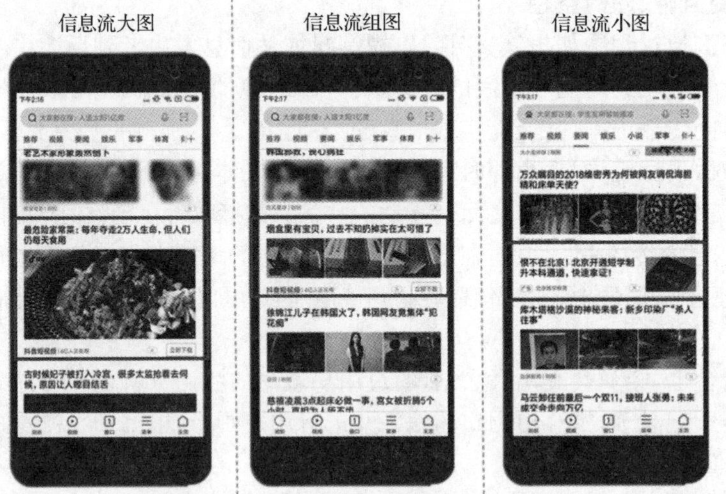

图 1-2　信息流广告(续)

任务案例 1-2

鸿星尔克“野性消费”的背后

2021 年 7 月 17 日至 23 日,河南省遭遇历史罕见特大暴雨,发生严重洪涝灾害。特大洪灾立刻引发全社会的广泛关注,企业和社会各界人士纷纷捐款捐物驰援河南。7 月 21 日,鸿星尔克在其官方微博发布捐款 5 000 万元物资消息后被网友们纷纷转发(见图 1-3)。随后的 48 小时内,鸿星尔克登上了微博、抖音、头条、知乎、百度等各个平台的热搜或热门。

图 1-3　鸿星尔克官方微博发布捐款 5 000 万元

据相关信息显示,2020 年鸿星尔克净利润只有 2.2 亿元,但却慷慨捐赠 5 000 万元物资,于是大批消费者涌向了鸿星尔克的直播间,平时只有几千人围观的淘宝鸿星尔克官方旗舰店直播间,22 日的人数达到 201.7 万,23 日更是达到了 882.6 万,7 月 22 日、23 日,鸿星尔克抖音主要直播间销售总额近 1.9 亿元。

直播间成为品牌与消费者对话的重要窗口,“野性消费”“缝纫机冒烟”的梗脱颖而出,引起更广泛的共鸣与认同,进一步引爆了鸿星尔克的热度,网友们的情绪延伸至线下。7 月 24 日,

“某男子在鸿星尔克买500付1 000拔腿就跑”的视频更是登上微博热搜。接下来两天，“鸿星尔克门店货品几乎被扫空”“鸿星尔克门店深夜12点挤满顾客”等话题都成为热门。

结合以上案例分析：“野性消费”是什么？新媒体的特征体现在哪些方面？

1.1.3 新媒体的发展趋势

1. 移动化

以手机和平板电脑为主要代表的移动设备越来越成为人们获取信息的主要手段。全球数据分析机构Newzoo公司公布的《2020全球移动市场报告》显示，中国目前拥有最多的活跃智能手机用户，2023年底规模将达到10亿，见表1-2。

表1-2 Newzoo公司《2020全球移动市场报告》

市场/地区	全球排名	人口数/百万	网民数/百万	智能手机用户数/百万	活跃智能手机数/百万	智能手机普及率
中国	1	1 439.3	907.5	874.4	1 062.8	60.8%
印度	2	1 380.0	649.4	442.7	538.1	32.1%
美国	3	331.0	283.9	270.0	308.3	81.6%
印度尼西亚	4	273.5	174.1	158.7	192.8	58.0
巴西	5	212.6	152.2	107.7	127.3	50.7%
俄罗斯	6	145.9	119.7	99.0	113.9	67.8%
墨西哥	7	128.9	93.5	69.2	81.7	53.6%
日本	8	126.5	101.5	67.0	81.4	52.9%
德国	9	83.8	75.5	65.0	74.2	77.6
英国	10	67.9	61.8	53.2	60.8	78.4%

2. 可视化

可视化是指将数据和信息可通过图形、文字、动态数据、丰富的色彩和视频的形式组合而成，以便于向大众呈现简约、有效的信息并具有吸引力的视觉效果。

3. 智能化

大数据、云计算、人工智能等技术的普及应用，改变了传统的信息采集、筛选、分析数据、制作、发布方式，并形成与潜在顾客信息需求的特点上共同构建新型媒体传播形式，重塑了信息传播流程，极大激发了信息生产潜力。

4. 融合创新

新媒体拥有的即时性、交互性、超时空性、精准性、表现形式多种多样等特点，改变了人们的阅读习惯以及阅读方式，满足了新时期人们对于信息传播的各种需求，从而导致传统媒体流量越来越少，逐渐撼动了传统媒体原本的媒体市场主体地位。虽然新媒体改变了现代传播的格局与模式，但是传统媒体自身具备的权威性是新媒体无法比拟的。新兴媒体的出现，为传统媒体持续发展提供了一条新的思路，也就是与新媒体的融合创新实现跨越式转型发展。

1.1.4 新媒体、自媒体、融媒体的区别

随着科学技术的快速发展，媒体传播的形态越来越多，术语越来越复杂，传统媒体、新媒体、自媒体、融媒体等名词在互联网中经常出现。这些概念到底有什么区别？它们有什么样的

特点？之间有什么样的关系？对于运营者、大众、用户来说经常混淆不清。其实新媒体、自媒体、融媒体三者之间既有区别，也有内在的联系，很难将它们看成独立的个体。

1. 概念区别

新媒体是一种以数字技术为代表的新兴信息传播和交流方式。

自媒体的概念是由美国学者波曼和克里斯提出的。其定义为："大众通过数字技术与全球信息体系相联系，然后通过分享让别人知道你要传达的新闻或事件。"简单来说，自媒体是指普通大众通过网络等途径，向外发布他们本身的事实和新闻的一种传播方式。也可以说是普通大众经由数字科技与全球知识体系相连之后，一种提供与分享本身事实和新闻的途径。

融媒体则是充分利用媒介载体，把广播、电视、报纸等既有共同点又存在互补性的不同媒体，在人力、内容、宣传等方面进行全面整合，实现"资源通融、内容兼容、宣传互融、利益共享"的新型媒体。

2. 内容区别

以数字技术为代表的新媒体，其最大特点是打破了传统媒介之间的壁垒，消融了媒体介质差异，体现了传播主体多元化、即时性、交互性、超时空性、精准性、信息多样化等平台化特征。

自媒体具有平民优势、小众优势、交互优势（满足相关兴趣领域的沟通交流的需求，通过各种形式的交互来强化自我价值的体现）、碎片优势、私人化优势等特征。例如，消费者可以开通微信公众号、微博、头条号以及其他平台，并在这些平台上分享自己的观点、内容，即信息社会中的每个人在获得的资讯后，对事物做出判断，采用新技术信息载体，传播非"统一的声音"，达到"点到点"的传播概念，这就是自媒体。

融媒体是一种信息共享，依据媒介属性进行信息传播的新型媒体。打破新旧媒体的壁垒和"界限"，实现信息的社会效益和经济效益的最大化。融媒体平台倡导的是信息源中心化，把传统媒体与新媒体的优势进行有效结合，实现资源通融、传播互融共享、利益共融。

3. 媒体间关联性

融媒体是充分利用互联网作为载体，将传统媒体的共同特点和新媒体、自媒体的优势，进行多维融合，实现资源通融、内容兼容、宣传互融、利益共融的传统媒体创新发展的有效路径。

各类别的媒体之间也有着相互关联的关系，传统媒体的传播主体主要集中在政务、媒介等，新媒体的传播主体范围则更广，包括政务、媒介、组织和个人等，而自媒体主要以个人和小团队为主。

所以新媒体是一个更大的概念范畴，自媒体从属于新媒体，融媒体则介乎于各类媒体间进行融通共存。

知识扩展 1-2

"中央厨房"

"中央厨房"是指媒体新一代内容生产、传播和运营体系。2015 年，媒体把全媒体平台冠以"中央厨房"称谓，实施"一次采集、多种生成、多元传播"。这一媒体融合发展概念与实践引发关注。媒体纷纷仿效，打造"中央厨房"。

"中央厨房"这一概念源于餐饮业一种管理运作方式，用于统一品牌营销、连锁经营。其好处是集中采购、集约生产、统一配送，提高工业化、标准化水平，降低成本、提高效率、增加效益。把这一概念引入媒体融合，是把集约化生产分发模式运用于媒体领域，以媒体自身主业品牌建设为核心，建立全媒体信息处理平台，形成"新旧融合、一次采集、多种生成、多渠道传播"的新闻信息生产与传播机制，实现最大化利用新闻信息资源，最大限度满足不同群体需求，最大限度保证核心品牌的有效延伸与效益最优。

在新闻策划上，“中央厨房”统筹产生集约效率。通过新闻线索和选题共享乃至统一策划，避免对同一新闻多头无序采访，从而降低成本，提升整体效率。

在内容生产上，聚合产生规模效益。通过新闻素材打通使用，根据不同媒体渠道要求深入挖掘、二次加工，满足移动端求快、PC端求全、传统媒体求深等不同需求。

在产品传播上，协同产生放大效应。通过分批次、多渠道、全媒体发布，不仅有效扩大传播覆盖面，各种传播手段融合使用，也能更好地提升受众体验、提高传播效果。

人民日报“中央厨房”已经形成较为成熟的模式和架构，以内容的生产传播为主线，打造媒体融合发展的业务平台、技术平台和空间平台。这三个平台以人民日报社全媒体体系为起点，以全球传播为目标，旨在给国内媒体行业搭建一个公共平台，从而聚拢各方资源，形成融合发展、全球传播的行业合力。

在组织架构上，人民日报“中央厨房”打破了过去媒体的板块分割的运作模式，专门设立总编调度中心，建立采编联动平台，统筹采访、编辑和技术力量，实现“一次采集、多元生成、多渠道传播”的工作格局。

为提升内容质量和产品的多样性，让媒体人的创意产生更大的内容价值，人民日报“中央厨房”创新机制，另建了一条崭新业务线——融媒体工作室，鼓励报、网、端、微采编人员按兴趣组合、项目制施工，资源嫁接，跨界生产，充分释放了全媒体内容生产能力，这也是“中央厨房”从重大事件报道迈入常态化运行的全新尝试。

2015年7月7日，新华社新媒体中心构建的“中央厨房”式新型全媒体采、编、发空间揭幕，“中央厨房”通过一个“轮轴”指挥台，利用一种素材资源，同步加工生成通稿、微博、微信、客户端、集成报道等多种形态产品，进行多渠道分发推送，适配到多种新媒体终端。

新华社“中央厨房”全媒报道平台是新华社探索实现全媒体采、编、发流程再造，一体化运行和产品研发的“实验田”、“示范园”和“孵化器”。

中央电视台在重大时政报道中建立“融媒体编辑部”，台网一体协同联动，搭建全球记者即时发稿平台，实现文稿、图片、视频等素材集中收集、统一生产、统一分发。建立“央视新闻通稿共享平台”，通过微视频、V观、网络直播等多种方式，开展全方位、全媒体、全球化报道，实现报道中电视与新媒体多屏互动、同频共振，探索台网“一体化策划、一体化运行、一体化呈现”的节目融合模式，实现“大屏带小屏、小屏回大屏、多屏联受众”。

任务1.2 了解新媒体营销的概念与原则

任务描述

随着网络媒体的发展，信息传播内容形式多样，呈现出“集市式”，信息多向、互动式流动等特点，传统的营销策略已很难适应新媒体营销活动，于是出现了网络市场中的“整合营销”理论。

任务目标

(1)了解新媒体营销的概念。

(2)理解新媒体营销的“4I”原则。

(3)掌握新媒体营销的趣味原则和个性原则。

知识链接

1.2.1　新媒体营销的概念

新媒体营销是在可视化、移动化、智能化环境下企业开展的一种营销活动。具体来说,新媒体营销是指企业借助各种新媒体平台,将产品或服务信息,通过不同展示形式和渠道传递出去,在目标受众中引起注意或进行再次信息传播,并激发目标受众的购买兴趣和欲望,最终实现企业品牌形象的树立、产品销售等不同营销目标的行为过程和方式。

新媒体营销是企业为适应新环境而衍生的不同营销策略中的一种,是企业开展网络营销活动的一种重要活动方式,也是一种基于现代营销理论、利用新技术的企业经营手段,能够最大限度地满足企业及顾客的需要,从而带来最大化的利益。随着新兴媒介技术的不断发展,新的营销方式也变得越来越多,而新媒体营销正是在这种背景下出现的一种新兴媒体形态。

任务案例 1-3

贺岁电影《囧妈》登陆短视频平台

2020 年 1 月,由徐峥自导自演的喜剧电影《囧妈》,其发行片商欢喜传媒宣布终止原有保底发行协议,并与字节跳动开展合作,《囧妈》将于大年初一零点起,在手机端抖音、今日头条、西瓜视频、抖音火山版及其他线上渠道免费上映,此举一出,网友纷纷为《囧妈》“点赞”,欢喜传媒股价也于 1 月 24 日大涨 30%。这是第一个在互联网上通过新媒体播放春节档电影的案例,消息一出立刻吸引了全民的目光,引发了讨论。此次的“囧妈”免费事件,为新媒体营销带来了新思考,具体表现在:

(1)免费的营销举措极大地赢得了消费者点赞。《囧妈》制片方在知道线上免费首映将会对其票房构成重大损失的前提下依旧义无反顾地兑现其“大年初一上映”的承诺,获得无数潜在消费者的点赞,一举从贺岁片竞争的红海中脱颖而出。虽然损失了线下影院的首映版权费的收入,但赢得了广大网友美誉度。

(2)此举顺应了媒体发展的新趋势,成为电影产业发展历程中的里程碑。从以往文化传媒的传统商业模式中,线下院线的宣传 POP 广告等是消费者获取新上映电影的重要渠道,观看电影的最佳途径便是在影院。但随着线下的传统媒体逐步向线上新媒体转型,以及观影人群向年轻化趋势的发展,线上新媒体逐步在吞食传统媒体的受众,获取流量,如近几年快手、抖音等新媒体不断在春晚等大型节目中冠名,“通过电视看春晚”正逐渐转向“通过手机看春晚”,此次《囧妈》的网络首映也是顺应了时代的趋势,成为今后观影渠道革新的里程碑。

(3)此举在商业利益上,基本形成了各方共赢局面。首先,字节跳动获得了贺岁档电影首映权，让新片发行在新媒体中实现了零的突破。同时通过该次首映，抖音等线上媒体能够获得巨大的流量和用户，会带来大量的广告收入，而片方能通过和字节跳动的合作获得 6.3 亿元的收入，保障其成本得以回收，相信这种生态共赢的新模式将逐步成为主流的新片发行模式之一。

结合以上案例分析：该剧在哪些新媒体平台进行了首映？成功的启示是什么？谈谈你的看法。

1.2.2　新媒体营销的原则

随着网络媒体的发展，信息传播内容形式多样，呈现出“集市式”，信息多向、互动式流动等特点，传统的营销策略，已很难适应新媒体营销活动。网络市场中的“整合营销”理论在 20 世纪 90 年代提出，其核心思想就是“根据企业的目标设计战略，并支配企业各种资源以达到战略目标”。传媒整合营销作为“整合营销”的分支应用理论，是近些年兴起的。我国当代大众传媒呈现出一种新的传播形式，简言之，就是从“以传者为中心”到“以受众为中心”的传播模式的战略转移。整合营销倡导更加明确的消费者导向理念，因而，传媒整合营销理论对我国新的改革形势下传媒业的发展应该具有重要指导意义和实用价值。网络整合营销的原则简称“4I”原则，即趣味原则(interesting)、利益原则(interests)、互动原则(interaction)、个性原则(individuality)，如图 1-4 所示。

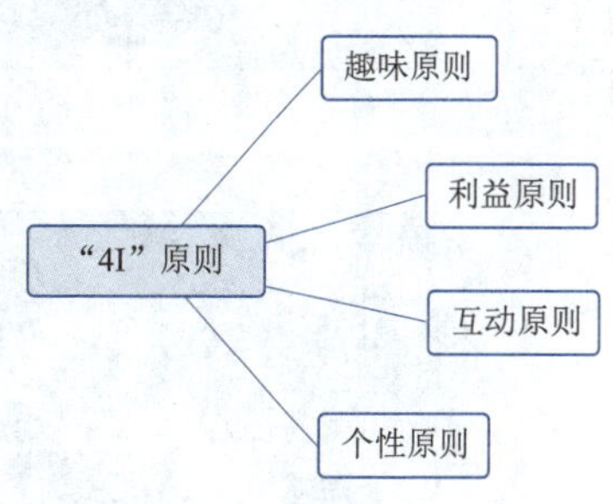

图 1-4　网络整合营销“4I”原则

1. 趣味原则

趣味原则是指新媒体营销活动必须具有娱乐化、趣味性的属性。新媒体不同于传统媒体，传统广告追求的是创意，而在互联网时代下的新媒体，则是追求带有有趣属性的创意，它在情感上与受众人群走得更近，不论是新媒体内容运营，还是基于品牌传播的互动广告，都应追求有趣，因此新媒体的内容营销很大程度上带有娱乐化倾向。

2. 利益原则

利益原则是指新媒体营销活动必须为目标受众提供其所需要的利益。企业在设计和开发利益过程中可以换位思考，站在目标受众的立场，思考目标受众需要的利益是什么，企业自身又能够为目标受众带来的哪些好处。新媒体营销企业不仅可以为受众提供资讯、信息、功能、服务、物质利益，还可为其提供心理上的满足，以上这些都可称之为利益。

3. 互动原则

互动原则是指网络媒体区别于传统媒体的一个重要的特征是其互动性。新媒体营销活动，企业只有挖掘网络的交互性，充分利用网络特性与消费者进行交流与互动，才能扬长避短，让营销活动的功能发挥至极致。例如，某服装品牌通过微博转发用户买家秀，不仅实现与消费者交流互动，还能吸引新用户关注，让营销活动作用得到显著提升，如图 1-5 所示。

4. 个性原则

个性原则是指新媒体营销企业应充分利用数字化市场特征，对目标顾客投其所好，进行“一对一”的个性化营销，从而引发目标受众的互动与购买行动。例如，某新媒体平台利用大数据分析用户特征，针对不同时期购物行为进行个性化精准营销，如图 1-6 所示。

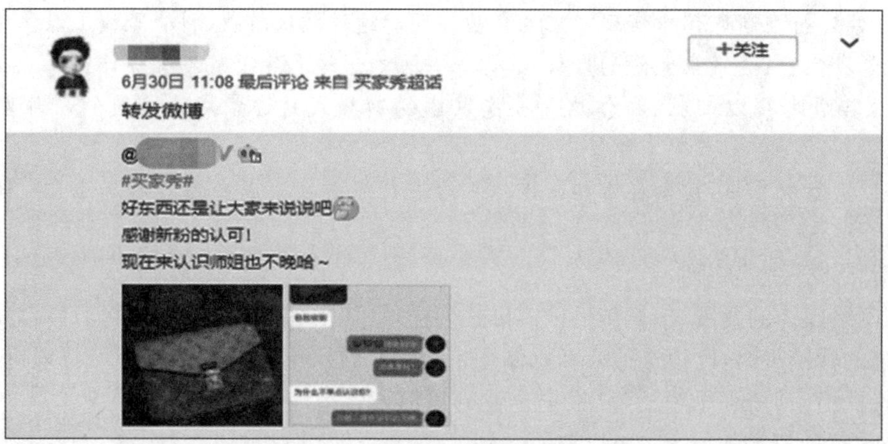

图 1-5　某品牌转发用户买家秀

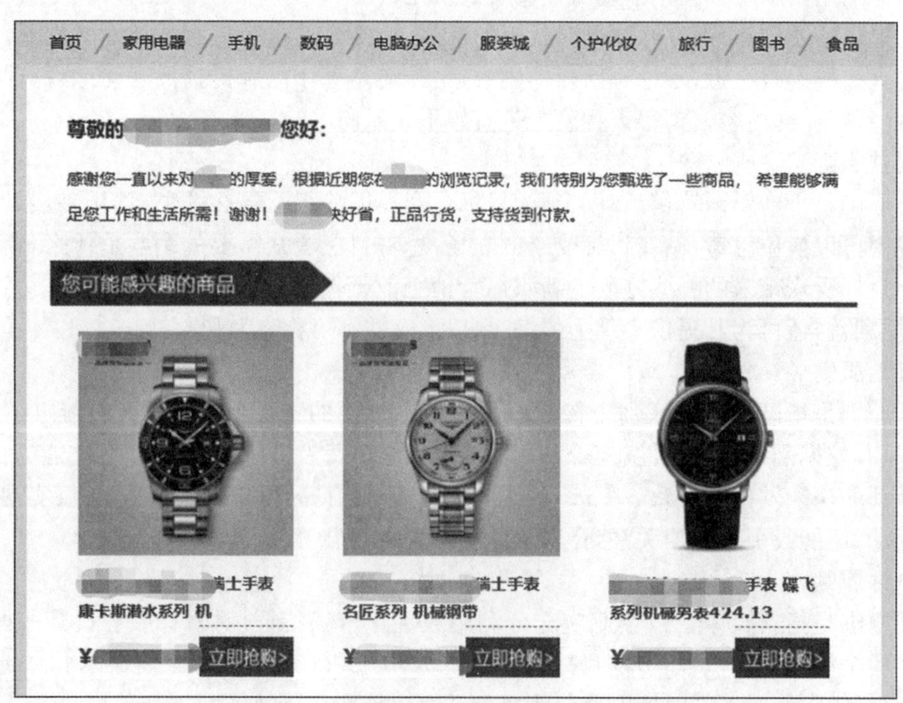

图 1-6　某新媒体营销平台个性化精准营销

任务 1.3 了解新媒体营销的形式与方法

任务描述

新媒体的出现，使得各种依托新媒体的营销方式也随之发展起来，营销手段日趋多元，营销形势日趋丰富，营销策略也更加符合消费者的个性化需求，企业进行营销方式更新的时间也越来越短。

任务目标

(1)了解新媒体营销平台不同类型。

(2)理解不同新媒体平台特点。

(3)掌握不同新媒体营销的方法。

知识链接

1.3.1 新媒体营销的形式

随着新媒体的到来，越来越多的营销方式加入到了网络营销市场中。根据新媒体平台的不同类别，新媒体营销应用的形式也就多种多样，常见的新媒体营销形式主要有以下几种：

1. 微信营销

微信营销(WeChat marketing)是指个人或企业使用微信的基本功能，实现建立品牌形象、发送产品信息、发布促销活动、开展产品销售、维护客户关系等目标的一系列的精准营销活动。微信营销是网络经济时代企业或个人营销模式的一种方式。2011 年 1 月 21 日，腾讯公司推出即时通信应用微信，支持发送语音短信、视频、图片和文字，可以群聊。“中国新闻网”微信公众号公布的数据显示，2021 年微信的日活跃用户达到 10.9 亿；有 7.8 亿人每天翻看着朋友圈，其中的 1.2 亿人还会在朋友圈里发布内容；3.6 亿人每天通过浏览公众号来获取对外界的认知，由此可以看出微信市场潜力巨大。微信不存在距离的限制，用户注册微信后，可与周围同样注册的“朋友”形成一种联系，订阅自己所需的信息；商家可以通过提供用户需要的信息推广自己的产品，从而实现点对点的营销。

任务案例 1-4

《快看呐！这是我的军装照》

每个人都有军旅梦，穿上军装就是一个兵，伟大而慷慨激昂。2017 年是中国人民解放军建军 90 周年，铭记光荣历史，推进强国强军，每一个中国人都为此感到自豪。如何能让人民群众一起参与到建军节的互动中，人民日报给出了一份优秀的答案：正能量与“刷屏”同时在线。《快看呐！这是我的军装照》H5 由人民日报发起，将 1927—2017 年这 90 年间的军装全部呈现出来，让用户自行上传照片，利用人脸识别技术，生成属于用户的不同年代的军装照片。这支 H5 到底有多火？上线 2 天浏览量破 2 亿，连续刷屏 3 天热度只增不减，网友和名人明星都纷纷制作自己的军装照。截至 2017 年 8 月 2 日 17 时，“军装照”H5 的浏览次数累计 8.2 亿，独立访客累计 1.27 亿，一分钟访问人数峰值高达 41 万……极有可能刷新了全球单个 H5 浏览量的纪录。

H5 紧扣八一建军节主题，内容借势推出，以相册为载体，用时间长河的概念来升华建军 90 周年的主题。这支 H5 从不同年代军装的点切入，选择时间生成那个年代的军装，参与用户通过了解认识不同年代的中国人民解放军军装，而体会到中国人民解放军这 90 年的进步、发展与强大。从结构上来说分为三个部分：第一部分，1927—2017 年建军相册，自动翻页展现我军军容军貌；第二部分，以相册缺失“你”的照片，引导用户参与，选择军装年份；第三部分，上传照片生成军装照。

结合以上案例分析：你参与过上述活动吗？上述活动成功的启示是什么？

知识扩展 1-3

H5 是什么？

H5 是指第 5 代 HTML，也指用 H5 语言制作的一切数字产品。HTML(hypertext markup language，超文本标记语言）产生于 1990 年，1997 年 HTML4 成为互联网标准，并广泛应用于互联网应用的开发。我们上网所看到网页，多数都是由 HTML 写成的。“超文本”是指页面内可以包含图片、链接，甚至音乐、程序等非文字元素。而“标记”指的是这些超文本必须由包含属性的开头与结尾标志来标记。浏览器通过解码 HTML，就可以把网页内容显示出来，它也构成了互联网兴起的基础。随着 H5 标准规范的开放，H5 工具也渐露光芒，比如能可视化制作。不需要编写代码的 H5 制作工具不断受到各方的关注。H5 之所以能引发如此广泛的效应，根本在于它不再只是一种标记语言，它为下一代互联网提供了全新的框架和平台，如 H5 诸多工具可提供免插件的音视频、图像动画、本地存储以及更多酷炫而且重要的功能，并使这些应用标准化和开放化，从而使互联网也能够轻松实现类似桌面的应用体验。同时，H5 的最显著优势在于跨平台性，比如其应用可以兼容 PC 端与移动端、Windows 与 Linux、安卓与 IOS。它可以轻易地移植到各种不同的开放平台、应用平台上。这种强大的兼容性可以显著降低开发与运营成本，可以让企业特别是创业者获得更多的发展机遇。此外，H5 的本地存储特性也给使用者带来了更多便利：基于 H5 开发的轻应用比本地 App 拥有更短的启动时间、更快的联网速度，而且无须下载占用存储空间，特别适合手机等移动媒体，并让开发者无须依赖第三方浏览器插件即可创建高级图形、版式、动画以及过渡效果，这也使得用户用较少的流量就可以欣赏到炫酷的视觉听觉效果。

2. 微博营销

微博营销(Weibo marketing)是指商家或个人通过微博平台，发现并满足用户的各类需求，从而为商家或个人等创造价值的一种营销行为。微博营销以微博作为营销平台，每一个听众(“粉丝”)都是潜在的营销对象，企业利用更新自己的微博内容向“粉丝”传播企业信息、产品信息，树立良好的企业形象和产品形象。该营销方式注重价值的传递、内容的互动、系统的布局、准确的定位，微博的火热发展也使得其营销效果尤为显著。常见的微博营销主要由以下三

种形式:

1)个人微博营销

个人微博营销往往是通过个人本身的知名度来得到别人的关注和了解的,以社会中知名度较大的人士居多,他们运用微博往往是通过这样一个媒介来让自己的“粉丝”更进一步去了解自己和喜欢自己,微博对于他们手中也就是平时抒发感情,功利性并不是很明显,他们的宣传工作一般是由“粉丝”们跟踪转帖来达到营销效果。

2)企业微博营销

企业一般是以盈利为目的性的,他们运用微博往往是想通过微博来增加企业或者产品的知名度,最终目的是将自己的产品卖出去。企业进行微博营销往往要难上许多,因为知名度有限,短短的微博内容不能给消费者一个直观的理解商品,而且微博更新速度快,信息量大,企业进行微博营销时,应当建立起自己固定的消费群体,与“粉丝”多交流、多互动,多做企业宣传工作。

3)行业资讯微博营销

以发布行业资讯为主要内容的微博,往往可以吸引众多用户关注,类似于通过电子邮件订阅的电子刊物或者阅读订阅等,微博内容成为营销的载体,订阅用户数量决定了行业资讯微博的网络营销价值。因此,运营行业资讯微博与运营一个行业资讯网站在很多方面类似,需要在内容策划及传播方面下很大功夫。

3. 视频营销

视频营销(video marketing)是指企业或个人以内容为核心,以创意为导向,利用精细策划的视频内容,实现产品销售与品牌传播的营销活动。它是“视频”和“互联网”的结合,具备二者的优点;不仅具有电视短片的优点如感染力强、形式内容多样、创意新颖等,又具有互联网营销的优势如互动性、主动传播性、传播速度快、成本低廉等特点。当前视频营销的形式和平台呈现越来越多样化,有电视广告、宣传片、直播、微电影、短视频等各种方式。例如,抖音、快手、火山、微视、西瓜……越来越多的短视频软件出现,越来越多的用户开始使用短视频,越来越多的企业、商家、个人也正在通过短视频获利。“有图有真相”的短视频,正在用一种小巧、轻松、直观、快捷的方式迅速占领大众的注意力。

任务案例 1-5

水下舞蹈《祈》惊艳全球

2021 年 6 月,河南卫视的特别节目《端午奇妙游》火爆全网,尤其是演绎水下飞天的舞蹈《祈》,仿佛再现曹植名篇《洛神赋》的景象,又呼应了端午祈愿的民俗。这场电视荧屏“奇妙游”由《祈》《龙舟祭》《兰陵王入阵曲》《唐印》《医圣传人》《粽横一面》《丽人行》七个节目组成,共历时 41 min。《端午奇妙游》微博相关话题阅读量超过 35 亿,48 小时内 19 次登上热搜榜,视频播放量破亿。

6 月 13 日,水下中国舞蹈《祈》在 B 站独家上线了 4K 60 帧版本,获得超过百万的播放量。“翩若惊鸿,婉若游龙”,网友们用“炸场”来形容河南卫视此次端午晚会的火爆。在这条视频的 B 站热门评论区,有网友评价“以文化为骨,以创新为皮,引领中华传统文化新风潮,河南起飞”。

短短 4 个月里,河南卫视凭借《唐宫夜宴》《祈》等“爆款”创意节目不断刷屏,不仅形成了独具韵味的艺术语言和审美风格,也推动河南文化旅游再上新台阶。据携程发布的端午出行数据，2021 年郑州首次入围热门旅游目的地前十榜单，曾经不算热门的河南博物院也成为热门打卡点。

结合以上案例分析：在该新媒体平台上水下中国舞蹈《祈》迅速走红的原因是什么？

4. App 营销

App 营销（application marketing）是指利用应用程序营销，即通过特制手机、社区、SNS 等平台上运行的应用程序来开展营销活动。

随着智能手机和 iPad 等移动终端设备的普及，人们逐渐习惯了使用 App 客户端上网，而目前国内各大电商均拥有了自己的 App 客户端，这标志着，App 客户端的商业使用已经初露锋芒。App 已经不仅仅只是移动设备上的一个客户端那么简单，如今，在很多设备上已经可以下载厂商官方的 App 软件，对不同的产品进行无线控制。不仅如此，随着移动互联网的兴起，越来越多的互联网企业、电商平台将 App 作为销售的主战场之一。App 给手机电商带来的流量远远超过了传统互联网（PC 端）的流量，通过 App 盈利也是各大电商平台的发展方向。事实表明，各大电商平台向移动 App 的倾斜也是十分明显的，原因不仅仅是每天增加的流量，更重要的是由于手机移动终端的便捷为企业积累了更多的用户，更有一些用户体验不错的 App 使得用户的忠诚度、活跃度都得到了很大程度的提升，从而为企业的创收和未来的发展起到了关键性的作用。例如，生活中常用的美团、大众点评、携程、手机淘宝、京东商城、拼多多等均属于 App 营销的范畴。

5. 二维码营销

二维码营销（qrcode marketing）是指通过对二维码图案的传播，引导消费者扫描二维码，推广相关的产品资讯、商家活动，刺激消费者进行购买的营销方式。扫描二维码后，常见的营销互动类型有视频、订阅信息、促销活动、企业信息等。

二维码营销的核心功能就是将企业的视频、文字、图片、促销活动、链接等植入一个二维码内，再选择投放到名片、报刊、展会名录、户外、宣传单、公交站牌、网站、地铁墙壁、公交车身等不同媒介上。当企业需要更改内容信息时，只需在系统后台更改即可，无须重新制作投放。方便企业随时调整营销策略，帮助企业以最小投入获得最大回报。用户通过手机扫描即可随时随地体验浏览、查询、支付等，达到企业宣传、产品展示、活动促销、客户服务等效果。

6. 游戏营销

游戏营销（game marketing）是指通过将产品营销内容完全融入游戏情节，使游戏玩家在娱乐中不自觉地记住品牌形象，最终达到品牌宣传效果。传统的广告迫使观众被动接受，而品牌嵌入电子游戏中时，消费者在娱乐中和品牌不停地互动，游戏里的广告却经常被游戏玩家“主动地”看很多次，因而消费者和品牌联系更为紧密。比如旅游景点或产品把地域名称设置为游戏场景地名、产品设置为游戏道具，并重复展示品牌名称和标志等。

知识扩展 1-4

乡村数字经济新业态新模式不断涌现

现代信息技术推动农村经济提质增效，激发乡村旅游、休闲农业、民宿经济等乡村新业态蓬勃兴起，农村电商继续保持乡村数字经济“领头羊”地位，在保障农产品有效供给等方面发挥了不可替代的重要作用。

（一）农村电商保持良好发展势头

工业品下乡、农产品进城的农村电商双向流通格局得到巩固提升，直播电商、社区电商等新型电商模式不断创新发展，农村电商继续保持乡村数字经济“领头羊”地位。“互联网＋”农产品出村进城工程、“数商兴农”工程深入实施，首届“大国农匠”全国农民技能大赛（农村电商人才类）顺利举办，中国农民丰收节金秋消费季、“数商兴农”专场促销活动等扎实推进，有力促进了产销对接和农村电商发展。2022年全国农村网络零售额达2.17万亿元，比上年增长3.6％，如图1-7所示。快递服务不断向乡村基层延伸，“快递进村”比例超过80％，2021年农村地区收投快递包裹总量达370亿件。截至2021年底，36.3％的市级以上重点农业龙头企业通过电商开展销售，利用电商销售的农产品加工企业营业收入比上年增长10.8％。电子商务助力脱贫地区农产品销售，为防止规模性返贫发挥着重要作用。

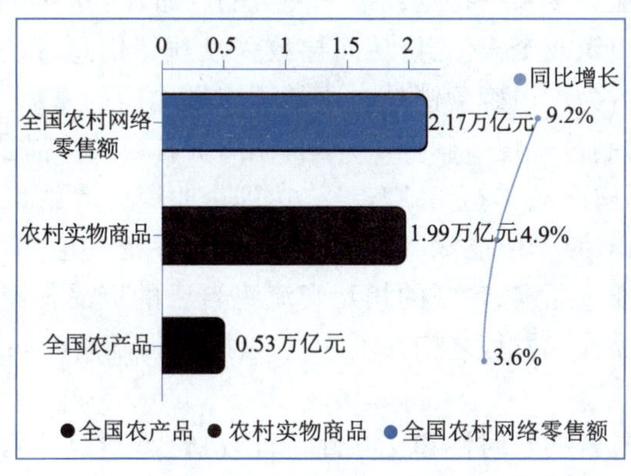

图1-7　2022年全国农村网络零售额

（二）乡村新业态蓬勃兴起

随着光纤和4G网络在行政村的全覆盖，互联网技术和信息化手段助力乡村旅游、休闲农业、民宿经济加快发展。截至2022年9月，农业农村部通过官方网站发布推介乡村休闲旅游精品景点线路70余次，覆盖31个省份148个县（市、区）的211条乡村休闲旅游线路；利用“想去乡游”小程序推介乡村休闲旅游精品线路681条，涵盖2 500多个精品景点等优质资源。

7. 社群营销

社群营销（social media marketing）是指个人或群体通过群聚集起有相同或相似兴趣爱好的网友的网络服务平台，通过与目标顾客群创造长期沟通渠道，实现所提供的产品或服务满足目标群体需求的社会化营销过程。这个网络服务平台早期有BBS、论坛，当前主要有微博、微信群等。

8. 自媒体营销

自媒体营销（wemedia marketing）是指个人或群体利用社会化网络、在线社区、微博、短视频、微信或者其他互联网协作平台和媒体来传播和发布不同形式的内容资讯，从而形成的营销、销售、公共关系处理和客户关系服务维护及开拓的一种方式。自媒体营销亦称社会化营销、社交媒体营销、社交媒体整合营销、大众弱关系营销。

自媒体营销过程中传播的内容量大且形式多样，每时每刻都可以处在营销状态。由于与消费者的互动，强调内容性与互动技巧。需要经营者对营销过程进行实时监测、分析、总结与管理，并根据市场与消费者的实时反馈调整营销目标。

9. 公众号营销

公众号营销（WeChat public marketing）是指个人或群体通过微信公众号，利用文字、图片、语音、视频等多种表现形式，实现与特定目标群体的全方位沟通、互动、信息传递等，形成线上线下互动营销的方式。

1.3.2 新媒体营销的方法

传统市场中常见的营销有差异化营销、无差异营销、集中化营销等营销战略和方法，随着市场环境的变化，营销理论在我国不断发展和完善，营销手段日趋多元化，新媒体营销的方法也日趋丰富，具体体现在以下几个方面：

1. 口碑营销

菲利普·科特勒曾将口碑传播定义为：由生产者以外的个人通过明示或暗示的方法，不经过第三方处理、加工，传递关于某一特定或某一种类的产品、品牌、厂商、销售者，以及能够使人联想到上述对象的任何组织或个人信息，从而导致受众获得信息、改变态度，甚至影响购买行为的一种双向互动传播行为。口碑营销是企业基于市场调研的基础下，为消费者提供他们所需要的产品和服务，同时制订一定口碑推广计划，让消费者自动传播公司的产品和服务的良好评价，让人们通过口碑了解产品、树立品牌，最终达到企业销售产品和提供服务的目的。

口碑(word of mouth)源于传播学，由于被市场营销广泛的应用，所以有了口碑营销。传统的口碑营销是指企业通过朋友、亲戚的相互交流将自己的产品信息或者品牌传播开来。口碑效应指一些优秀的作品在未发售之初并不为世人注目，但随着时间推移，用户的不俗口碑却使之逐渐走红。

新媒体平台自身所具备的及时性和交互性特征，决定了新媒体营销活动可以让目标受众主动分享和展示使用产品的感受，从而促使更多的目标受众了解产品服务，最终形成良好的口碑，实现销售产品和树立企业形象的基本目标。

任务案例 1-6

“瓶盖挑战”刷爆新媒体

2019 年 6 月，一则名为“瓶盖挑战”的活动风靡国内外各大社交平台——微博热搜、短视频平台等。自 6 月 25 日被发起至 7 月中旬热度仍未减弱，拥有几千万的话题热度以及短视频平台高达 16.8 亿次的平台播放量。这是怎么做到的呢？

游戏活动规则很简单，就是挑战者以回旋踢的方式踢掉瓶盖，而且瓶身能稳定不倒的则为挑战成功。据纽约时报消息，活动的发起者是哈萨克斯坦的跆拳道冠军法拉比，他在社交平台上发布了自己的“瓶盖挑战”的视频，并且还联系了杰森·斯坦森、成龙等各国动作影视名人，让他们参与挑战。

这个视频迎来了巨大的反响，动作片演员杰森·斯坦森很快便应邀发布了挑战视频。随后国内外各个领域的名人都参与了挑战，甚至短短的一周内刷到的抖音等视频平台都是各种路人的花式挑战。瓶盖挑战不仅席卷了国内外各大社交平台，在大家各显神通炫技的同时，也产生了巨大的流量。这让很多人抓住了这样的流量风口，嗅到了其中的商业价值。

结合以上案例分析：瓶盖挑战的商业价值体现在哪里？

2. 饥饿营销

饥饿营销是指商品提供者利用买卖双方的信息不对称，有意调低产量，以期达到调控供求关系、制造供不应求现象的目的，以维护产品形象和维持商品高额售价，并获高利润率的营销策略。

虽然在当前的网络环境下，买卖双方获取信息的途径和信息的透明化不断增加，但在部分行业或特殊渠道模式中，买卖双方仍可能处于信息不对等的情况，这就为企业利用新媒体平台开展饥饿营销奠定了基础。

3. 知识营销

知识营销是指向大众传播新的科学技术以及它们对人们生活的影响，通过有效的知识传播方法和途径，将企业所拥有的对用户有价值的知识（包括产品知识、专业研究成果、经营理念、管理思想以及优秀的企业文化等）传递给潜在用户，并逐渐形成对企业品牌和产品的认知，最终将潜在用户转化为用户的过程和各种营销行为。例如，近年来抖音平台中的教授各类美食制作的视频越来越多，并受到了观众的喜爱，新媒体平台中的视频相比相对于以往传统媒体的图片文字写做菜步骤更加可视化，让人们感觉自己也能做得出来通过新媒体平台大数据，企业发现目标受众感兴趣或最想知道的知识内容，通过情节化的短视频及时提供给目标受众，从而使其对企业产生信任感，并以此为基础，为企业后续的产品销售培育原始顾客。

4. 情感营销

情感营销是从消费者的情感需要出发，唤起和激起消费者的情感需求，诱导消费者心灵上的共鸣，寓情感于营销之中，让有情的营销赢得无情的竞争。在情感消费时代，消费者购买商品所看重的已不完全是商品数量的多少、质量好坏以及价钱的高低，更体现在感情上的满足或心理上的认同。

通过新媒体平台开展情感营销活动，不仅使企业重视与消费者之间买卖关系的建立，更强调相互之间的情感交流，因而致力于营造一个温馨、和谐、充满情感的营销环境，更有利于企业树立良好形象、建立良好人际关系、实现长远利益；同时，把顾客对企业品牌的忠诚建立在情感基础之上，满足顾客情感需求，使之得到心理认同，从而产生偏爱，形成一个非该企业品牌不买的忠实顾客群，提高消费者的品牌忠诚度。

5. 软文营销

软文营销是指通过特定的概念诉求，以摆事实、讲道理的方式使消费者走进企业设定的“思维圈”，以强有力的针对性心理攻击迅速实现产品销售的文字模式和口头传播。

软文是基于特定产品的概念诉求与问题分析，对消费者进行针对性心理引导的一种文字模式，从本质上来说，它是企业软性渗透的商业策略在广告形式上的实现，通常借助文字表述与舆论传播使消费者认同某种概念、观点和分析思路，从而达到企业品牌宣传、产品销售的目的。

6. 事件营销

事件营销是企业通过策划、组织和利用具有新闻价值、社会影响以及名人效应的人物或事件，吸引媒体、社会团体和消费者的兴趣与关注，以求提高企业或产品的知名度、美誉度，树立良好品牌形象，并最终促成产品或服务销售目的的手段和方式。

简单地说，事件营销就是通过把握新闻的规律，制造具有新闻价值的事件，并通过具体的操作，让这一新闻事件得以传播，从而达到广告的效果。

事件营销是近年来国内外十分流行的一种公关传播与市场推广手段，集新闻效应、广告效应、公共关系、形象传播、客户关系于一体，并为新产品推介、品牌展示创造机会，建立品牌识别和品牌定位，形成一种快速提升品牌知名度与美誉度的营销手段。而新媒体具有的传递多元化、即时性、交互性、超时空性等特征更是为企业开展事件营销提供了有利条件。

7. 互动营销

互动营销是指企业抓住买卖双方利益共同点，找到巧妙的沟通时机和方法，使双方紧密地结合起来并互动起来。简单地说，互动营销就是企业在营销过程中充分利用消费者的意见和建议，用于产品的规划、设计或品牌传播，为企业的市场运作服务。互动营销能够促进相互学习、相互启发、彼此改进，尤其是通过“换位思考”会带来全新的观察问题的视角。

新媒体相较于传统媒体具有交互性特征，互动营销最大的好处就是可以促进消费者重复购买，有效地支撑关联销售，了解消费者的真正痛点，建立长期的客户忠诚，实现顾客利益最大化。在未来，许多企业都将会把互动营销最为营销战略的重要组成部分。

8. 会员营销

会员营销是一种基于会员管理的营销方法，商家通过将普通顾客变为会员，分析会员消费信息，挖掘顾客的后续消费力，汲取终身消费价值，并通过客户转介绍等方式，实现客户的价值最大化。

会员营销方式在传统媒体营销中也经常被应用。但是在新媒体营销中，其价值更是被最大化地开发和利用。例如新媒体平台利用大数据系统，对消费者、潜在客户的信息进行挖掘分析，通过细分客户，从而针对相应的用户采取更为合适的精准促销手段。

任务案例 1-7

苹果《三分钟》微电影

2018 年 2 月 1 日，陈可辛导演于北京时间 20:00 发布中国春节营销微电影《三分钟》。这部短片以春运为背景，讲述了一位火车乘务员的母亲，展现她和孩子在站台上相聚的“三分钟”。在整个广告中，除了开场强调本片由 iPhone X 拍摄、最后在场景中展示苹果 Logo 之外，其余时间都在讲述这个感人故事，让无数人为之感动。广告一经发布，就成为社交媒体上的热点，瞬间在微博、微信等各大社交平台引爆刷屏狂潮，包括中国新闻网、环球网、新浪财经等多家国内权威媒体也纷纷转发，众多自媒体也对这一广告进行展示和观点表达。

按照苹果以往的广告宣传，大多数是凸显娱乐生活和高科技感，而选择温情派的陈可辛似乎有点意外，但是陈可辛用 iPhone X 拍摄的《三分钟》却掳获了大量人心。为什么一个营销广告能够在短时间内聚集超高热度和流量，并且被广泛传播?

首先，作为中国香港最出色的“感动制造专家”之一，陈可辛以《如果·爱》《亲爱的》等优秀作品进入内地观众的视线，非常擅长触动人心的细腻情感。一位拿奖无数的导演竟然全程只用一部手机拍出了一个广告，这就是热度来源之一。

其次，苹果本身具备的高流量，本身就自带庞大“粉丝”群体。为了更加接近中国消费者，苹果发布的这则广告以中国春节为主题。

最后则是引导产生情感共鸣，前两者或许是吸引流量的基石，短片最后的升华却将这些流量进行转化。不仅给 iPhone X 做了宣传，而且深度包装了苹果的企业形象。

结合以上案例分析：你看过该部微电影吗？试分析该微电影使用了哪些新媒体营销方法?

素质园地

党的十八大以来，以习近平同志为核心的党中央作出了推动传统媒体和新兴媒体融合发展的战略部署。2014 年，中央全面深化改革领导小组会议审议通过《关于推动传统媒体和新兴媒体融合发展的指导意见》。在一次次重要会议上、在考察新闻单位时，习近平总书记反复就推动媒体融合发展进行深刻阐述，提出明确要求。2019 年 1 月 25 日，中共中央政治局第十二次集体学习把“课堂”设在了媒体融合发展的第一线。习近平总书记在主持学习时强调，推动媒体融合发展、建设全媒体成为我们面临的一项紧迫课题。

“中央纪委国家监委网站”微信公众号是中央纪委国家监委新闻传播中心新媒体建设的重要平台，自2016年1月1日正式上线以来，承担着全面从严治党、党风廉政建设和反腐败斗争宣传教育、舆论引导、新媒体产品推送等职能，主打原创和独家，目前“粉丝”量超过460万，已成为具有较大影响力的微信公众号，多个栏目和一批稿件受到中央纪委国家监委领导同志批示肯定。曾在首届全国“两微一端”百佳评选中，与人民日报、新华社等共同获评“微信影响力十佳账号”。微信公众号还设置了“反‘四风’一键通”举报和“在线读报”“视频”等功能。据腾讯新闻统计，2021年1～4月，中央纪委国家监委网站企鹅号信息流量(篇均点击量)在全国众多政务类媒体中排名第一。

思考：1. 网站“企鹅号”指的是什么？

2. 关注“中央纪委国家监委网站”微信公众号，并思考新旧媒体如何融合创新发展。

项目总结

本项目以新媒体的基本理论认知入手，重点讲述新媒体的概念、特征和发展趋势，以及新媒体营销过程中的方式和方法，旨在帮助学习者建立对新媒体和新媒体营销的全面认知，为后续知识和技能学习打好扎实的基础。

习题与思考

一、单项选择题

1. 下列关于联合国教科文组织对新媒体定义不正确的是(　　)。

A. 以数字技术为基础　　B. 以网络为基础

C. 进行信息传播　　D. 是一种媒介

2. 下列不属于新媒体的是(　　)。

A. 抖音　　B. 微博　　C. 报纸　　D. 微信

3. 下列关于信息流推广说法正确的是(　　)。

A. 通过信息流渠道把信息流广告精准推荐给用户的过程

B. 通过信息流渠道把信息流广告迅速推荐给用户的过程

C. 通过信息流渠道把信息流广告广泛推荐给用户的过程

D. 通过信息流渠道把信息流广告推荐给忠诚用户的过程

4. (　　)是指通过策划和组织并利用有价值、有影响力、有名人效应的事件，引起媒体、社会和消费者的兴趣，促使企业或产品的形象更出名，最终使产品和服务销售出去的手段和方法。

A. 事件营销　　B. 病毒营销

C. 口碑营销　　D. 知识营销

5.(　　)指的是应用营销，即利用手机、平板电脑、SNS 等平台上运行的应用程序进行营销，这种营销方式属于移动营销体系中最活跃的一种。

A. App 营销　　B. 微信营销　　C. 微博营销　　D. 论坛营销

二、多项选择题

1. 下列属于新媒体特征的是(　　)。

A. 传播主体多元化　　B. 精准性

C. 信息多样化　　D. 即时性、交互性、超时空性

2. 新媒体营销中“4I”原则指的是(　　)。

A. 趣味原则　　B. 利益原则　　C. 互动原则　　D. 个性原则

3. 新媒体的发展趋势主要体现在(　　)。

A. 移动化　　B. 可视化　　C. 融合创新　　D. 奇特化

4. 下列属于社群营销平台的有(　　)。

A. 微信群　　B. 微信个人号　　C. 微博　　D. 贴吧

5. 微博营销常见的形式有(　　)。

A. 个人微博　　B. 企业微博　　C. 行业资讯微博　　D. 公用微博

三、简答题

1. 简述新媒体、自媒体、融媒体三者间的区别。

2. 网络市场的整合营销理论的核心思想指的是什么？

实训项目

1. 项目背景

党的十九届五中全会审议通过的《中华人民共和国国民经济和社会发展第十四个五年规划和 2035 年远景目标纲要》，对新发展阶段优先发展农业农村、全面推进乡村振兴作出总体部署，2021 年 1 月 4 日发布了《中共中央 国务院关于全面推进乡村振兴加快农业农村现代化的意见》，如何运用新媒体手段，助力乡村振兴，成为全社会关注的焦点。

2. 项目训练内容

以团队形式查阅所在区域市场《国民经济和社会发展第十四个五年规划和 2035 年远景目标的建议》，选择一个产品思考如何开展新媒体营销活动或者分享一个乡村振兴的新媒体营销案例。

3. 项目训练要求

将分析结果在班级进行展示和汇报。

(1)熟悉区域市场发展战略规划内容，能够准确选择符合区域市场发展战略规划的产品(20 分)。

(2)团队对乡村振兴项目的新媒体营销规划或案例分析条理清楚，结构合理(20 分)。

(3)语言表述清晰、准确，团队合作力强(10 分)。

(4)能够根据不同产品准确选择新媒体平台和方法(20 分)。

(5)团队项目具有可实施性或案例具有典型借鉴意义(20 分)。

(6)团队自评(5 分)；班级团队互评(5 分)。

项目 2　新媒体营销人员能力与岗位职责

项目导学

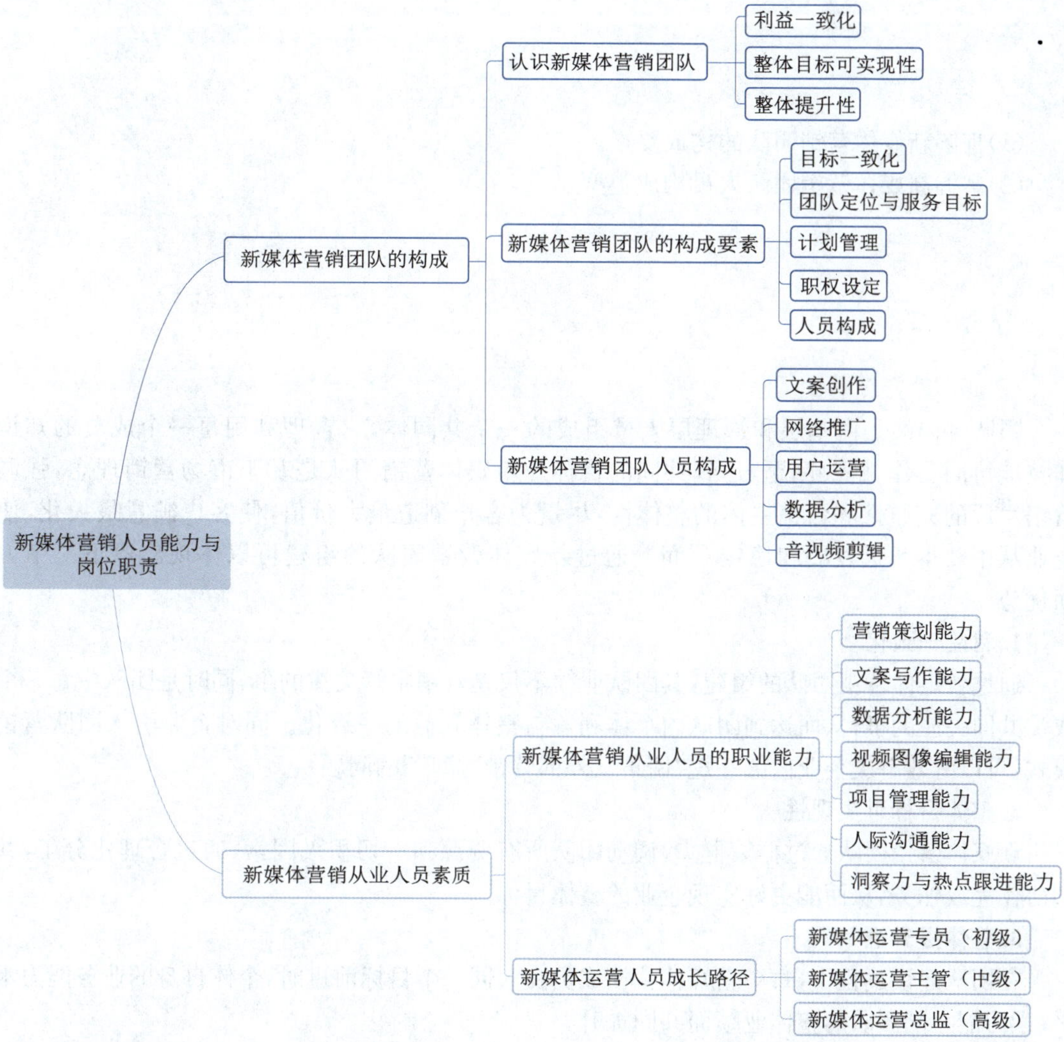

- 新媒体营销人员能力与岗位职责
  - 新媒体营销团队的构成
    - 认识新媒体营销团队
      - 利益一致化
      - 整体目标可实现性
      - 整体提升性
    - 新媒体营销团队的构成要素
      - 目标一致化
      - 团队定位与服务目标
      - 计划管理
      - 职权设定
      - 人员构成
    - 新媒体营销团队人员构成
      - 文案创作
      - 网络推广
      - 用户运营
      - 数据分析
      - 音视频剪辑
  - 新媒体营销从业人员素质
    - 新媒体营销从业人员的职业能力
      - 营销策划能力
      - 文案写作能力
      - 数据分析能力
      - 视频图像编辑能力
      - 项目管理能力
      - 人际沟通能力
      - 洞察力与热点跟进能力
    - 新媒体运营人员成长路径
      - 新媒体运营专员（初级）
      - 新媒体运营主管（中级）
      - 新媒体运营总监（高级）

任务 2.1　新媒体营销团队的构成

任务描述

团队营销(team marketing)观念是一种较新的企业经营哲学。该理论认为要实现公司目标,关键在于探究目标市场的需求和欲望,然后使公司比竞争者更有效地满足消费者需要。随着新媒体产业的快速发展,正确认识新媒体营销团队的构成和组建精细化的新媒体运营团队成为新媒体营销企业能否实现公司目标的关键因素之一。

任务目标

(1)理解新媒体营销团队的构成要素。

(2)掌握新媒体营销团队人员构成类型。

知识链接

2.1.1　认识新媒体营销团队

团队(team)是由基层和管理层人员组成的一个共同体,它合理利用每一个成员的知识和技能协同工作,解决问题,达到共同的目标。新媒体营销团队是基于市场营销理念,强调营销手段的完整性和营销主体的整体性,尽量为客户创造最大价值,使客户满意最大化,使企业从中获得长远发展和稳定利润。通过新媒体营销团队的组建可以体现出以下三个方面优势。

1. 利益一致化

通过新媒体营销团队的组建,其团队业绩不仅是营销主管关注的事,同时是团队中每一个成员共同关注的事,从而达到团队内个体利益与整体利益的一致化。同时企业引入团队营销模式,可以有效解决企业内部互挖“墙角”、外部营销“撞车”的问题。

2. 整体目标可实现性

新媒体营销团队通过群策群力,调动团队所有资源和一切积极因素,通过合理化分工,共同协作完成任务,从而能更好实现企业的整体目标。

3. 整体提升性

在团队建设过程中,每个新媒体营销成员在向同一个目标前进时,个体自身的业务能力水平、学习能力同团队的整体业绩而共同提升。

任务案例 2-1

《西游记》中的取经团队

《西游记》是中国第一部浪漫主义章回体长篇神魔小说的经典之作,该书达到了古代长篇浪漫主义小说的巅峰，与《三国演义》《水浒传》《红楼梦》并称为中国古典四大名著，作者是明代吴承恩。

众所周知，在《西游记》这部小说中，西天取经团队是唐僧等师徒四人，具体为：唐三藏、孙悟空、猪八戒以及沙悟净。小说中其实还有一个白龙马，但通常我们所指的唐僧师徒只有四人。在取经团队中，唐僧始终都是团队的核心，在名分上，他是师父，其他三人为徒弟；在实力上，他是如来佛祖座下弟子、唐太宗御弟，其他三人皆为戴罪草莽。因此，即使唐僧有着诸多弱点，他依然是整个团队的核心人物。唐僧是决定取经团队存亡的唯一关键，有唐僧在，团队就在；反之团队散伙。这是其作为团队精神领袖的有力证明。孙悟空个性突出，属于爱恨分明、能力强、交游广类型的业务专家，是团队中不可或缺的角色；猪八戒看似好吃懒做，但有一定能力，有幽默感，是孙悟空的好帮手，同时也是团队的调剂分子，在西天这条取经路上可谓磨难重重，但正是因为有了他，大家才有说有笑，取经这条路才不至于太闷；沙悟净能力并不出众，但胜在勤勉，任劳任怨，意志坚定，执行能力强，且具有较强的责任心。

结合以上案例思考：团队组建的重要性体现是什么？归纳并分析该团队的分工和构成要素？

2.1.2　新媒体营销团队的构成要素

对于任何一家企业来说，其团队建设必须具备五个基本要素：目标、定位、职权、计划、人员。这五个要素的紧密联系构成了一个团队的基本框架，在团队管理中尤为重要。新媒体营销团队的建设过程中，所具备的基本要素也遵循上述五个基本要素。

1. 目标一致化

团队建设的目的就是通过协同工作、解决问题，并达到共同的目标。营销目标是团队的旗帜和方向，只有方向一致、目标一致，形成合力，而不是各走各道、各行其是，才能保证整个团队实现预定的目标。对于新媒体营销企业来说，在设置目标时，要切合企业实际，上下级之间要充分沟通与评估，构建相互信任的通道，这样双方的困难和期待也会更清晰。

2. 团队定位与服务目标

新媒体营销团队的定位和团队目标是紧密联系在一起的。团队目标决定了团队的定位，明晰的战略定位是企业组织设计的蓝图，只有明确的战略定位和目标，新媒体营销企业才能确定其团队组织的规模、产品或服务的范围、组织的结构等。

3. 计划管理

团队计划是整个新媒体营销团队管理活动中的统筹阶段，它为新媒体营销团队管理整个企业制订了目标、原则和方法。团队计划的可靠性直接关系着新媒体营销团队管理工作的成败。所以，制订好新媒体营销团队管理计划是一项重要和有意义的工作。

4. 职权设定

职权（authority）指经由一定的正式程序所赋予某项职位的一种权力。这种权力是一种职位的权力，而不是某特定个人的权力。职权设计就是全面、正确地处理企业上下级之间和同级之间的职权关系，将不同类型的职权合理分配到各个层次和部门，明确规定各部门、各种职务的具体职权，建立起集中统一、上下左右协调配合的职权结构。它是旨在保证各部门能够真正履行职责的一项重要的组织设计工作。新媒体营销团队应该如何分配和行使组织赋予的职责和权限、团队成员多少合适、团队成员分别做哪些工作、如何去做等具体问题，都是新媒体营销团队在组建过程中需要考虑的要素。

5. 人员构成

人是构成团队最核心的力量。两个(包含两个)以上的人即可称之为团队。新媒体营销团队正是由不同的个人组成的,确定团队目标、定位、职权和计划,都只是为团队取得成功而奠定基础。所以,新媒体营销团队成员的构成将是影响目标能否实现的关键因素。

知识扩展 2-1

某企业新媒体营销专员招聘

一、工作职责

1. 自媒体内容策划

(1)完成官方自媒体日常内容输出。包括推文、海报、话题、视频等不同内容形式。

(2)微信公众号每月推送至少 2 条,抖音号每周更新不少于 2 次。定期更新官网、微博等其他官方账号内容。

2. 自媒体运营规划

(1)根据市场及品牌推广需要,搭建公司自媒体宣传矩阵。

(2)对各个平台账号作整体运营规划,对“粉丝”数、阅读量、播放量等关键数据指标负责。熟悉各平台规则,制订各节点目标及计划,通过各种运营手段,输出优质内容,为账号获取、留存用户,以及提高用户黏性。

3. 项目及活动策划

(1)参与完成重大项目(如展会、展厅、大画册、宣传片等)相关策划工作。

(2)参与完成其他品牌营销类活动(如直播、招商活动等)的相关文案策划。

4. 数据分析及后台维护

(1)及时跟进汇总各项运营数据指标,定期提交数据分析报告。根据数据分析调整运营策略,优化运营效果。

(2)后台管理及维护,包括及时处理用户评论及反馈,完成认证、续费、技术升级等。

二、任职资格

学历:全日制大专及以上学历。

专业:新闻传播、汉语言文学、中文、广告、市场营销等。

年龄:25～30 岁。

性别:男女不限。

经验:工作两年以上,有新媒体、家居行业经验者优先。

个人综合能力:①具备新闻传播、媒介推广理论与实践知识;②熟悉各平台运营规则及运营手段;③理解能力强,有效理解业务和产品需求、品牌理念;④具备良好沟通能力;⑤具备良好文案及创意能力;⑥具备良好审美能力。

个人素质:①乐观开朗,积极主动,快速融入团队;②勤奋、务实、细致、耐心;③对工作认真负责。

2.1.3　新媒体营销团队人员构成

新媒体营销团队的人员构成是根据企业开展新媒体营销活动所需要具备的不同岗位能力,实行分工协作。一般来说,团队需要的人员由以下几种类型构成。

1. 文案创作

新媒体营销活动过程中离不开创意的产出和内容撰写，团队中文案创作者的作用就显得尤为重要，这就要求文案创作者能根据不同项目目标，快速了解客户需求，并密切与相关协同部门合作，提供快速、精准、精彩的案头支持，负责宣传推广文案及宣传资料文案的撰写。例如，负责微信公众号、微博、抖音短视频创意内容撰写及其他线上媒体平台文案编写，为线上活动、广告传播、线上公关稿件撰写相关文案内容。

知识扩展 2-2

《如何写出高转化率文案》一书的介绍

《如何写出高转化率文案》是英国作家安迪·马斯伦于 2019 年出版的一本书。

内容简介：

写文案的目的不是展示才华，而是把产品卖出去！想写出“高转化率”文案，我们需要了解消费者的购买心理，还需要了解产生购买心理的深层驱动力。科学家们发现，人类总是以情感为基础做决定，随后再将这些决定合理化，消费者在做出购买决定时，这一点往往更加明显。而文案写作者，恰恰可以利用这一点来引导读者，让读者做出“感觉正确”的购买选择。

本书将带你深入客户的大脑，学习如何利用读者最深层的心理驱动力来进行文案创作，你还将学到如何用讲故事的方法进行销售，以及如何说服人们参与到你的市场测试中。

全书包含 10 个真实的案例研究；25 个心理文案写作技巧；75 个实践练习；100 种引发情绪的表达方式。通过示例、练习和提示，介绍文案写作技能，帮助你磨炼写作与沟通技巧，写出“走心”“带货”的好文案。

作者简介：

英国作家安迪·马斯伦在商务传播、信息产业及广告文案业有超过 20 年从业经验，在商务写作培训公司担任文案写作培训负责人，现为太阳鱼(Sunfish)公司市场总监，同时担任安迪·马斯伦文案学院(Andy Maslen Copywriting Academy)首席执行官。安迪曾为经济学人(The Economist)集团、普华永道(PwC)、哈姆雷斯(Hamleys)、读者文摘(Reader's Digest)等公司和机构写作。

2. 网络推广

网络推广是以企业产品或服务为核心内容，通过建立网站、App、小程序、H5 等，依托各种新媒体渠道将其内容展现给网民的一种广告方式。常见的网络推广工作职责是：①利用网络手段营销公司产品，宣传公司产品，提升公司关键词排名；②根据企业要求实施并落实互联网推广销售方案；③定期统计、分析及评估网络推广销售效果；④进行各种线上线下推广销售策划活动；⑤负责网站推广、SEO 优化、SEM 原理及投放、监控和分析。

3. 用户运营

新媒体营销活动离不开目标顾客，在其运作过程中需要明确运营对象是谁、他们为什么买、怎么去买等常见的 5W1H 理论依据，这样才能精确掌握用户需求，了解受众群体，勾勒用户画像，然后针对性地强化与用户的沟通交流。用户运营岗位的工作内容和职责有：①负责以用户为中心的用户运营体系建立；②根据平台及用户数据、用户反馈、竞品分析调研等，提出产品、业务流程等优化需求，协助产品部门优化产品，完善日常运营管理；③针对企业产品战略定位、预期目标及产品市场特点，进行营销策划并实施，提高用户转化率。

4. 数据分析

与传统的运营方式不同，新媒体运营往往更容易获得精确的相关数据，例如平台访问量、页面点击率、文章转化率、用户浏览时长、购买时段、购买渠道等。因而，新媒体运营者必须持续提升其数据分析能力，包括不同媒体平台数据分析能力、活动数据分析能力、网站数据分析能力等，同时会使用 Excel 或更专业的数据分析工具，进行数据预设、过程监控、数据总结等处理，协助团队进行经营策略制定并为策略制定提供数据支撑。

5. 音视频剪辑

随着新媒体平台、短视频等不断丰富多样，无论是制作优质视频满足观众需求，还是依托营销策略为企业拍摄制作自身企业或产品宣传短片，音视频剪辑师等影视后期从业者都变得越来越重要。新媒体营销团队应专门设置音视频剪辑专员来给自己运营的各种短视频自媒体平台或其他新媒体平台进行音视频的拍摄、剪辑制作等工作。当前，音视频剪辑岗位市场需求量比较大，从业者不仅要能够熟悉地运用各种剪辑软件，还需要有一定的创意，其工作内容和职责有：①利用常用的视频剪辑软件对各种视频进行编辑制作，比如企业的宣传片、专题片以及活动片花等；②善于发掘视频中的亮点，可以独立、高效地完成视频脚本设计与制作；③具备持续学习能力，能够通过学习掌握当下流行的或最新动画技术、音效字幕等样式，并熟悉各类视频的格式转码；④能够积极与相关部门进行沟通协助，共同配合完成所需要呈现的视频。

知识扩展 2-3

“5W1H”分析法

5W1H 分析法也叫六何分析法，既是一种思考方法，也是一种创造技法。在企业营销管理、日常工作生活和学习中得到广泛的应用。

5W1H 是对选定的项目、工序或操作，都要从原因（何因 Why）、对象（何事 What）、地点（何地 Where）、时间（何时 When）、人员（何人 Who）、方法（何法 How）等六个方面提出问题进行思考。

1. 对象（What）——什么事情

公司生产销售什么产品？为什么要生产销售这个产品？能不能生产别的？

2. 地点（Where）——什么地点

目标顾客在什么场所购买这些商品？他们通过什么渠道购买？

3. 时间（When）——什么时候

目标顾客在什么时间购买这些商品？为什么要在这个时候买？能不能在其他时候买？

4. 人员（Who）——责任人

目标用户是谁？男的女的？什么年龄层次的？

5. 原因（Why）——为什么

你的营销目的是什么？是为了产品销售还是品牌推广？盈利目标是多少？

6. 方法（How）——如何

如何去推广，具体的推广方式和内容是什么？

结合以上知识进行思考和资料收集：举例说明 5W1H 理论在新媒体营销的应用？你听说过 6W1H 或者其他新理论吗？如果听说，请告诉我们这些新理论是什么？

任务 2.2　新媒体营销从业人员素质

任务描述

随着新媒体营销成为市场营销的主流方式之一，越来越多的人开始从事新媒体工作，新媒体营销人才的需求和岗位招聘也逐渐增加，新媒体从业市场的发展前景不可估量，这也对新媒体营销从业人员的素质能力提出了更高的要求。

任务目标

(1)明确新媒体营销从业人员的职业能力要求。

(2)熟悉一名优秀新媒体运营人员的成长路径。

(3)了解新媒体营销和新媒体运营的区别与联系。

知识链接

2.2.1　新媒体营销从业人员的职业能力

随着新媒体营销的持续发展，逐渐衍生出了新媒体营销岗位，协助企业开展新媒体营销活动相关工作，如制定新媒体营销策略、开展新媒体营销活动策划、新媒体文案撰写、新媒体平台账号运营管理等具体工作内容。通过访问智联招聘网站，搜索“新媒体营销”岗位，从中可以发现新媒体营销相关岗位主要包括新媒体营销、编辑、策划、运营等，如图 2-1 所示。为从事新媒体营销工作，营销人员需要了解该岗位的能力要求和工作职责，掌握胜任该项工作的所需具备的技能和职业能力，为今后的新媒体营销工作做好准备。

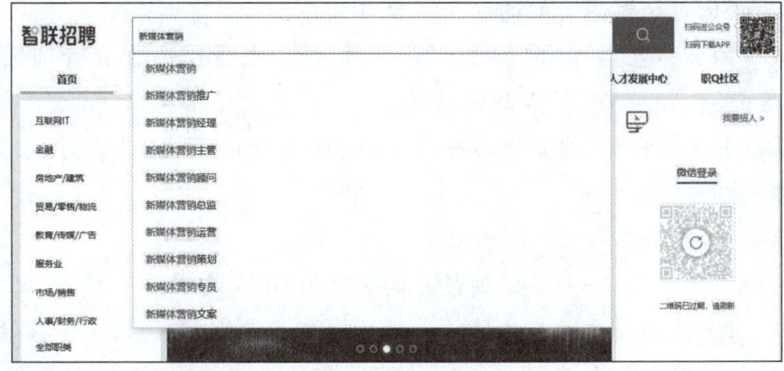

图 2-1　新媒体营销相关岗位

1. 营销策划能力

在新媒体营销策划中，常见的策划行为可分为内容策划和活动策划。

(1)营销内容策划。营销内容策划是指对新媒体营销内容的策划，包括确定目标市场、进行目标市场定位、根据顾客需求挖掘新媒体营销关键词并生成创意和标题、开设直通车、进行信息流推广等环节。内容策划是新媒体营销活动的基本手段，它决定了营销活动的成败，是新媒体行业必备的首要能力。

(2)营销活动策划。营销活动策划是指对新媒体营销各种活动的策划和实施，包括从市场调研进行用户画像到活动各个环节的策划和实施，最后开展复盘、总结分析的一系列工作，这需要营销人员有较强的综合实力，特别是对顾客需求分析和组织协调能力。一般而言，活动策划分为线上和线下两种，而随着消费市场环境的变化更是提出了全渠道模式，这就需要营销活动策划具备更加完整的活动策划方案，同时也需要对活动创意来源、开展方式、活动时间以及活动细节等各方面内容进行阐述。

知识扩展 2-4

全渠道零售

全渠道零售(omni-channel retailing)，就是企业为了满足消费者任何时候、任何地点、任何方式购买的需求，采取实体渠道、电子商务渠道和移动电子商务渠道整合的方式销售商品或服务，提供给顾客无差别的购买体验。自 2012 年开始，企业关注顾客体验，有形店铺地位弱化。国内知名的零售研究机构对其含义、成因及对策进行了研究，结论为：(1)全渠道零售的含义是指企业采取尽可能多的零售渠道类型进行组合和整合(跨渠道)销售的行为，以满足顾客购物、娱乐和社交的综合体验需求，这些渠道类型包括有形店铺和无形店铺，以及信息媒体(网站、呼叫中心、社交媒体、E-mail、微博、微信)等。(2)全渠道零售的成因是由于信息技术进入社交网络和移动网络，依附在全渠道上工作和生活的群体形成，导致全渠道购物者崛起，一种信息传递路径就成为一种零售渠道。(3)全渠道零售的对策，需要考虑不变的零售业本质(售卖、娱乐和社交)和零售“五流”(客流、商店流、信息流、资金流和物流)发生的内容变化，随后根据目标顾客和营销定位，进行多渠道组合和整合策略的决策。

实体渠道的类型包括：实体自营店、实体加盟店、异业联盟(指产业间并非上下游的垂直关系，而是双方具有共同行销互惠目的的水平式合作关系)等。

电子商务渠道的类型包括：自建官方 B2C 商城、进驻电子商务平台如淘宝店、天猫店、拍拍店、QQ 商城店、京东店、苏宁店、亚马逊店等。

移动商务渠道的类型包括：自建官方手机商城、自建 App 商城、抖音商城、微商城、进驻移动商务平台如微淘店等。

全渠道具有三大特征：全程、全面、全线。

全程：一个消费者从接触一个品牌到最后购买的过程中，全程会有搜寻、比较、下单、体验、分享五个关键环节，企业必须在这些关键节点保持与消费者的全程、零距离接触。

全面：企业可以跟踪和积累消费者的购物全过程的数据，在这个过程中与消费者及时互动，掌握消费者在购买过程中的决策变化，给消费者个性化建议，提升购物体验。

全线：渠道的发展经历了单一渠道时代即单渠道、分散渠道时代即多渠道的发展阶段，到达了渠道全线覆盖即线上线下全渠道阶段。这个全渠道覆盖就包括了实体渠道、电子商务渠道、移动商务渠道的线上与线下的融合。

2. 文案写作能力

市场对新媒体文案的需求量越来越大，文案写作能力是营销人员所应具备的基础能力，这一能力具体表现在文案的写作技巧上，例如文案的语法、逻辑、语言风格的把控、文案技巧的运用。

(1)文案的语法、逻辑的掌握。新媒体文案工作者应以正确语法写作，且文案的表达要有逻辑、有条理，这样目标人群才能更好地理解文案所要表达的意思。

(2)文案语言风格的把控。新媒体文案工作者需能驾驭各种风格的文字，可以是阳春白雪、如诗如画的语言风格，也可以是下里巴人、通俗易懂、平易近人的语言风格，文案工作者可根据具体需求撰写对应风格的文案内容。

(3)文案技巧的运用。标题、海报、主题广告等要求能够快速吸引目标人群的注意；软文、具有情感的品牌介绍等则更要求目标人群能够产生代入感；商品介绍等销售文案则要求目标人群能够有信任感并且够快速做出购买决策及反馈；品牌传播文案则要求信息简单更有利于口头传播。

3. 数据分析能力

新媒体营销者通常需要充当数据分析师的角色，懂得常用的数据分析方法，会使用 Excel 或更专业的数据分析工具，进行数据分析、过程监控、数据总结等。通过新媒体数据分析更好地了解其运营的质量、预测运营的方向、控制运营的成本以及评估营销方案。

4. 视频图像编辑能力

随着新媒体市场的迅猛发展及网络技术的快速发展使得图像和视频信息日益剧增，在生活、娱乐、教育、医疗等诸多领域都产生了大量的图片和视频数据。用户在进行图像、视频信息访问时，已不仅仅是被动的浏览者，越来越多的用户需要人性化的系统来辅助他们对信息进行浏览、检索、编辑以及制作等操作。通过对图像或视频进行特殊的编辑、操作和处理，是与观众进行交流、引发观众兴趣的有效手段。所以，新媒体营销者需要具备一定的视频图像编辑能力。目前，视频剪辑功能较为专业的是 Adobe Premiere Pro，简称 Pr；其次就是剪映、爱剪辑、InShot(为视频添加动态贴纸)等常见视频剪辑软件。图片处理方面功能较为全面的软件是 Photoshop，也可以使用美图秀秀、创客贴、光影魔术手等。音频处理软件方面功能全面的有 Adobe Audition 音频软件，以及讯飞快读(给文章添加朗读版)、讯飞配音、耳鼠变声器等常见软件。

知识扩展 2-5

“剪映”软件

剪映是由抖音官方推出的一款手机视频编辑工具，带有全面的剪辑功能，支持变速，有多样滤镜和美颜的效果，有丰富的曲库资源等。自 2021 年 2 月起，剪映支持在手机移动端、Pad 端、Mac 计算机、Windows 计算机全终端使用。

1. 剪映的基本功能

如图 2-2 所示，打开剪映 App，导入素材后，可对视频进行如下编辑，包括：“剪辑”“音频”“文字”“贴纸”“画中画”“特效”等。

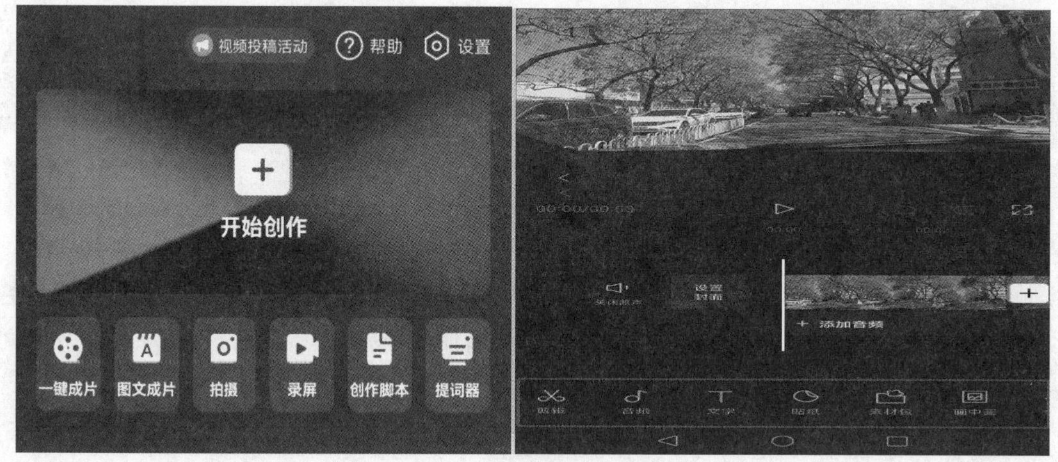

图 2-2　剪映的基本功能

2. 剪映的“剪辑”功能

如图 2-3 所示，单击“剪辑”按钮后进入编辑界面，我们可以对视频进行“分割”“变速”“删除”“动画”“滤镜”“蒙版”“美颜”等操作。让视频的时长、内容等以更完美的形象呈现在观众面前。

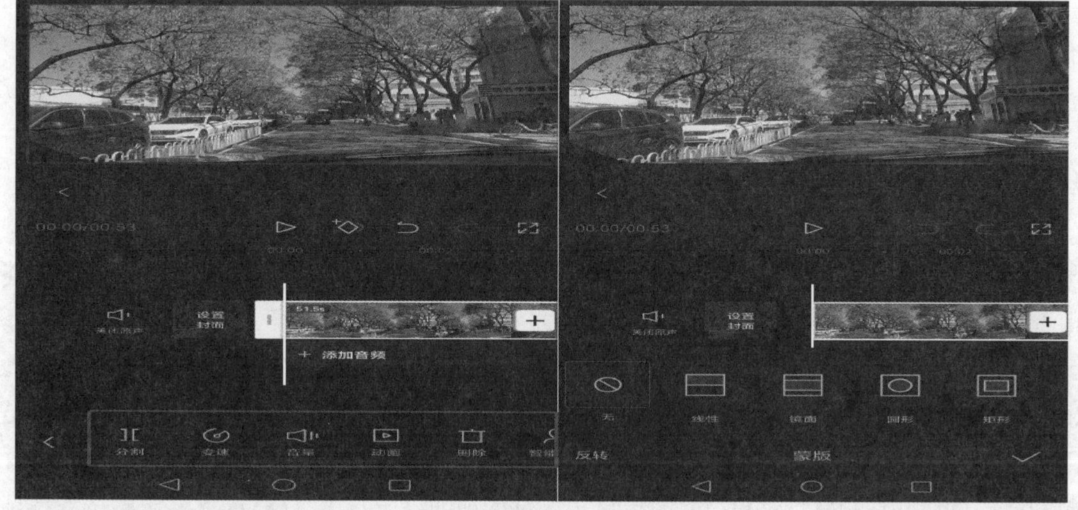

图 2-3　剪映的“剪辑”功能

3. 剪映的“音乐”功能

如图 2-4 所示，我们在首页选择“音频”后，进入音乐编辑界面，可看到“音乐”“音效”“抖音收藏”“录音”等功能。而每一个功能背后又有不同的音乐选择，包括本地音乐、特殊音效、卡点音乐、抖音收藏音乐等。可以根据自己的需求，给视频搭配合适的背景音乐。

图 2-4　剪映的“音乐”功能

4. 剪映的“文本”功能

如图 2-5 所示，进入“文本”板块后，我们可以“新建文本”“识别字幕”“识别歌词”，还能添加贴纸。如原视频中自带配音，则单击“识别字幕”就可以为视频自动识别并添加字幕。如视频中没有配音，那么就可以单击“新建文本”为视频添加字幕，添加完成后，还可以选择字幕朗读，为字幕添加对应的配音。

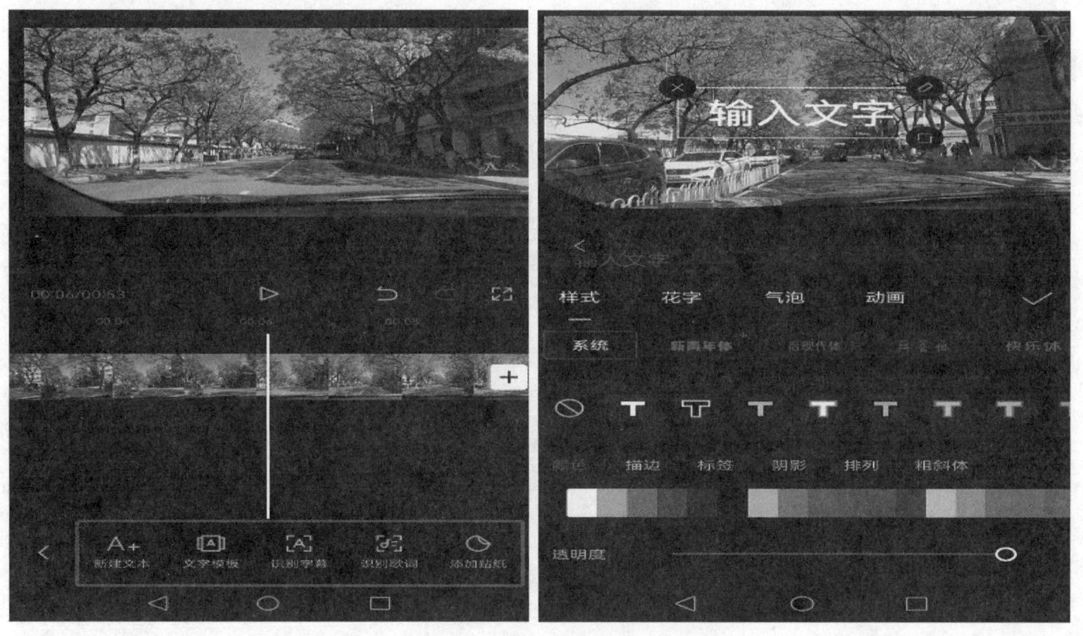

图 2-5　剪映的“文本”功能

5. 剪映的“特效”功能

如图 2-6 所示，单击首页的“特效”后，有各种特效可供选择，包括开幕特效、开屏特效等。还可以调节画布颜色和样式。“调节”功能中又能调整视频的亮度、对比度、饱和度等，让视频的画面效果更具美感。

图 2-6　剪映的“特效”功能

5. 项目管理能力

新媒体团队建设中离不开不同项目的运营，项目的推进必不可少地需要计划、沟通、协作、执行、反馈等步骤进行项目的整体管理工作。例如，在新媒体上发布某篇推文，离不开以下常见步骤：一是制作进度条，规划出文章发布的每个环节所需要的执行者和截止时间等细节；二是整理文章、图片文字美化，及时与编辑进行沟通；三是编辑对文章进行修改、添加、美化时，项目管理者要及时关注实时动态，积极调整收集相关素材；四是文章完成后，项目管理者要与推广专员进行商讨，布局发布渠道，推动热点的形成；五是监管推广效果，随时关注动态做好优化和后续工作。在这个过程中，新媒体团队成员的项目管理能力将得到充分展示和运用。

6. 人际沟通能力

任何营销活动不是一项独立的工作，新媒体营销活动也不例外，需要进行多部门、多方面的沟通与协调。例如，运营管理者要进行团队的沟通，将文案图片需求、设计需求、选品需求等准确传达至相关部门或者小组共同协作完成；新媒体运营者同时还需要跟客户沟通，随时了解客户需求并做好反馈工作。

7. 洞察力与热点跟进能力

新媒体的平稳发展得益于日常的稳定运营，而跨越式的提升则需要一个阶段爆发式的运营，如我们常常看到新媒体文章达到 20 万阅读和链接转载量等。这些爆发式运营表面上看是由于巧妙的创意或独特的思路，但深层次的原因都是对用户需求的洞察力，“爆文”能达到20 万阅读和链接转载量，是由于洞察了读者的喜悦、迷茫等不为人知的内心情感或兴趣点，从而达到情感的共鸣，最终获得读者的认同。因为新媒体的受众与传统报刊、电视等媒体的受众不同，以年轻人居多，所以新媒体运营则必须密切关注社会热点或开展事件营销。

2.2.2　新媒体运营人员成长路径

从整体上看，新媒体运营职业技能可以分为三个级别，分别是新媒体运营专员（初级）、新媒体运营主管（中级）、新媒体运营总监（高级），三个级别依次递进，每个级别对应的工作内容和侧重点各自不同，高级别则涵盖低级别职业技能要求。

1. 新媒体运营专员(初级)

根据新媒体运营的要求,初步完成基础信息采集、基础长文编辑、配图制作、单平台运营工作,会使用运营辅助软件工具。新媒体运营专员又可根据不同的工作岗位,具体分为内容运营专员、活动运营专员、产品运营专员以及用户运营专员等。

内容运营专员:工作内容主要包括生产的内容如图片、语音、文字、视频等多种形式。例如,先通过选题定题后搜集素材,然后进行内容编辑和图文排版,最终进行内容校对和修改并通过各新媒体渠道进行推送发布。

活动运营专员:工作内容是开展线上线下不同产品活动策划与宣传活动,从而达到引起目标顾客注意,实现“粉丝”快速增长的目的,为最终的新媒体营销活动提高转换率。

产品运营专员:工作是对目标用户群体进行有效沟通、管理以及产品数据分析等,从而实现增加用户黏性、提升用户忠诚度与用户贡献率、产品改进建议的提出。例如,围绕营销目标结合市场营销活动策划方案,有针对性地开展用户活动,增加用户积极性与参与度;同时根据用户与市场反馈数据进行分析,并以此为依据推进产品改进实现顾客需求的满足,实现提升产品购买率。

用户运营专员:工作是搭建和优化用户画像体系,通过用户分类管理,充分挖掘用户需求,针对不同用户类型设计精准性运营方案,从而增加用户黏性、提高活跃度,并培养用户忠诚度。

2. 新媒体运营主管(中级)

新媒体运营主管的主要工作职责是根据新媒体运营的要求,完成产品策划、多样化内容编辑、H5 制作、视频剪辑、多平台运营、数据统计分析工作,熟练使用运营辅助软件工具。例如,负责各大新媒体平台微信、微博、手机终端等日常运营及推广工作,提高公司品牌影响力和关注度;整合新媒体渠道,策划撰写原创话题,定期与“粉丝”互动,策划并执行相关线上和线下的微博微信推广活动,通过有效运营手段提升“粉丝”活跃度,为“粉丝”策划与提供优质、有高度传播性的内容;紧跟微信发展趋势,广泛关注标杆性公众号,积极探索微信运营模式;对新媒体运营过程中产生的相关数据进行分析,并提出解决方案;负责拓展新媒体资源、维护媒体关系,规划建立和推广公司品牌,与媒体建立长期稳定的关系;参与电商平台的文案和活动策划,对互动产品提出改进建议并跟进执行等常见具体工作任务。

3. 新媒体运营总监(高级)

新媒体运营总监的主要工作职责是带领团队完成产品定位策划、多形态内容写作编辑、H5 页面制作、视频拍摄剪辑、多平台运营、数据分析等,对新媒体运营等资源和流程进行管理和优化。例如,负责新媒体团队的人员建设和日常管理;配合运营,制定新媒体月度、季度、年度企划;根据公司产品特点及匹配人群,以微信、微博、头条、直播平台为媒体矩阵的设计与规划,策划并执行不同产品项目营销活动,并对活动效果负责;基于对产品的深入数据分析,挖掘产品及运营各项数据,通过对数据的分析,发现用户规律,根据线上线下渠道的特点、用户反馈及转化规律,制定具有针对性的策略来提高用户订单成交量、用户活跃度等工作任务。

任务案例 2-2

某企业新媒体运营招聘

张女士是某企业人力资源部门经理并负责该企业人才招聘工作,近日她通过某招聘网站发布了企业新媒体运营岗位招聘信息。

岗位描述：

(1)根据品牌规划，制定本品牌在社交平台(双微、小红书、B站、抖音等)运营内容方向、创意互动形式、执行落地计划等；

(2)根据整体运营规划，负责具体落地内容执行，并把控内容质量；

(3)根据品牌营销需求，负责把控各平台信息流投放方案和计划，提高品牌知名度；

(4)能够实时追踪运营效果、舆情反馈，安排各平台数据复盘及竞品分析，总结优化运营方案；

(5)配合品牌策划、电商等业务部门等，根据业务需求，策划、制作、输出内容；

(6)能够针对新媒体渠道舆情进行监测及协助处理及上级安排的其他工作。

任职要求：

(1)有时尚、美妆相关行业3年及以上、有双微、小红书等渠道运营经验优先；

(2)具有较好的文字功底，了解国内MCN、广告公司资源、平台投放机制；擅长策划、“粉丝”增长运营，其中掌握2～3个方面；

(3)具备创意、审美能力，良好的学习敏锐度，关注热点、行业趋势；

(4)具备沟通协调、资源整合能力，有责任心，积极主动；

(5)具备一定团队意识和管理能力，能够有效辅助团队成员能力提升。

结合以上案例思考：“MCN”指的是什么？归纳并分析新媒体营销岗位工作职责。

知识扩展2-6

新媒体营销与新媒体运营的区别和联系

新媒体营销是指企业借助各种新媒体平台，将产品或服务信息，通过不同展示形式和渠道传递出去，在目标受众中引起注意或进行再次信息传播，并激发目标受众的购买兴趣和欲望，最终实现企业品牌形象的树立、产品销售等不同营销目标的行为过程和方式。

新媒体运营是指利用微信、微博、短视频等新媒体平台进行品牌推广、产品营销的运营方式。通过策划品牌相关的资讯内容或易于高度传播的内容和线上活动，通过信息流广告向客户精准推送消息，提高活动参与度和提升产品知名度，达到其营销目的。

区别：新媒体运营更侧重于新媒体平台的管理和推广等工作，如微信、微博、短视频内容和拍摄等策划与实施推广；而新媒体营销则侧重于利用新媒体工具开展线上与线下营销活动，完成对产品的销售和售后。

联系：从本质上讲，新媒体运营是将企业文化、经营理念渗透到营销策略在新媒体平台形式上的实现。例如，通过内容传播使用户认同他们的某种概念、观点和思路，从而达到企业品牌宣传、带动产品销售等目的。通过两者的共同参与和实施实现企业经营目标，所以，新媒体运营是属于新媒体营销的一部分，新媒体营销是以新媒体运营的传播方式实现销售目的。

素质园地

工匠精神是一种职业精神，它是职业道德、职业能力、职业品质的体现，是从业者的一种职业价值取向和行为表现。“工匠精神”的基本内涵包括敬业、精益、专注、创新等方面的内容。

劳模精神、劳动精神、工匠精神是中国共产党人精神谱系的重要组成部分。在长期实践中，我们培育形成了爱岗敬业、争创一流、艰苦奋斗、勇于创新、淡泊名利、甘于奉献的劳模精神，崇尚劳动、热爱劳动、辛勤劳动、诚实劳动的劳动精神，执着专注、精益求精、一丝不苟、追求卓越的工匠精神，强调要大力弘扬劳模精神、劳动精神、工匠精神。

党带领广大人民群众的劳动创造史，是劳模精神、劳动精神、工匠精神的形成发展史。劳模精神、劳动精神、工匠精神孕育于革命战争年代，形成于社会主义革命和建设时期，发展于改革开放时期，光大于新时代。劳模精神、劳动精神、工匠精神与我们共产党人的精神谱系中一座座“精神标杆”一起，为立党兴党强党提供了丰厚滋养，拓印出党从孕育诞生到发展成熟的辉煌历程。

党的十九届五中全会提出，“十四五”时期经济社会发展要以推动高质量发展为主题。实现高质量发展，对弘扬劳模精神、劳动精神、工匠精神发出了强烈的时代召唤。党的二十大报告提出“深入实施人才强国战略”，并将大国工匠、高技能人才纳入国家战略人才力量。

思考：工匠精神的内涵是什么？新媒体营销人员的劳模精神、劳动精神、工匠精神具体可以体现在哪些方面？

项目总结

本项目从新媒体营销人员能力与岗位职责的认知入手，重点讲述新媒体营销团队的人员构成和新媒体营销从业人员的七个职业能力要求等内容，旨在帮助学习者建立对新媒体营销岗位能力的全面认知，为后续技能学习和从事新媒体营销工作打好基础。

习题与思考

一、单项选择题

1. 对新媒体营销团队组建体现的优势描述不正确的是(　　)。

A. 利益一致化　　B. 整体目标可实现性

C. 个体提升性　　D. 整体提升性

2. 全渠道零售是企业为了满足消费者任何时候、任何地点、任何方式购买的需求，体现出了(　　)思想。

A. 无差异营销　　B. 差异营销

C. 整合营销　　D. 定制营销

3. SEO 指的是(　　)。

A. 直通车营销　　B. 搜索引擎优化

C. 搜索引擎营销　　D. 信息流广告

4. 下列不属于文案写作能力表现的是(　　)。

A. 语法　　B. 逻辑　　C. 语言风格　　D. H5 设计

5. 常见的新媒体营销策划可分为(　　)。

A. 内容策划和活动策划　　B. 促销策划和品牌策划

C. 内容策划和促销策划　　D. 广告策划和视频内容策划

二、多项选择题

1. 团队建设必须具备的基本要素有(　　)。

A. 目标　　B. 定位　　C. 职权　　D. 计划和人员

2. 新媒体营销“5W1H”理论指的是(　　)。

A. 原因、对象　　B. 地点、时间　　C. 人员、方法　　D. 地点、多少

3. 新媒体运营人员成长路径主要有(　　)。

A. 运营专员　　B. 运营主管　　C. 运营总监　　D. 运营经理

4. 根据不同的工作岗位新媒体运营专员又可分为(　　)。

A. 内容运营专员　　B. 活动运营专员

C. 产品运营专员　　D. 用户运营专员

5. “工匠精神”的基本内涵包括(　　)方面的内容。

A. 敬业　　B. 精益　　C. 专注　　D. 创新

三、简答题

1. 简述新媒体运营人员的成长路径和不同岗位内容。

2. 新媒体营销人员在新媒体上发布某篇推文需要哪些步骤?

实训项目

1. 项目背景

2020 年 2 月 25 日,人力资源和社会保障部与市场监管总局、国家统计局联合向社会发布了“全媒体运营师”等 16 个新职业。这是自 2015 年版《中华人民共和国职业分类大典》颁布以来发布的第二批新职业。随后,2020 年 7 月 6 日,又向社会发布了包括“区块链工程技术人员”“互联网营销师”等在内的 9 个新职业。这是我国自《中华人民共和国职业分类大典(2015 年版)》颁布以来发布的第三批新职业。除了发布新增职业外,此次还发布了一些职业发展出的新工种,如互联网营销师职业下增设“直播销售员”,人们熟知的“电商主播”有了正式的职业称谓。

2. 项目训练内容

登录中华人民共和国人力资源和社会保障部官网,查阅“人力资源和社会保障部关于《互联网营销师国家职业技能标准(征求意见稿)》”的通知,并登录各大招聘网站分析新媒体营销岗位的工作职责和任职要求。

3. 项目训练要求

将分析结果在班级进行展示和汇报。

(1)能够熟练简述互联网营销师国家职业技能等级分类和标准(20 分)。

(2)展示各大招聘网站新媒体营销岗位的工作职责和任职要求,分析条理清楚,图文结构合理(20 分)。

(3)语言表述清晰、准确,团队合作力强(20 分)。

(4)团队项目内容具有典型借鉴意义或启发性(20 分)。

(5)团队自评(10 分);班级团队互评(10 分)。

模块2 学会新媒体营销

项目3　微信营销

项目导学

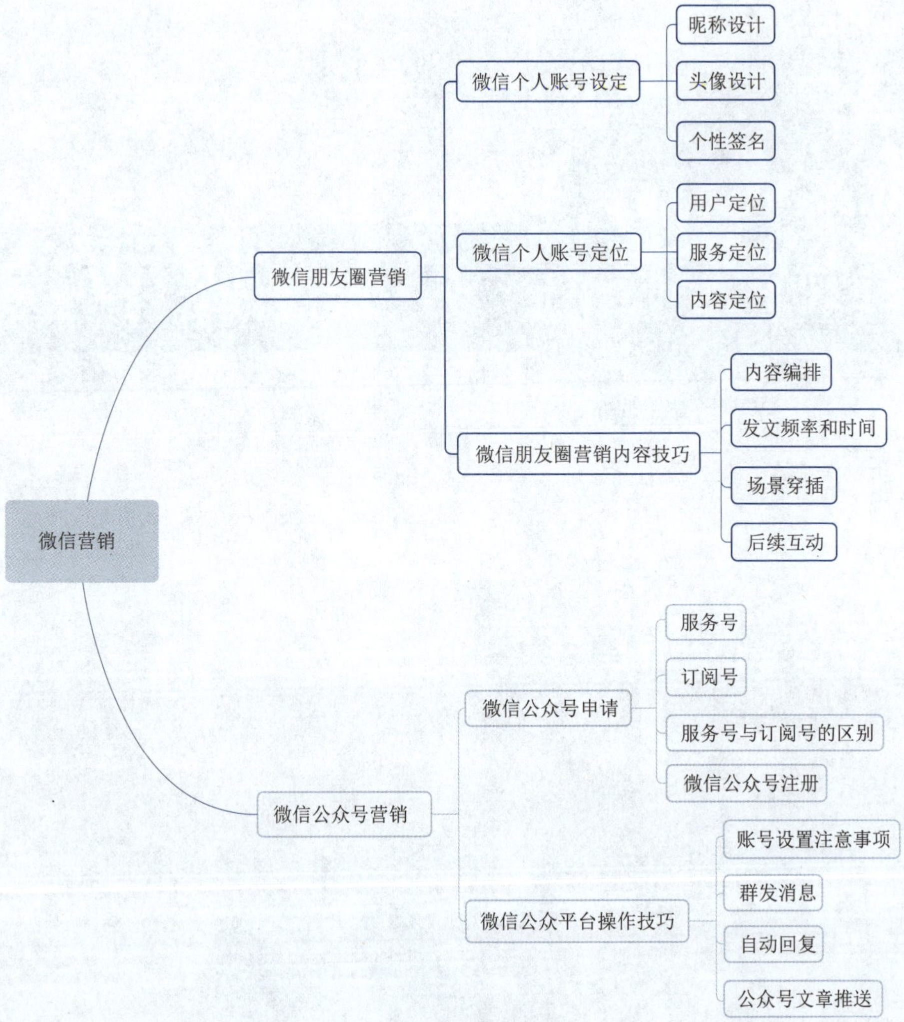

- 微信营销
  - 微信朋友圈营销
    - 微信个人账号设定
      - 昵称设计
      - 头像设计
      - 个性签名
    - 微信个人账号定位
      - 用户定位
      - 服务定位
      - 内容定位
    - 微信朋友圈营销内容技巧
      - 内容编排
      - 发文频率和时间
      - 场景穿插
      - 后续互动
  - 微信公众号营销
    - 微信公众号申请
      - 服务号
      - 订阅号
      - 服务号与订阅号的区别
      - 微信公众号注册
    - 微信公众平台操作技巧
      - 账号设置注意事项
      - 群发消息
      - 自动回复
      - 公众号文章推送

任务 3.1　微信朋友圈营销

任务描述

随着移动互联网的普及和手机应用的不断革新，以手机为载体的微信朋友圈营销蓬勃发展，网络营销模式也随之不断拓展和完善。本任务主要结合微信朋友圈特点，讲述微信个人账号设定要素，着重讲述微信朋友圈营销内容技巧。

任务目标

(1)理解微信朋友圈营销的概念。

(2)掌握微信个人号账号设定、定位的内容。

(3)掌握微信朋友圈营销的内容和技巧。

知识链接

3.1.1　微信个人账号设定

微信个人号是目前线上个人拓展客户的主要渠道。全国微信活跃用户超过 12 亿(见图 3-1)。更好地了解微信这一软件，并从中探寻用户的使用习惯，对于我们拓展客户、转化用户来说非常重要。建立自己的微信个人号及做好细节设置，必须要包含昵称设计、头像设计和个性签名。

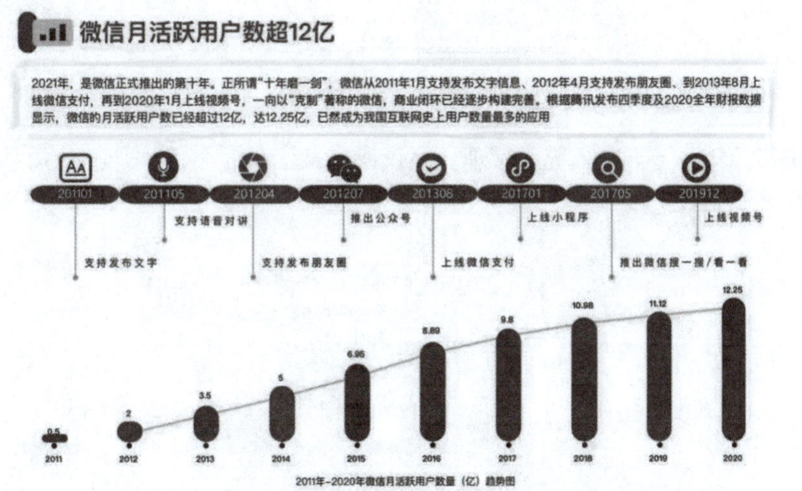

图 3-1　《2021 年微信私域运营实战指南》数据

1. 昵称设计

微信昵称是运营者在微信上的名字，用户会因为你的名字记住你，好的微信名字对产品营销来说帮助巨大。因此运营者在设计昵称时要遵守一些原则，并掌握一些技巧。

1)微信昵称设置的原则

昵称字数不宜过长。微信昵称最多可设置 16 个汉字，可设置含有中文、英文、数字、符号组合的昵称，但不建议设置特殊字符。通常情况下，昵称不超过 7 个字，因为昵称过长，用户可能记不住，会严重影响你的关注度，不利于营销。

昵称要真实。不要使用稀奇古怪的符号，建议使用真名。实名可以加深你微信好友对你的业务印象。如果不包含真实姓名，那么你最好通过其他方式透露出你的真实姓名，例如日志、微信朋友圈等，偶尔透露一下，表示你这个人是磊落而值得信任的。

昵称可以体现自身的价值和具体的服务内容，加深客户对我们的印象，尽量简单化，简单才易被传播。

2)微信昵称设置的技巧

实名制＋业务或头衔。实名制会让你更值得信赖，同时把业务或头衔加入进去的好处是每次你名字的出现就会加深微信好友对你的业务印象，如图 3-2 所示。

图 3-2　实名制昵称

名字＝定位＝内容，让客户一看你的名字就知道你是干什么的，减少客户花时间对你的理解和熟悉，如图 3-3 所示。

图 3-3　定位昵称

体现企业文化，也便于进行统一管理。建议所有微信账号名优先加上公司品牌名称，如尚德教育，如图 3-4 所示。

图 3-4　企业文化昵称

2. 头像设计

微信头像就是一张简单的图片，代表一个人的形象。什么样的微信头像，就会给人留下什么样的印象。

1)微信头像设置的方式

设计好的头像,可以采取以下三种方式:

(1)用账号名字。直接用账号名字做头像,背景色可以直接使用人设定位和企业形象的颜色,如图 3-5 所示。

(2)人物形象。人物形象又分为真实头像和个人漫画头像。例如"彭程 de 美味人生""逻辑思维"的头像就是使用个人真实的头像,"科学育儿师" 就是个人漫画头像,人物形象设置可以如图 3-6 所示。

地产方案精选

图 3-5　账号名字头像

黎兜兜

图 3-6　人物形象头像

(3)品牌标志。这种头像企业或者公司使用得比较多。当网民每次看到该公司新媒体营销账号的时候能够看到企业的标志,这样可以加深企业在网民心中的印象,有着很好的传播作用,如图 3-7 所示。

三只松鼠

中国平安

图 3-7　品牌标志头像

2)微信头像设置的要求

通常头像选定以后就不要更换,如果更换,则更换后一定要让别人能很容易辨认,也就是要和原先的头像具有连续性。综合分析,头像图片一般要做到如下要求,如图 3-8 所示。

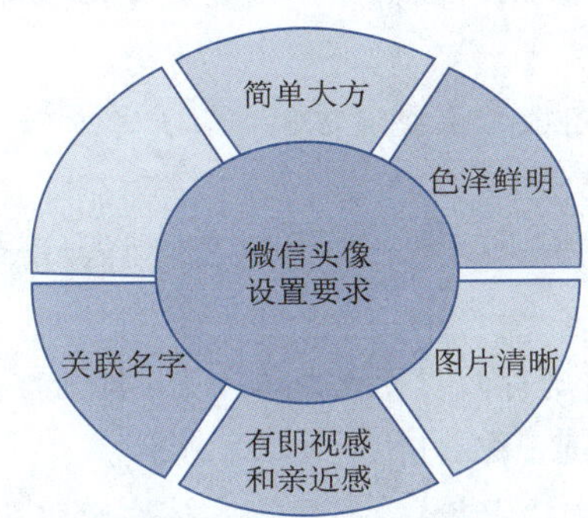

图 3-8　微信头像设置要求

- 简单大方。一般头像尺寸非常小,一定要让别人看起来舒适,不要太复杂。
- 色泽鲜明。头像颜色不要过于暗沉,否则看起来会显得标志性不强。
- 关联名字。如果用账号名称设计头像可以用账号中一个最特别的字设计;如果是图片,应尽量与账号名称相关联。
- 图片清晰。有些图像点开看大图比较清楚,但放在列表里就会模糊不清,需要不断调试。总体要求是质感清晰,分辨率高。

● 有即视感和亲近感。即看到头像，有一种未曾经历过的事情或场景仿佛在某时某地经历过的似曾相识的感觉。

知识扩展 3-1

打造头像秘诀

打造头像的秘诀：显示出我们的专业感，能看出定位，让人能够一下子理解你是干什么的；还要有温度，让人觉得你是一个有情怀有温度的人，让别人想接近你。最后提醒：为了保证你的品牌效应，最好不要经常更换头像，要保持各个平台的头像一致，这样能够增加辨识度和曝光率。

3. 个性签名

个性签名是一个非常重要的个人信息展示板。你是什么性格，你所提供的是什么服务，都能通过个性签名表现出来。

个性签名又分两种：情绪型与价值型，即有趣或有用。用户对于“价值型”内容，会更喜欢——即介绍你能够为用户带来什么价值。个人签名的作用，不仅仅是朋友圈的展示窗口，更是在用户添加好友/通过好友时，你的一张名片，如果体现不了专业和价值，那么用户会“低看”你，觉得加你没有任何意义。

比如，亲民路线：教育行业从业六年，愿分享我每一条育儿经。专业路线：浙江大学医学硕士，1 000 万妈妈关注……(见图 3-9)。

图 3-9 微信个性签名

任务案例 3-1

完美日记的微信个人号打造

1. 完美日记的秘密武器

完美日记，从诞生到上市，仅用了短短四年时间。

从竞争激烈的美妆赛道脱颖而出，微信营销是完美日记取得成功的秘密武器之一。

2. “小完子”的人设打造

完美日记把目标客户引流到微信主要通过引导客户添加一个具有鲜明人设特点的年轻女生——“小完子”的微信号。

“完美日记”的微信个人号——“小完子”的人设是怎样打造的，大致有以下三个方面：

(1) 真实，没有距离感。

首先，“小完子”的头像和相册封面用的都是真人照，颜值高、穿着得体，她会经常在微信朋友圈发自拍和打卡的照片，晒美食、聊心情。

让你感觉就像是身边一个生活很精致、有真情实感的好朋友，没有距离感。

(2) 专业，值得被信任。

除了充满生活气息之外，她还是一个专业的美妆达人。

她通过专业的文案、彩妆测评配图和教程，让用户感受到她的专业形象，时间一长，信任感就越强，“粉丝”自然就会下单购买她推荐的新款眼影、腮红、唇膏……

(3) 温暖，让人很暖心。

“小完子”并不是一个冰冷的销售形象，而是真心关心你。当新用户添加她的微信之后，她首先会表明自己不是机器人，然后第一时间给到用户福利。

然后她也会每天在群里面道晚安，鼓励大家一起为成为精致的女孩而努力，就像一个陪伴在身边的有温度、有情感的好朋友。

另外，她还会在一周年的时候写一封感谢信，字里行间的感情特别充沛，让用户感到被尊重，很暖心。

3. 值得借鉴和学习的地方

"小完子"作为完美日记的品牌人设，通过以上这些优质内容和自身魅力，与用户建立更精准、更直接、更深入的沟通，影响力非常强大的。

因为微信营销的核心就是把"人"放在第一位，让用户对品牌产生信赖，进而成为品牌的忠实消费者。完美日记正是通过拥有独立人设的"小完子"进行微信营销，并有效完成了转化成交，提升了销量。

4. 最后想说的话

微信作为目前商家通过移动互联网触及消费者最便捷的通道之一，是启动最快速、上手最容易的线上营销工具。而做好人设定位，根据定位设置好微信形象，是商家把生意做到微信上的第一步。如果这一步没有做好，那么后面所有获客和成交的效果都会大打折扣。

根据所学知识，总结一下"小完子"在微信号上的个人形象建设，有哪些值得借鉴和学习的地方，分析完美日记微信个人账号是如何获得巨大成功的。

3.1.2 微信个人账号定位

无论是微信朋友圈还是微信群，当将其作为营销平台时，就必须对微信用户进行精准定位，了解朋友圈和微信群用户的特性。微信个人账号定位可以分为用户定位和服务定位。

1. 用户定位

用户定位指的是你的产品或服务的对象是什么样的一群人，他们经常在哪里出现，如何找到他们，如何跟他们链接上；他们最喜欢什么，最在意什么，最烦恼什么，最怕什么，什么才是他们最渴望得到的。只有弄清楚目标人群是谁、他们有怎样的兴趣爱好、喜欢阅读哪些信息、有怎样的需求等一系列的信息，我们才能找到目标客户，并让目标客户成为我们的微信好友，以更好地展开营销。

用户定位有以下几种方式：

(1)目标人群属性。目标人群的基本属性有性别、年龄、职业、收入水平、所处地域等。例如，每个年龄段所关心的内容是不一样的，可以根据年龄图谱划分出不同的朋友圈、微信群，并有针对性地开展营销活动。

(2)目标人群兴趣爱好。根据不同的兴趣爱好，可以组建不同的微信群，为营销奠定基本方向。例如，一个健身教练的朋友圈或组建的微信群中，是一群喜爱运动、热衷体育锻炼的人群，当教练发送自己健身心得的时候，这些内容也会对目标人群产生影响，继而再让目标人群接受健身产品就变得非常容易。

(3)目标人群需求。需求使每个目标人群各有共性特点。因为相同的需求，不同的人群可能会形成一个群体。例如，在美食品鉴团里面，因为对美食的需求和热爱让他们走到了一起，在这个群体里推广美食产品则会非常受欢迎。

用户定位有如下要求：

找自己擅长的领域进行定位；

找自己感兴趣的领域进行定位；

从大众领域定位；

找合适的平台入驻。

2. 服务定位

服务定位是指服务企业根据市场竞争状况和自身资源条件，建立和发展差异化竞争优势，以使自己的服务产品在消费者心目中形成区别并优于竞争者产品的独特形象。如果说用户定位是在分析目标消费者是谁，那么，服务定位则是分析自己能给朋友圈和微信群中的目标人群带来什么好处。

1)服务定位的依据

“粉丝”人数。朋友圈、微信群有多少人？多少是好友、熟人，又有多少是“纯‘粉丝’”。

“粉丝”来源。“粉丝”是如何获得的？“粉丝”的性别与社会阶层构成，购买力如何。

“粉丝”忠实度。熟人、朋友中，多少人会为你转发推广，他们背后的社会影响力又有多大？

“粉丝”偏好。亲友中，什么产品最可能是热销产品？价格定位多少最合适？

营销者自身分析。自己是不是一个交际谨慎的人？平时与朋友圈的人互动情况如何？微信群的互动开展如何？

通过以上问题的厘清，明确自己的优劣势和可以提供的服务是什么，在对微信用户进行精准定位的基础上进行营销。

2)服务定位的原则

(1)受众导向原则。成功的定位取决于两个方面：一是企业如何将定位信息有效地传达到消费者头脑中；二是定位信息是否和消费者需要相吻合。也就是说，市场定位必须为消费者接收信息的思维方式和心理需求所牵引，必须遵循受众导向原则。受众导向原则，实质上就是如何突破传播障碍将定位信息进驻消费者心灵的原则，也是不断强化消费者满意程度的原则。

(2)差别化原则。差别化可使消费者把产品和其他品牌区分开。市场定位就是通过各种渠道向消费者传达组织或品牌的特定信息，以引起消费者注意。目标消费者和竞争对手是定位的依据，与此对应，其造成差异和联想。如果定位所体现的差异性和消费者的需要相吻合，品牌就能留驻消费者心中。

(3)个性化原则。产品与产品之间的某种差别，是可以通过调整经营策略和不断努力来缩小和同化的。无法拉近的是产品的个性，个性往往是无形因素，无法仿造。因此，服务定位应该遵循个性化原则，即赋予产品或品牌独有的个性，以迎合相应的顾客的个性。定位就是在“卖概念”，这个概念就是它的个性，而个性可能与产品的物理特性和功能利益毫无关系。

3)如何进行服务定位

- 产品定位：为服务产品定位，即服务于什么样的消费者，需求是什么。
- 形象定位：在公众中树立良好的企业形象，且有固定的消费群体。
- 层次定位：企业在不同时期强调不同的层次，定位层次确定，就需要针对选定的细分市场确立一些重要的专门特性，考虑决定购买者购买的因素，每个人在对服务作出购买决定时就采用不同的标准，使用服务的目的也可能影响评价的标准。
- 决策方式定位：个人使用服务或集团使用服务时决策方式是不同的，顾客基于自身感受到的不同服务机构之间的差异来作出选择。

3.1.3　微信朋友圈营销内容技巧

1. 内容编排

微信朋友圈营销内容编排应该有质量，不断塑造个人专业形象，具体包括：品牌宣传、产品展示、实景案例、团队文化、个人形象、个人生活等，从而赢得目标客户信任，增加转化概率。具体在编排上可以从以下几个方面来展开：

1)抓热点——引起大家的讨论

现在时事新闻热点非常之多，新闻店铺属于营销价值极高的内容，既有热点，又有观点，操作还简单：把新闻复述一遍，结合所在行业点评，思想有深度，就可以作为一篇行业营销文章。

2)讲故事——加深情感共鸣

每个创业者都有一段刻骨铭心的创业故事，对故事中的营销价值和用户价值进行挖掘，照实写下来，会成为生动且富有感染力的营销内容。故事讲得越好，越能激发人们的兴趣，被分享的概率也越高。客户成功的故事，应该用简明扼要的文字图片表现出来，图文并茂，真实感人，既分享了故事、技巧，也推广了自己的业务广告。应该减少发“鸡汤文”，多讲讲真实的故事，尤其是生活中可以产生共鸣的故事。例如，“一只鸟的故事——曲靖‘老村长’的创业分享”，如图 3-10 所示。

3)图说

分享图片是一个重要的内容。如果是做电商的，可以拍摄忙碌的工作场景，比如客服人员的工作瞬间，运货员辛勤的送货(见图 3-11)，销量大的时候大家加班到深夜的情形……这些真实感人的素材配点说明文字，用户将会感受到这是个有情感的公司、对用户用心的团队，对此就能转化为营销的力量，同样对用户也非常有价值。

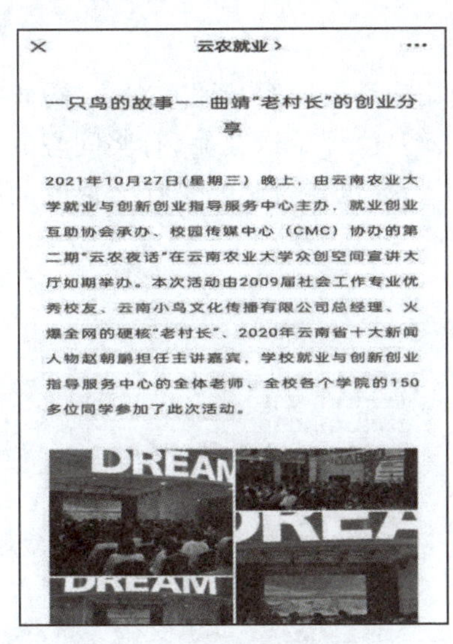
云农就业 >

一只鸟的故事——曲靖“老村长”的创业分享

2021年10月27日(星期三) 晚上，由云南农业大学就业与创新创业指导服务中心主办，就业创业互助协会承办、校园传媒中心（CMC）协办的第二期“云农夜话”在云南农业大学众创空间宣讲大厅如期举办。本次活动由2009届社会工作专业优秀校友、云南小鸟文化传播有限公司总经理、火爆全网的硬核“老村长”、2020年云南省十大新闻人物赵朝鹏担任主讲嘉宾，学校就业与创新创业指导服务中心的全体老师、全校各个学院的150多位同学参加了此次活动。

图 3-10　创业故事分享

图 3-11　图说——送货

4)经验和知识分享

可以写行业经验文章，如做服装销售，非常了解服装销售各个环节，就可以写一篇给新人看的文章：资深服装销售教你怎么选衣服。如此一来，文章必然会引起关注者的追捧，会咨询很多问题，而通过回答问题可以得到信任，当作服装方面的业务咨询的时候就可以为自己打开一个新的道路，如图 3-12 所示。

5)简洁广告植入

微信朋友圈，内容为王，朋友为大，最后才是营销。切忌刷屏广告，应该循序渐进。平时发布的内容应比较靠谱，给别人留下一个很好的印象(见图 3-13)。这个时候可以用段子、新闻故事作文案，配图用自己的产品图片作为软广告的植入。对于硬广告的发放，应该一句话将核心卖点和功效讲清楚。广告简洁才易吸引人们的关注。

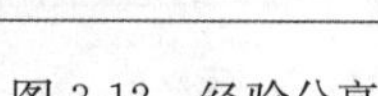
图 3-12　经验分享

图 3-13　广告植入—新品测试

6)“粉丝”互动回馈

微信朋友圈的内容不只是文字广告，还可发布相关活动的内容。通常对于“粉丝”互动的回馈，可以发布送小礼品的活动内容。可以采用点赞、转发、评论送礼品、有奖问答的方式，通过互动来刺激。这种微信内容一般都很有诱惑和吸引力。也要看奖品是什么以及问题设置，如图 3-14 所示。

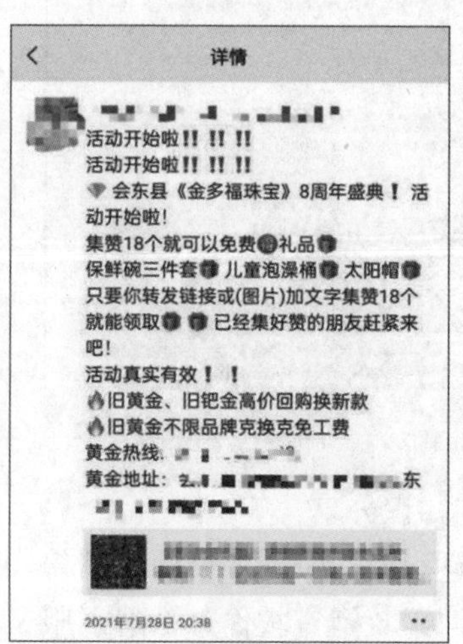

图 3-14　互动回馈

2. 发文的频率和时间

发布频率以每天5～8条为宜。太少很难让人看到，太多则有刷屏之感。时间选择有3个时间段信息接受效果较好。

早上上班的9点到10点半黄金时段，在这个时间段里推送消息十分有效，很多人会选择在这个时间段观看新闻、实时消息、天气等内容。

中午12点左右，对于娱乐、餐饮、百货零售等企业是最恰当的。人们劳累了一上午，大都十分疲惫，因此会想要补充能量、放松心情，而这时餐饮企业、娱乐企业、百货零售企业就可以推送消息。

在晚上8点到10点，有70%的快消企业、电商企业会选择在这个黄金时间给用户推送消息，大家都吃过晚饭，有了闲情逸致来休闲娱乐，所以在这个时间段里向用户推送消息再合适不过。

3. 场景穿插

生活和产品推广穿插发布，图片随意，但是要有亮点，文案要短而精，要有底蕴，不刷屏。场景穿插时，应该和内容结合，可以体现为生活点滴、学习内容、美景、沙龙活动、亲子教学、健康管理心得等场景。

4. 后续互动

朋友圈除了内容之外，还应该有相关的后续互动。在互动营销中，互动的双方一方是消费者，一方是企业。只有抓住共同利益点，找到巧妙的沟通时机和方法，才能将双方紧密地结合起来。后续互动尤其强调双方都采取一种共同的行为，达到互助推广、营销的效果。

后续互动一般有以下几种形式：

1)设置需求性互动

在发朋友圈时，需求性互动方式可以大大增加与客户之间的黏性。这是一种已经很普遍的新媒体平台互动形式，组织者发布活动方案或产品宣传信息，要求用户在朋友圈内容下点赞评论，或者直接要求用户发送指定朋友圈内容以获得相应的奖励和礼品。该活动切中用户的兴趣点，又颇具人文情怀，吸引了大量参与者在评论区互动，如图3-15所示。

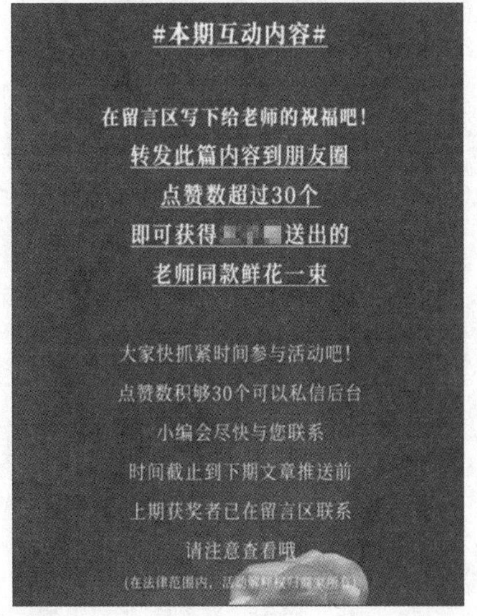

图3-15　需求性互动

2)抽奖活动

抽奖作为常见的互动形式,发布内容时,可以让用户在限定时间内转发到朋友圈、微信群、微博等平台,截图后发送至活动组织者处,随机筛选抽取获奖用户。这种互动方式能够极大地调动用户的参与性,但是要考虑到奖品分配的均衡性,偶尔举行一次抽奖活动可以提升账户的"粉丝"活跃度,如图 3-16 所示。

图 3-16　随机抽奖

3)有奖问答

朋友圈可以发布问答活动,通过这种方式引发用户对品牌及产品的深度思考,让用户能更深入地了解品牌特性。这种活动需要针对用户认真而有目的性地设计问题,尽量方便用户问答,如图 3-17 所示。

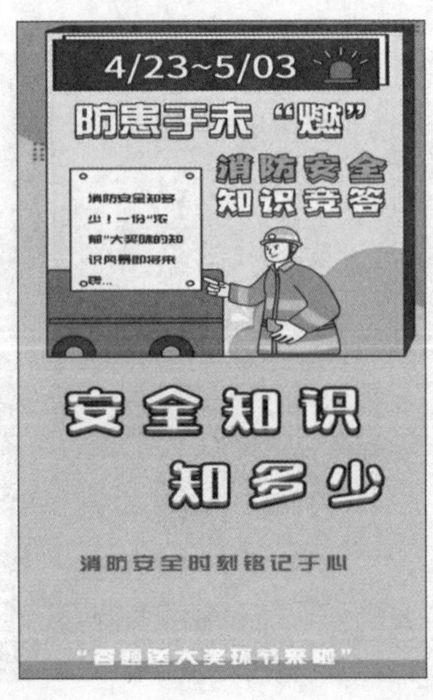

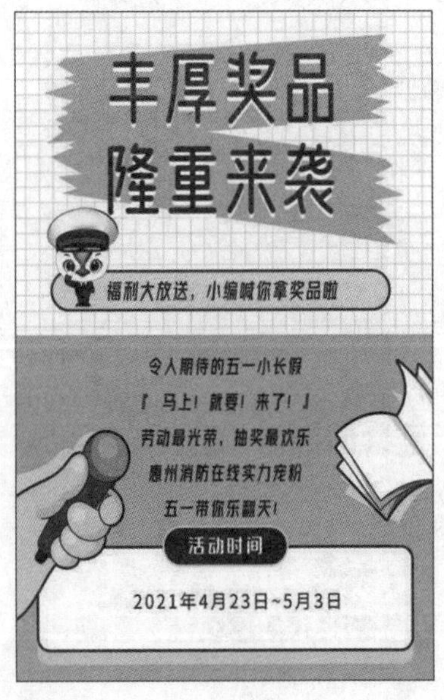

图 3-17　有奖问答

4)用户评比

朋友圈转发内容,可以定期推出一些用户评比小活动,用户在转发朋友圈相关内容时,对于转载量最高、点击率最高、参与度最高的用户等,朋友圈点赞量达到一定数量可以领取小礼品。这种互动方式的好处在于一方面能和用户产生互动,二来可以树立典型,培养核心“粉丝”,三是让用户之间产生竞争感,另外也是参与的一种小趣味。

5)推荐有奖

互动的首要目的是吸引“粉丝”,发朋友圈是希望通过活动吸引更多的新用户。可以让列表的用户向别人推荐自己的微信名片,当老用户分享二维码或个人名片给新用户添加,或者邀请新用户进群后,可以获得奖励或者相关折扣。这种互动方式可以在宣传新品时使用,通过老用户拉取新用户等模式,形成裂变式增长,如图 3-18 所示。

图 3-18 推荐有奖

6)互动游戏

游戏带有一定的竞技性,在给用户带来趣味性的同时,能更好地吸引新用户,捆绑老用户,如图 3-19 所示。例如,“想说的话”游戏,别人给你点赞,可以说出一直想对他说的话。

图 3-19 互动游戏

知识扩展 3-2

朋友圈内容 SOP

朋友圈内容多维、形式多样、更新频繁。落地运营过程中,经常会出现漏发、错发,或者维度一样的内容一连发好几天,这对用户信任感的建立是不利的。

将每天朋友圈要发的内容制作成 SOP ,能使运营工作清晰化、标准化、系统化。同时,团队来了新人,只要照着 SOP 发,就能做到 80 分。SOP 即标准作业程序。就是将某一事件的标准操作步骤和要求以统一的格式描述出来,用来指导和规范日常的工作。

SOP 的精髓就是将细节量化,用更通俗的话来说,SOP 就是对某一程序中的关键控制点进行细化和量化。

在制定 SOP 之前，需要先制定内容规划表(见表 3-1)。围绕业务、产品、人设，确定朋友圈可以发的内容维度、具体内容思路、频次。

表 3-1　内容规划表(以猫粮产品为例)

维度	细分维度	具体内容思路	频次
用户相关	干货知识	1. 养猫日常小知识 2. 根据相关热点衍生	每日 1 次
	互动内容	1. 养宠小知识考核(评论区做选择题，答对有奖) 2. 第 N 个点赞有惊喜	每周 1～2 次
人设相关	好书、好案例分享	文艺类、生活类、宠物类好书分享	每周 1 次
	生活感悟	文艺类、生活类、宠物类感悟	每周 1～2 次
	工作心得 工作趣事 部门聚餐	1. 为把控猫粮品质、为××××，加班、付出、开会 2. 公司下午茶 3. 公司部门内部培训	每周 1～2 次
	接地气内容	1. 跑步、逛街、爬山、旅游、聚餐、美食、电影、歌曲 2. 趣事(与猫咪有关)	每周 1～2 次
产品相关	产品服务	1. 猫粮的品质、制作工艺、营养成分、适合的猫咪…… 2. 给宠物主能提供养宠知识、宠物营养搭配等服务	每周 1～2 次
	用户口碑	1. 用户对猫粮的评价：毛色变好、猫咪爱吃……(微信截图) 2. 店铺好评截图	每周 1～2 次
	权威荣誉	1. 店铺销量、订单突破××××(重要节点) 2. 权威机构报道、获得了权威机构好评 3. 取得的奖项	不定时 有就发
	限时活动	1. 价格优惠：拼团、限时折扣、买赠…… 2. 游戏活动：抽奖、锦鲤、裂变……	每月 2～4 次

如果零售企业品类多，朋友圈可以每天发 3～5 条。如果品类少，一天 2～3 条即可。

此外，制定 SOP 要确定每条朋友圈具体发布时间，可以根据用户刷朋友圈的高峰时段来定：

7:30—10:00　早高峰

12:00—14:00　午休

15:30—17:00　放松

18:00—19:30　晚高峰

22:00—23:00　临睡前

最后，将内容规划、发布的时间、条数及具体发布的文案汇总，完整的 SOP 就出炉了(见表 3-2)，运营人员只要根据不同的日期定期更新即可。

表 3-2　朋友圈 SOP(以猫粮产品为例)

时间	5 月 10 日 (周一)	5 月 11 日 (周二)	5 月 12 日 (周三)	5 月 13 日 (周四)	5 月 14 日 (周五)	5 月 16 日 (周六)	5 月 17 日 (周日)
10.00	干货知识	干货知识	干货知识	干货知识	干货知识	干货知识	干货知识
具体文案	【养宠小分享】 猫咪便秘太苦恼 这 10 种原因 80% 的人不知道(配图)	【养宠小分享】 最近让“铲屎官”头疼 的“带猫搬家问题” 快收藏!! (配图)					
14:30	互动内容	猫咪趣事	限时活动	工作趣事	猫咪趣事		
具体文案		(视频)					
22:00		生活感悟	产品服务	互动内容	部门聚餐	周末逛街	好书分享
具体文案							

素质园地

人民日报关注新媒体营销乱象:“刷屏营销”成朋友圈“病毒”

人民日报在新媒体版刊登文章《“刷屏营销”成朋友圈“病毒”》,关注火爆的“新媒体营销”现象。文章指出,标新立异制造噱头,突破底线恶俗营销,病毒复制信息轰炸,愈演愈烈的“刷屏营销”乱象,甚至是充满负能量的恶俗营销,不仅让“朋友圈”不胜其烦,也扰乱了互联网生态。文章中提到,一哄而上的跟风营销,同一个话题、同一种策划、同一样标语,在短时间内集中狂轰滥炸,令受众不堪其扰,甚至产生屏蔽多年好友的冲动。人民网舆情监测室分析师认为,“刷屏”式的借势营销实际是一种病毒营销。不仅无法给企业的形象、产品加分,还伤害到新媒体的社交性、私密性,对用户构成信息骚扰。

文章还指出,最令受众反感的“刷屏营销”,当属充满负能量的恶俗营销。而诋毁他人、互黑互斗的营销乱象,也越来越令人反感。此外,新媒体上还充斥着虚假营销。

文章采访了人民网舆情频道主编,他指出新媒体借新闻营销至少应有“两戒”:一戒利用涉及重大负面舆情或带有人员伤亡的事件营销,否则容易对当事人家属造成二次伤害;二戒利用涉及有违公序良俗的事件营销,否则会对网络环境造成二次污染。

思考:

1. 文中的朋友圈“病毒”指的是什么?

2. 我们应该如何避免朋友圈造成“刷屏营销”病毒?思考如何营造良好的朋友圈氛围。

任务 3.2　微信公众号营销

任务描述

微时代的来临，微信公众号营销成为新型的营销方式，受到了许多人的关注和使用。本任务讲述了微信公众号营销的基本知识，着重讲述微信公众号的运营方式及操作和技巧。

任务目标

(1)了解微信公众号的概念。

(2)熟悉服务号与公众号的区别。

(3)掌握微信公众号申请流程。

(4)熟练掌握微信公众平台操作技巧。

知识链接

3.2.1　微信公众号营销

在微信公众平台上成功注册的账号称为“微信公众号”。微信公众号是开发者或商家在微信公众平台上申请的应用账号，是一种主流的线上线下微信互动营销方式。通过公众号，用户可在微信平台上实现同特定群体的文字、图片、语音、视频的全方位沟通、互动。微信公众号的口号是“再小的个体，也有自己的品牌”，由此可见，不管是个人还是企业、媒体等，都可以利用微信公众平台将品牌推广给微信用户，以此来提升品牌的知名度。微信公众号营销是广受个人及企业欢迎的营销方式，如图 3-20 所示。

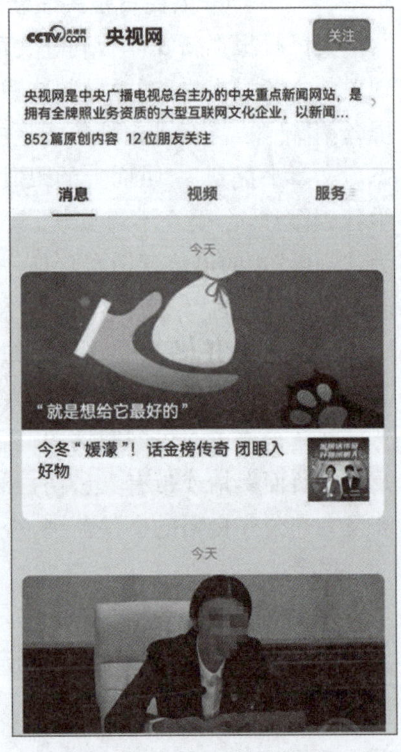

图 3-20　微信公众号营销

目前微信公众号数量猛增，而且使用频率也非常高，已经成为商家一个非常方便的推广渠道。同时，用户只要动动手指就能把自己喜欢的文章分享到自己的朋友圈中，如果文章内容够吸引人，那么朋友圈的好友阅读后就可能再次进行分享，如此循环，对公众号来说相当于免费的推广，并且效果显著。例如美食类公众号，用户通过文章可以学习美食的制作方法，自然会主动推广，阅读量轻轻松松就能过万，甚至破百万，如此可观的推广数据带来的收益也将非常可观。

3.2.2　微信公众号申请

一般我们说的微信公众号是指服务号和订阅号。

1. 服务号

1）服务号的概念

服务号是一种旨在为用户提供服务的公众平台账号类型（见图 3-21）。一般银行和企业做客户服务用得比较多。服务号一个月能群发 4 条信息。服务号群发信息的时候，用户手机会像收到短信一样接收到信息，显示在用户的聊天列表当中。服务号通过认证后可申请微信支付。服务号认证后能获得更多的功能，如高级接口能力、办理各种业务、领取各种福利和微信支付商户功能等。

图 3-21　服务号

2）服务号的优点

节省成本，效益最大化。得到关注后，可以利用微信服务号提供各项服务，介绍企业的最新产品和营销活动。

实现成本效益最优化。认证服务号的微信支付功能，当用户产生消费需求时，就能够立刻在微信服务号平台上直接购买，不需要跳转至网站或者是 App 上，节省了用户思考和消费的时间。

快速有效进行客户分类。利用自主设置功能，通过自动回复、菜单分类让新老客户或者有兴趣的加盟商进行选择性的浏览，省去了人工咨询时间和成本。

快速搜集客户反馈的信息。企业营销人员通过消息回复实时互动及双向沟通，并且将客户第一时间的反馈信息进行搜集、整理和分析，这有利于企业及时对自己的服务、营销活动、产品进行修正和审视，以便于开展下一场营销服务。

打造企业形象和口碑。有助于企业对外建立良好口碑和形象，同时，可以在社会重大事件发生时发表一些看法观点，有助于向社会展现企业社会责任感和使命感。

增强企业核心竞争力。和用户建立起良好的互动关系，建立客户忠诚度，提升客户需求的黏性。

提高用户消费主动性。可以很好地提高用户体验和服务，带来深层次的体验感。

3）服务号发布注意事项

对于刚开始起步做微信的企业，复杂的数据报表意义不大。关注互动和““粉丝”数”，前期“粉丝”数更重要。想办法把老客户转化成为微信好友，转化成为关注“粉丝”最重要。

偶尔来一次互动式的文案。在回复某个人的评论时，不要直接“艾特”他，在帖子下评论让所有人都有机会看到。

微信文章的标题注意前 13 个字，这 13 个字会直接影响文章的打开率。微信文章的打开率决定于文章标题，其次是文章摘要，再次是首图。

单图文文章，一定要好好写摘要，摘要的质量会决定文章的打开率。

文章配图很重要。文章太长要有多张图，现在手机流量已经不是问题了，不要担心多图。有个诀窍，如果不知道该配什么图，可以直接配风景图。

如果发链接，一定要发短链接。太长的链接影响美观，让人没有点击的欲望，生成短链接的方法就是，把链接放到腾讯微博上发布一次，会自动生成短链接，然后复制过来。当然，新浪微博或者短链接生成网站的也可以。

2. 订阅号

1)订阅号的概念

订阅号是一种旨在为用户提供信息的公众平台账号类型(见图 3-22),为媒体和个人提供一种新的信息传播方式,主要功能是在微信侧给用户传达资讯,构建与读者之间更好地沟通与管理模式。普通用户可以像订阅报纸一样,每日获得所关注的订阅公众号推送的消息。申请订阅号的用户可以每日推送一条消息给关注的用户。订阅号每天都能推送一次,传播力强,可以保证及时把信息传给用户,加深用户的印象,方便打造自己的品牌。如果是为了给用户提供一种新的信息传播来源,建议选择订阅号。适用人群:个人、媒体、企业、政府或其他组织。

图 3-22　订阅号

2)订阅号的优点

排名靠前,当查找附近用户时潜在客户可以第一个找到你。

品牌效应,可信度更高,客户更加信任。

可以获得更丰富的高级接口,向用户提供更有价值的个性化服务。

通过订阅号用户将在微信中看到微信认证特有的标识。

3)订阅号发布注意事项

微信号设置尽量做到:简单,易记,容易输入。不要用特殊符号,以方便“粉丝”查找关注。

站在阅读者的角度发信息:要阅读者看得懂的,要发阅读者感兴趣的,要发对阅读者有用的。

要熟悉微信公众平台后台的操作,保持每天群发信息。

多与用户交流,知道用户需要哪些信息。

把握每天群发信息的时间点,每个平台用户浏览的时间高峰点是不一样的。

3. 服务号与订阅号的区别(见表 3-3)

(1)服务号和订阅号都是公众号的一种。而订阅号又分为企业订阅号和个人订阅号,个人只能申请个人订阅号。订阅号的主要功能是每天可以群发一条信息;而服务号可以用于搭建支付和交易平台。

(2)服务号主要偏于服务交互,认证前后都是每个月可群发 4 条消息;而订阅号主要偏于为用户传达资讯,认证前后都是每天只可以群发一条消息,每个月 30 条信息。

(3)服务号可申请自定义菜单;而订阅号不支持申请自定义菜单。

(4)服务号通过认证后可以申请微信支付;而订阅号则不能申请支付功能。

(5)信息展示方式不同:订阅号每天可以发一条消息,消息集中在订阅号里,不显示在好友栏;服务号每月发 4 条消息,但是这 4 条消息是显示在好友消息栏的,会有提示。

(6)服务号申请开通主体必须为企业、个体工商户、企事业单位、组织机构,不接受个人申请。

(7)企业商家可以开通同时开通服务号、订阅号,个人只能开通订阅号,适合做自媒体的个人使用。

表 3-3　服务号与订阅号的区别

项目	服务号	订阅号
面向人群	面向企业、政府或组织，用以对用户进行服务	面向媒体和个人提供一种信息传播方式
消息显示方式	出现在好友会话列表首层	折叠在订阅号目录中
消息次数限制	每月主动发送消息不超过 4 条	每天群发一条
验证关注者身份	任何微信用户扫码即可关注	任何微信用户扫码即可关注
消息保密	消息可转发、分享	消息可转发、分享
高级接口权限	支持	不支持
定制应用	不支持，新增服务号需要重新关注	不支持，新增服务号需要重新关注

任务案例 3-2

看北京西单大悦城如何玩转微信服务号

北京西单大悦城(JOYCITY)是一座由中粮集团精心打造的“国际化青年城”，其迅速成为人们休闲购物的首选之地。

在西单大悦城微信服务号首页屏幕下面，有三个按钮：“我要”、“我的”和“西单大悦城”。这个看起来简单的三个按钮，却花费了西单大悦城信息部的人许多心思，因为这三个按钮连成了一句话，就是“我要我的西单大悦城”。

我要我的西单大悦城

iBeacon 系统。在西单大悦城，有一个 iBeacon 功能系统，让商户和终端(智能手机)能够准确感知彼此的准确位置，为 O2O 的互动提供了无限可能。顾客可以利用微信，知道自己在哪，店铺在哪，或者看每一层楼都有什么品牌。当消费者进入水滴蓝牙基站的发射范围，就会得到基于当前所处位置的各种信息。例如，当身处商户门口，会收到商户的优惠信息；路过热门餐厅，能得到排位的最新情况。

优惠活动现金券。西单大悦城区别于其他 O2O 系统独有的一部分，也是整套 O2O 中实现线上与线下重要的一个组成部分。其发券均在线上实现，摇中率是 100%，主要分为四种方式，覆盖四类人群。一种是现场发放满赠券消费后，通过微信扫描销售凭证，领券后用于下次消费，券卡设置有效期，须在活动期间使用，并可灵活设置使用范围及应用规则。比如满 100 赠 10 元，这 10 元的券就放在会员微信里，可以随时当现金用。第二种是现场发放摇摇券。可限制在指定地点，通过摇晃手机领券，可在活动期间明示区域，达到引流目的。比如在六层的中厅或者一层的某个空间设摇一摇券。根据活动的力度不同，顾客摇到的东西不一样，或者是食物兑换券，或者是现金券，有的是一个广告，有的是一条祝福短信，如果是春节，还会摇到贺年签之类。有时候，西单大悦城也会把商家的一些优惠券放进来，这样，顾客可能就会摇到某餐饮的优惠券，直接拿去使用。第三种是网络投放秒杀券。定期或定时放出部分卡券，让参与者抢购，可在相当范围内增加 O2O 线上部分微信公众号的黏度，促进线上至线下的转换。比如每周放一次，但是不定是周几。这种券是有限的，因为可以持续抢，所以可以增强关注和持续的黏度。最后一种是网络投放定投券。可筛选近期未到达大悦城的顾客向其微信账户投放现金券并通知，可促使其到店消费。比如某位顾客三个月没来了，或者是两周没来了，这时他(她)的账户里就会收到一张 10 元或者 20 元的代金券，间接提醒“好长时间没来了”，有利于拉动消费。由于所有现金券均可在大悦城店铺收银系统使用，所以自然达到线上线下引流互动的目的。这四种券都涉及资金，所以西单大悦城的微信服务号还设定了一个动态的二维码，这个二维码一分钟改变一次，既提高了顾客体验，也保证了顾客资金安全。

吃饭也智能

自助服务。许多会员希望享受自助服务，为此，西单大悦城的微信服务号设定了不少这样的功能。打开西单大悦城的微信首页，点击“我要”，会出现电子会员、扫码积分、品牌导航、排号点餐和一键 Wi-Fi 五项。通过这五项，顾客可以享受自助服务。以前，顾客不知道积分在哪儿积的，也不知道积分是不是扣了，或者清零了。现在，只要点击微信服务号的“我要”中的“积分扫描”，就能随时做积分查询。在购物时，顾客会得到一张销售小票，销售小票有一个二维码，顾客扫这个二维码，就可以达到自动积分的目的，减少了顾客去会员中心的途径，也避免了顾客的麻烦。

西单大悦城的会员卡是能够和微信号绑定，在绑定以后，会出现一个条形码的界面。这意味着会员来西单大悦城时就不用带卡了，扫一下屏幕就行了。

智慧停车场。为了改善用户体验，西单大悦城的微信服务号在顾客尚未进入停车场时，通过微信就能看到，里面一共有多少车位，现在还剩多少车位，每一层有多少停车位。同时还设有一个停车寻车的功能，通过停车寻车的功能，可以记下顾客的停车位置，等顾客回去的时候，微信服务号的“停车”就会自动变成“找车”，这时，顾客按一下“找车”，微信就会给顾客把路线绘制出来，而顾客只需跟着这个路线，就能够找到车了。

智慧停车的体验

大数据基础。微信服务号要实现 O2O，离不开后台大数据的支持。西单大悦城和许多外部数据都有合作。每隔一段时间，西单大悦城就会把线下的问卷调研数据、外部数据和自己的数据放在一起，做一个综合的分析和报表，就可以知道顾客的性别、年龄、家庭收入、学历、一个月支出的情况、逛西单的频次等信息。通过数据分析，西单大悦城发现，西单大悦城的顾客和机场的重叠率能够达到 65%～70%。

以上的信息，不仅可以为整体运营和品牌商提供参考，也为品牌招商调整提供依据。当一个购物中心能够很详细地告诉品牌商家，“你的客群来了，在西单大悦城会是怎样的购物习惯和购物的路径”，“一个空租的店铺周围客源的流动性、客源结构、店铺每天进多少人、大概每天都有多少销售额”，并可以运用数据帮商家推测未来时，当所有的客流可以拿来分析，会发现哪些店铺吸引客流、哪些店铺吃客流时，有多少商家还会迟疑与之合作。

请根据西单大悦城微信服务号对客服务功能，说明微信服务号的优点和注意事项。

3.2.3 微信公众号注册

以注册订阅号为例：

在浏览器中打开公众号平台网址，单击右上角“立即注册”按钮，如图 3-23 所示。

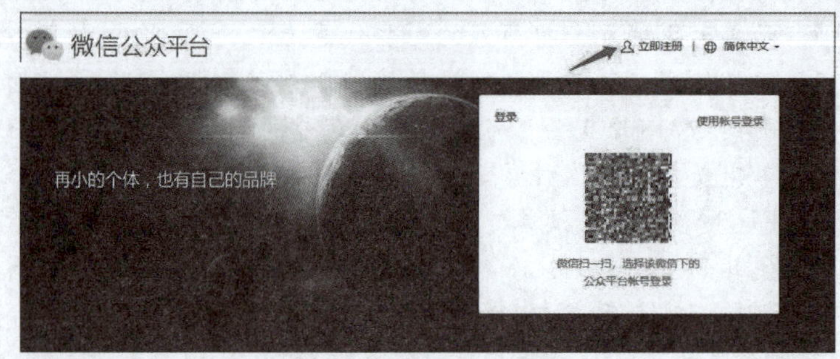

图 3-23　微信公众号平台

账号类型选择“订阅号”，如图 3-24 所示。

填写基本信息，填写邮箱，单击“激活邮箱”按钮，登录邮箱查看验证码并填写验证码。设置登录密码，勾选“我同意并遵守《微信公众平台服务协议》”，单击“注册”按钮，如图 3-25 所示。

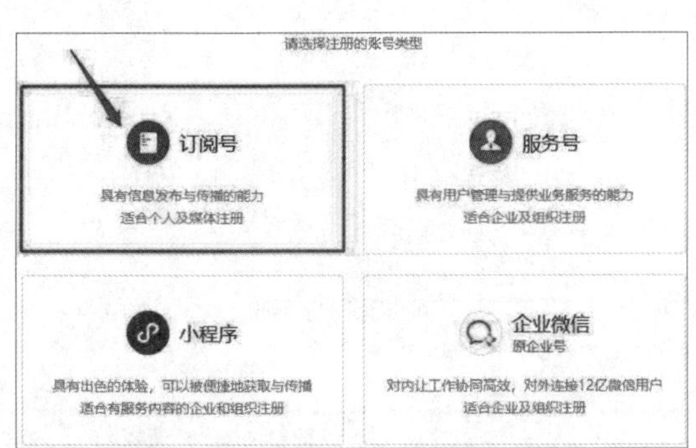

图 3-24　微信公众号账号选择

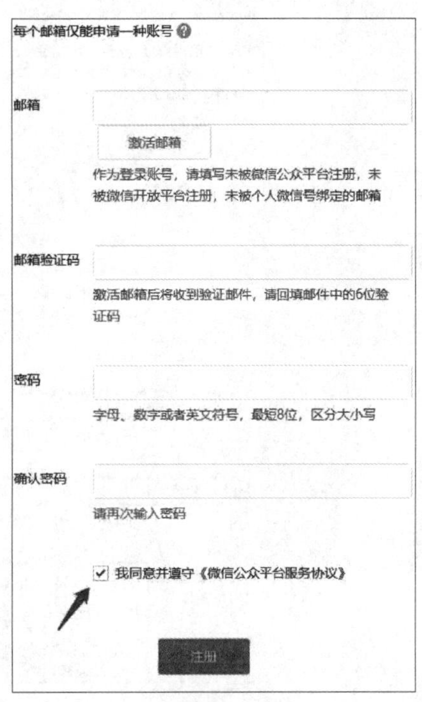

图 3-25　微信公众号账号注册

选择使用地，即所在的地区，选择完成后，下拉滚动条，如图 3-26 所示。

再次选择类型，如图 3-27 所示。

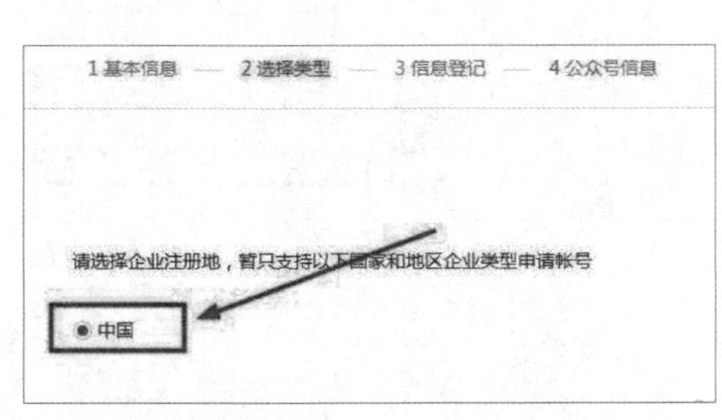

图 3-26　微信公众号使用地选择

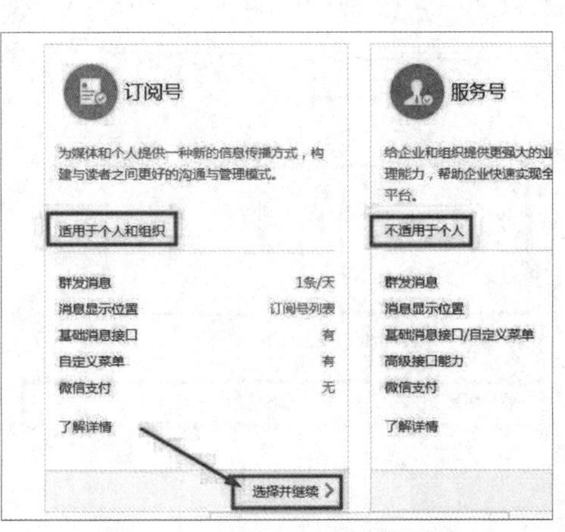

图 3-27　微信公众号类型选择

主体类型选择“个人”，如图 3-28 所示。

填写个人信息：姓名、身份证号码、手机号(验证码)、手机微信扫码验证，如图 3-29 所示。

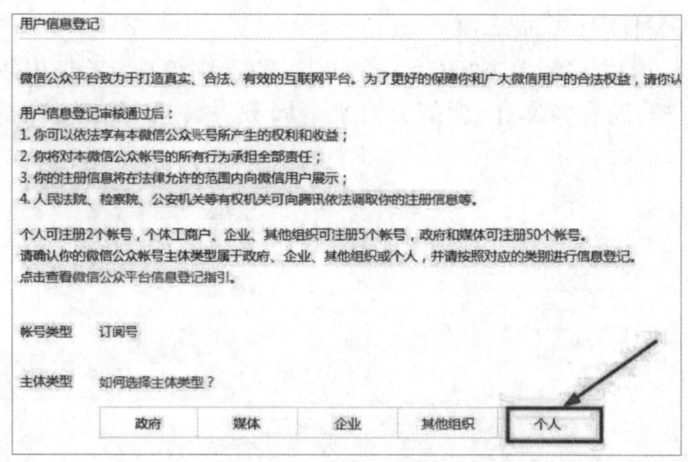

图 3-28　微信公众号主体类型选择

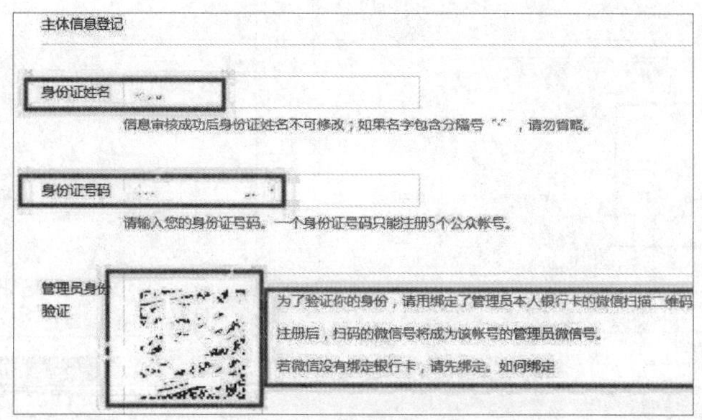

图 3-29　微信公众号主体信息登记

确认无误后，单击“确定”按钮，继续后面的操作。

填写微信公众号基本信息，如图 3-30 所示。

至此，完成操作，可进一步设置头像、获取二维码等操作，如图 3-31 所示。

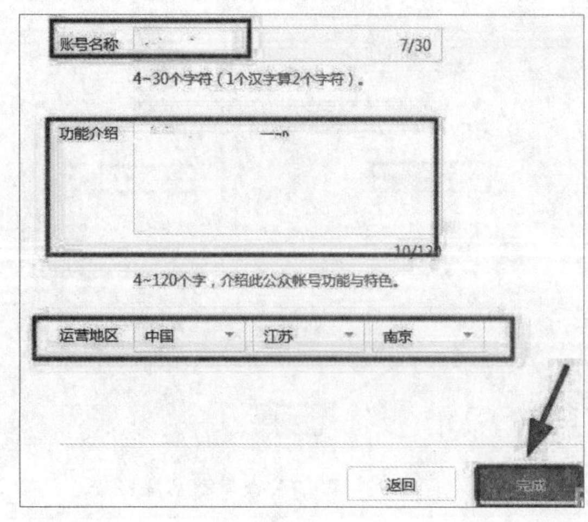

图 3-30　微信公众号基本信息填写

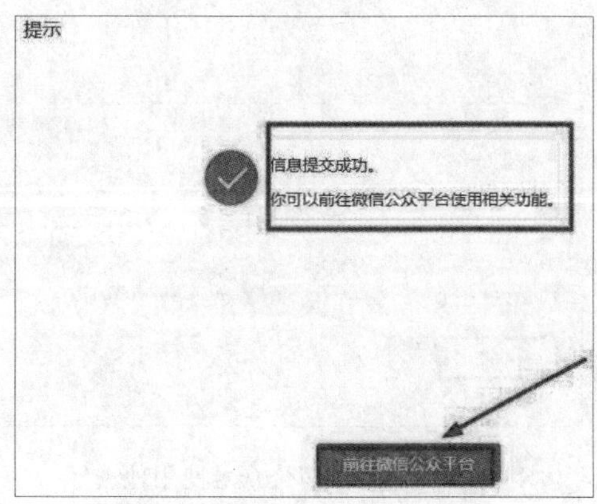

图 3-31　微信公众号注册成功

3.2.4　微信公众平台操作技巧

1. 账号设置注意事项

微信公众号注册完成之后，可以对账号基本信息和功能进行设置。例如公众号的名称、公众号的头像或添加运营者等，这些都是可以实现的。在进行此选项设置前慎重考虑各自公众号的定位，比如可以是针对本地的账号、电影评价，或者是介绍、时事新闻、美妆、时装、时尚、游戏、汽车、房地产、舞蹈等。确定定位后，根据定位的内容对用户群体进行分析，进行设置，整体要具备统一性，符合自己的定位和人群特征需求，不可不考虑受众群体或者是定位去随意设置。

1）账号详情修改

移动鼠标指针到首页右上角，单击“账号详情”进入“公开信息”页面之后，可以看到账号的头像、名称、微信号、账号类型、功能介绍、认证情况、所在地址、主体信息、相关小程序，如果管理员要修改名称、微信号、介绍，单击右侧的“修改”即可修改指定目标，如图 3-32 所示。

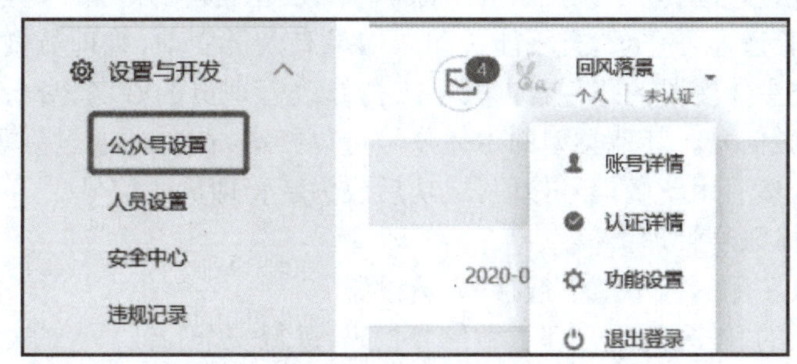

图 3-32　微信公众号账号修改

知识扩展 3-2

微信公众号认证

个人类账号在一个自然年内只能被主动修改两次名称；非认证个人类公众号目前在微信认证过程中有一次更改账号名称的机会，认证审核费用为 300 元/次；已认证非个人类公众号在每年的年审过程中有一次重新更改账号名称的机会。如果账号未到年审时间，也可提前进行年审，同样需要缴纳认证审核服务费 300 元/次，认证状态将在原通过认证有效期基础上再保留 1 年。提交的微信公众号认证名必须符合微信认证命名的规则。一个自然年内只能申请修改 1 次微信号。微信公众号的账号类型自注册成功后不可修改。功能介绍在每个月内只能申请修改 5 次。

2）功能设置

“功能设置”页面包含“隐私设置”“图片水印”“JS 端口安全域名”三个部分，如图 3-33 所示。

水印设置：可对图文消息和图片消息进行添加水印处理，包含“使用微信号”“使用名称”“不添加”三种方式。若选择添加水印，那么上传图片之后系统会自动在图片右下角添加水印。有设计能力的运营者可以在作图软件中做好个性化的水印，然后在这里选择“不添加”，个性化的水印会比系统自带的美观很多。

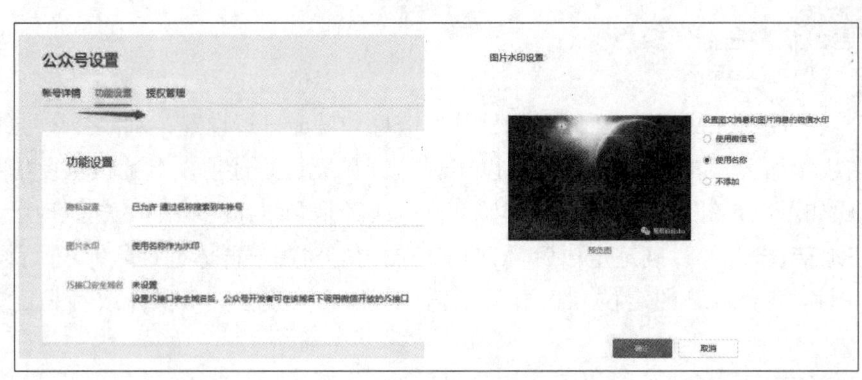

图 3-33　微信公众号的功能设置

3)人员设置

在注册微信公众号的时候,运营者扫码绑定的微信号将作为公众平台管理员的微信号,公众平台自动为该微信号开启登录保护。为了保护账号安全,提高账号的安全性,后续每次登录账号时都需要扫码验证才可登录,且不能关闭。如果有人员变动,管理员微信号可以更改,需要注意的是,个人类主体注册的账号目前暂不支持修改管理员的姓名、身份证信息,只可修改管理员的手机号和微信号。其他类型的主体账号可以扫码,待验证通过后重新填写信息并验证手机短信验证码,然后用新微信号扫码,成功后成为新管理员微信号。

修改个人类主体账号管理员信息:

(1)在平台首页左侧的“设置”下选择“人员设置”。

(2)单击右上角的“修改”,用管理员微信号扫码,进行安全验证。

(3)验证完成后,输入管理员新的手机号,填写短信验证码,然后用绑定管理员银行卡的新微信号扫码,扫码之后在手机上确认,即可更改管理员的微信号。

2. 群发消息

微信群发是指通过腾讯微信社交软件把相同的一条信息同时向多个微信好友分别发送达到快速便捷给众多微信好友发送信息的功能。微信群发通过微信自带的“通用”功能里面的“群发助手”功能,一次性可选择 200 名以内的好友发送消息,是腾讯微信的常用功能之一。微信群发功能为一次性向多人发送相同内容的消息节约了大量时间,常用于节日祝福、活动通知等。

图 3-34　微信公众号群发消息

打开微信公众平台登录页面,输入已注册的用户名和密码登录。

输入用户名密码后单击登录会提示管理员扫码登录,这一步是一个安全验证,用我们注册公众号的微信号扫码登录就可以了。

登录后进入主页,单击主页最左侧的“草稿箱”,再单击右侧的“新的创作”,就可以编辑图文内容,如图 3-34 所示。

按照提示来编辑内容，编辑好内容后，保存为“草稿箱”，如图 3-35 所示。

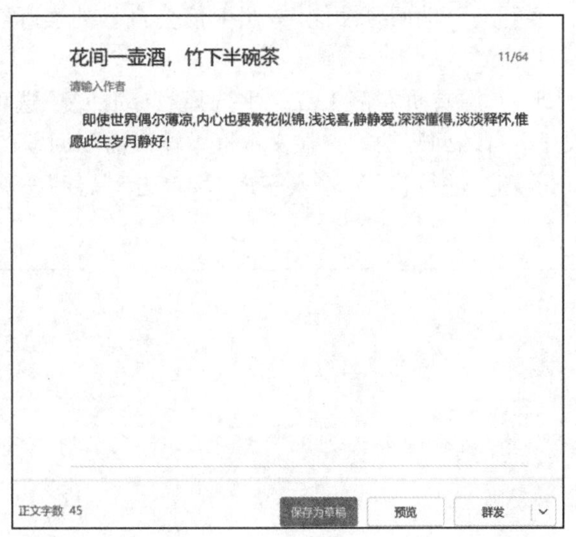

图 3-35 微信公众号群发消息保存

可以先单击预览看一下效果，之后就可以直接群发。群发可以选择定时群发和分组群发，选择好单击群发，别人就可以收到你发送的图文消息了，如图 3-36 所示。

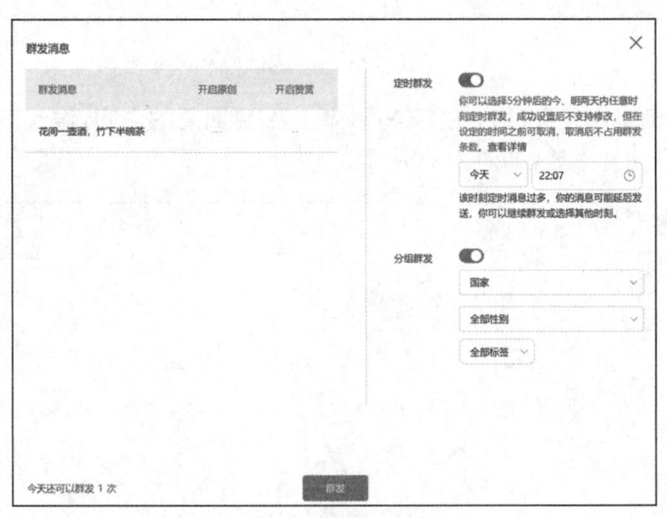

图 3-36 微信公众号消息群发

3. 自动回复

自动回复包括被关注回复、消息回复和关键词回复，是营销人员与用户进行互动的一种方式。

被关注回复是用户关注微信公众号时，与用户进行的第一次互动，关系着用户对微信公众号的印象，能够展现微信公众号的特点。在设置被关注回复时，营销人员可简单介绍微信公众号的基本信息及功能，使用户尽快熟悉微信公众号。

消息回复是指设置用户发送聊天信息时，微信公众号的回复内容；关键词回复则是针对用户发送的聊天信息中包含的特定词汇，设置微信公众号的关键词回复规则。自动回复和关键词回复可以帮助营销人员及时回复用户的聊天信息，达到与用户互动的目的，增强用户的黏性。

设置自动回复时，需要开通自动回复功能，按照微信公众号的实际需要输入回复内容，具体步骤如下：

(1)登录微信公众号平台，在首页左侧工具栏中选择“自动回复”选项，打开“被关注回复”页面，单击右上角按钮，开启自动回复功能。在文本框中输入需要回复的内容，单击下方按钮，输入需要的表情；按【Enter】键，进行换行；输入完成后，单击“保存”按钮，完成被关注回复设置，如图 3-37 所示。

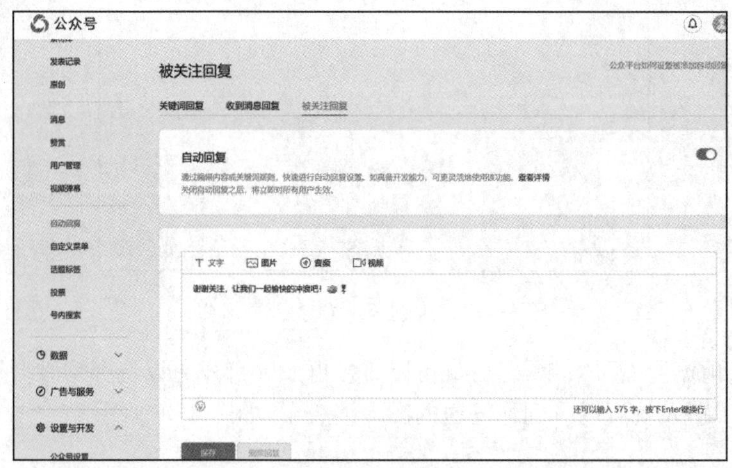

图 3-37　微信公众号被关注回复设置

(2)单击“收到消息回复”按钮，在文本框中输入需要回复的内容，输入完成后，单击“保存”按钮，完成收到消息回复设置，如图 3-38 所示。

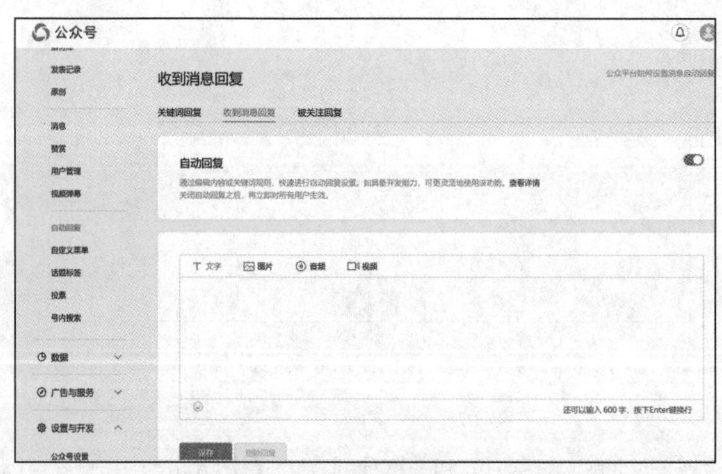

图 3-38　微信公众号收到消息回复设置

(3)单击“关键词回复”按钮，单击“添加回复”按钮，在“规则名称”文本框中，输入名称，如“回复”；在“关键词”文本框中，输入用户可能搜索的关键词，如“茶”；移动鼠标指针至也按钮上，单击“图文消息”按钮，选中需要展示给用户的图文消息，选中“回复全部”单选项，单击“保存”按钮，完成关键词回复设置，如图 3-39 所示。

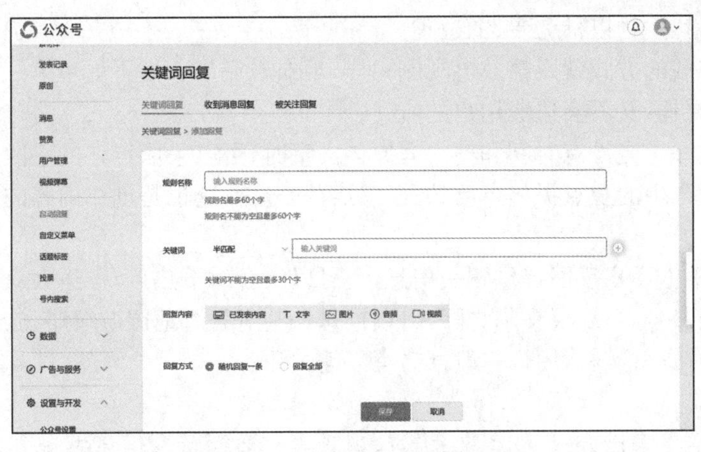

图 3-39　微信公众号关键词回复设置

4. 公众号文章推送

微信营销应以内容为主，当内容有实用性、贴近性、趣味性，并使用户分享有满足感时，微信营销可以说就成功了一大半。具有上述特征的内容，用户会主动分享，辐射到其强关系链上的好友，促发更多基于真实关系的传播。那么究竟什么样的内容更吸引用户？

1)主题

选择主题的方法很简单，可以根据账号类型来确立主题，如旅游主题、电影主题、饮食主题等；也可以根据信息的实用程度来确立主题，如攻略方法、新鲜资讯等。

2)正文

在正文中，开头和结尾最为重要，因为用户对开头和结尾最为重视。这是由于这两部分往往可以点明文章主旨，有助于人们快速了解主题。所以，在编写正文的时候，应该以“虎头凤尾”为原则。

3)文章风格

通常情况下，文章风格可以分为专业知识型、幽默搞笑型、促销活动型、文艺型和信息播报型等。

- 专业知识型。此风格比较适合户外、母婴、成人、电器、家居、内衣、保健、汽配等类目的商品。因为这类信息专业性强，并非日常生活知识，故内容可读性还是较高的，用户接受度高。
- 幽默搞笑型。此风格最适合情侣相关的礼品类目的商品，并且可以和商品实现无缝对接。
- 促销活动型。此风格比较适合代购类商品、男性商品、日常必需商品、快销商品、标准化商品，其内容无须太多的技巧，直接推销的效果可能更好。
- 文艺型。此风格比较适合小众商品、高端价位商品，也是塑造品牌形象和品位的好方法。
- 信息播报型。此风格重在发送的信息是否切中用户的需要。

4)内容规划的要点

(1)原创。在信息爆炸的时代，原创的信息是最有价值的。因为每一个人的时间都很宝贵，谁都不愿意阅读千篇一律的文章。尽量多写一些原创文章，这有助于吸引更多的用户关注微信公众号。这就是“物以稀为贵”的道理。

(2)连载。连载的方式就跟播放电视剧一样，观众看完了一集再更新第二集。这既能快速引起用户的阅读兴趣，又不会造成用户的流失。

(3)分析和点评。当没有时间和精力写原创文章时，可以采取点评的手段来跟用户进行沟通互动，对于文章当中的观点提出自己的独特见解和分析，这也是创作内容的好方式。

5)内容亮点

公众号可以根据用户反馈提供相关信息，还可以结合时下热点，推送大众关注的内容。例如，一个旅游公众账号，在夏天来临之际，可以推送一些避暑胜地旅游攻略、旅途中降温或防晒的妙招等。只要有真材实料，用户一般都会有兴趣关注。

6)编排方式

微信有多种信息编排方式，如图文、语音、视频等。适当转变信息编排方式有助于保持用户新鲜感，能够提升用户的忠诚度。此外，在编写信息内容时，要尽量避免通篇文字、长篇累牍，东拼西凑、敷衍用户，不注重原创，四处复制、粘贴等问题。如果不能用心对待信息内容，那么用户也很难对公众号产生信赖感，长此以往，账号的关注度势必会下降。

任务案例 3-3

“高新文艺”微信公众号建设运营方案

西安高新区是国务院首批批准成立的国家级高新区，“高新文艺”微信公众号承担着“讲好高新文化故事”的重要职能。现阶段，“高新文艺”将深度聚焦高新文化产业发展活力，并通过栏目内容的重新设计，提升双微服务性和互动性，让“高新文艺”品牌展现出更强大的生命力。“高新文艺”微信公众号建设运营在内容选择上不仅仅局限于文艺产品服务的信息描述及文艺服务推广信息，还有目标受众关注的生活知识、互动专题以及节日热点等，通过小视频、漫画和动图等形式向用户传递信息更加有效，同时搭配热点内容配以轻松有趣的文案及干净清晰的排版展示，且整体风格上更贴近用户生活。因此，“高新文艺”微信平台围绕“文艺传承 高新读本”这一定位，持续生产有吸引力的内容，超越“阅读需求”，打造“黏性阅读”，拉近与“粉丝”之间的距离，进一步增强数据洞察与应用。

在微信公众号的内容优化上，“高新文艺”定位为一个会讲故事的公众号，一个“以心悦心”的服务号。将于每天晚间 7～8 时的阅读高峰期，择优推送 2～3 篇文章。在推送内容上，主要分以下几类：

(1)活动新闻稿件，高新区文联相关会议及活动的日常报道，当天举行当天发稿，以新闻角度及时呈现；

(2)深度稿件，按照重要活动的时间节点，带着深入和拓展的思维，不定期针对高新区文化产业方面的新政策、重要产业发布会等，撰写相关行业的深度剖析稿件；

(3)热点稿件，根据西安市重点和网络热点，寻找高新落点，完成综合类稿件创作，例如西安获评幸福感之城就采访高新市民讲述文化生活丰富带来的满足感和幸福感；

(4)服务互动类稿件，重点做好民生文艺服务类信息稿件，例如文化场馆每月演出清单，此外，还将组织一些“粉丝”福利活动并跟踪报道；

(5)文化科普类稿件，发布高新、西安范围内的文化科普类稿件等，突出高新浓郁的文化氛围；

(6)探店、尝鲜等稿件，针对高新域内的新落户或者有来头的品牌等，进行探店式的专访，例如小编带你吃高新、小编带你去遛娃等，突出品牌。

同时，邀请专业资深记者写作关于“高新文艺”各类宣传类稿件、介绍类稿件、发布与新媒体之上，全面提升原创力量，将“高新文艺”微信公众平台账号建设成为一个网络大V，将该IP转化为KOL。

结合案例请分析：“高新文艺”微信公众号在运营建设时是如何进行内容选择的，符合了哪些公众号文章推送的要求？

素质园地

运用微信公众号平台开展大学生社会主义核心价值观培育

社会主义核心价值观是当代中国精神的集中体现。党的十八大报告明确提出社会主义核心价值观的基本范畴；党的十九大报告把培养担当民族复兴大任的时代新人作为培育和践行社会主义核心价值观的着眼点；党的二十大报告强调“广泛践行社会主义核心价值观”。社会主义核心价值观成为当代中国坚定文化自信、建设文化强国的价值引领。

社会需要共识引领，国家需要价值导航。培育和践行社会主义核心价值观，是建设文化强国的重要内容，发挥着培根铸魂的重要导向作用。社会主义核心价值观能否彰显生命力和引领力，取决于其能否内化于心、外化于行，能否真正掌握群众。正因如此，培育和践行社会主义核心价值观需要遵循人的价值观的形成规律。在新征程上，应准确把握不同年龄段人的价值观形成和发展规律，努力增强社会主义核心价值观的凝聚力和引领力，使社会主义核心价值观拥有教化人、说服人、感召人的力量，为实现中国梦提供坚强的思想保证。

针对互联网用户公众账号是当前网上信息发布的重要渠道、社会影响力大等特点，2017年10月《互联网用户公众账号信息服务管理规定》（以下简称《规定》）发布并实施，《规定》强调，互联网用户公众账号信息服务提供者和使用者都应当坚持正确导向，弘扬社会主义核心价值观，培育积极健康、向上向善的网络文化，维护良好的网络生态。《规定》按照建设好、利用好、管理好的思路，鼓励各级党政机关、企事业单位和人民团体注册使用互联网用户公众账号发布政务信息或公共服务信息，服务经济社会发展，满足公众信息需求；同时也要求互联网用户公众账号信息服务提供者为之提供必要的技术支撑和信息安全保障。与传统传播方式相比，微信公众号平台必在大学生社会主义核心价值观的建构中发挥独特优势。它以其互动性强、门槛低等优势正在对我国高校大学生核心价值观的建构产生重大影响。因此，加大社会主义核心价值体系的学习广度和深度，要把微信公众号平台这一全新的社会生活方式充分运用起来，为青年核心价值体系教育所用，从而占领青年核心价值体系教育的主阵地。

项目总结

本项目以微信营销的基本知识入手，重点讲述微信朋友圈营销中微信个人账号设定、微信个人账号定位和微信朋友圈营销内容技巧，以及微信公众号申请、微信公众平台操作技巧，旨在帮助学习者建立对微信营销的全面认知，为更好地使用微信营销和技能学习打好扎实的基础。

习题与思考

一、单项选择题

1. 微信个人账号是目前线上个人(　　)的主要渠道。

A. 拓展客户　　B. 结交朋友　　C. 进行信息传播　　D. 形象展示和营销

2. “小萌优质水果”采用的昵称设置技巧是(　　)。

A. 实名制+业务或头衔　　B. 名字=定位=内容　　C. 体现企业文化

3. 为了给用户提供一种新的信息传播来源,建议选择(　　)。

A. 微信公众号　　B. 服务号　　C. 订阅号　　D. 企业号

4. 微信营销应以(　　)为主,当内容有实用性、贴近性、趣味性,并满足用户分享的满足感时,微信营销可以说就成功了一大半。

A. 图片　　B. 内容　　C. 视频　　D. 文字

5. “功能设置”页面包含(　　)“图片水印”“JS 端口安全域名”三个部分。

A. 权限设置　　B. 图片设置　　C. 安全设置　　D. 隐私设置

二、多项选择题

1. 建立自己的微信个人账号及做好细节设置,必须要包含(　　)。

A. 昵称设计　　B. 头像设计　　B. 个性签名　　D. 背景墙

2. 微信个人账号用户定位的方式有(　　)。

A. 目标人群属性　　B. 目标人群需求　　C. 目标人群来源　　D. 目标人群兴趣爱好

3. 微信朋友圈营销内容技巧是(　　)。

A. 内容编排　　B. 发文频率和时间　　C. 场景穿插　　D. 后续互动

4. 微信公众号中指服务号和订阅号的不同有(　　)。

A. 面向人群　　B. 消息显示方式　　C. 消息次数限制　　D. 消息次数限制　　E. 开通主体　　F. 微信支付

5. 微信公众号自动回复包括(　　),是营销人员与用户进行互动的一种方式。

A. 被关注回复　　B. 消息回复　　C. 关键词回复　　D. 手动回复

三、简答题

1. 简述微信朋友圈营销内容编排有哪些方式。
2. 什么是微信公众号?服务号与订阅号有什么区别?

实训项目

1. 项目背景

冬天即将来临，假设你是某服装品牌的微信营销人员，现需要你针对棉服、羽绒服两种产品，发布朋友圈营销内容，提高产品曝光率，增加销售量。

2. 项目训练内容

编辑棉服产品朋友圈内容并发布。选取转发、点赞或试用任意一种形式，以优惠券、折扣或棉服产品本身作为奖励，发布朋友圈内容。在微信主界面中单击“发现”选项，打开“发现”界面，单击“朋友圈”选项，打开“朋友圈”页面，单击右上角相机按钮，在打开的页面中编辑内容并进行发布即可。

编辑羽绒服产品朋友圈内容，进行分组并发布。在微博热搜榜、百度、360 搜索等平台中查看目前的实时热点，选择热度较高并与羽绒服产品能够产生关联性的热点，编辑营销内容，并进行分组发布。在朋友圈编辑页面，单击下方“谁可以看”按钮，打开“谁可以看”界面，选中“部分可见”或“不给谁看”单选项，选择分组，单击“完成”按钮，即可进行分组发布。

3. 项目训练要求

要求棉服采用转发、点赞或试用形式，以优惠券、折扣或棉服产品本身作为奖励，发布朋友圈内容。(30 分)

编辑棉服和羽绒服产品朋友圈内容，进行分组并发布。要求两种产品的营销信息应与生活贴近。(30 分)

选择热度较高并与羽绒服产品能够产生关联性的热点，编辑营销内容，并分组发布羽绒服的朋友圈营销内容。(40 分)

项目4　微博营销

项目导学

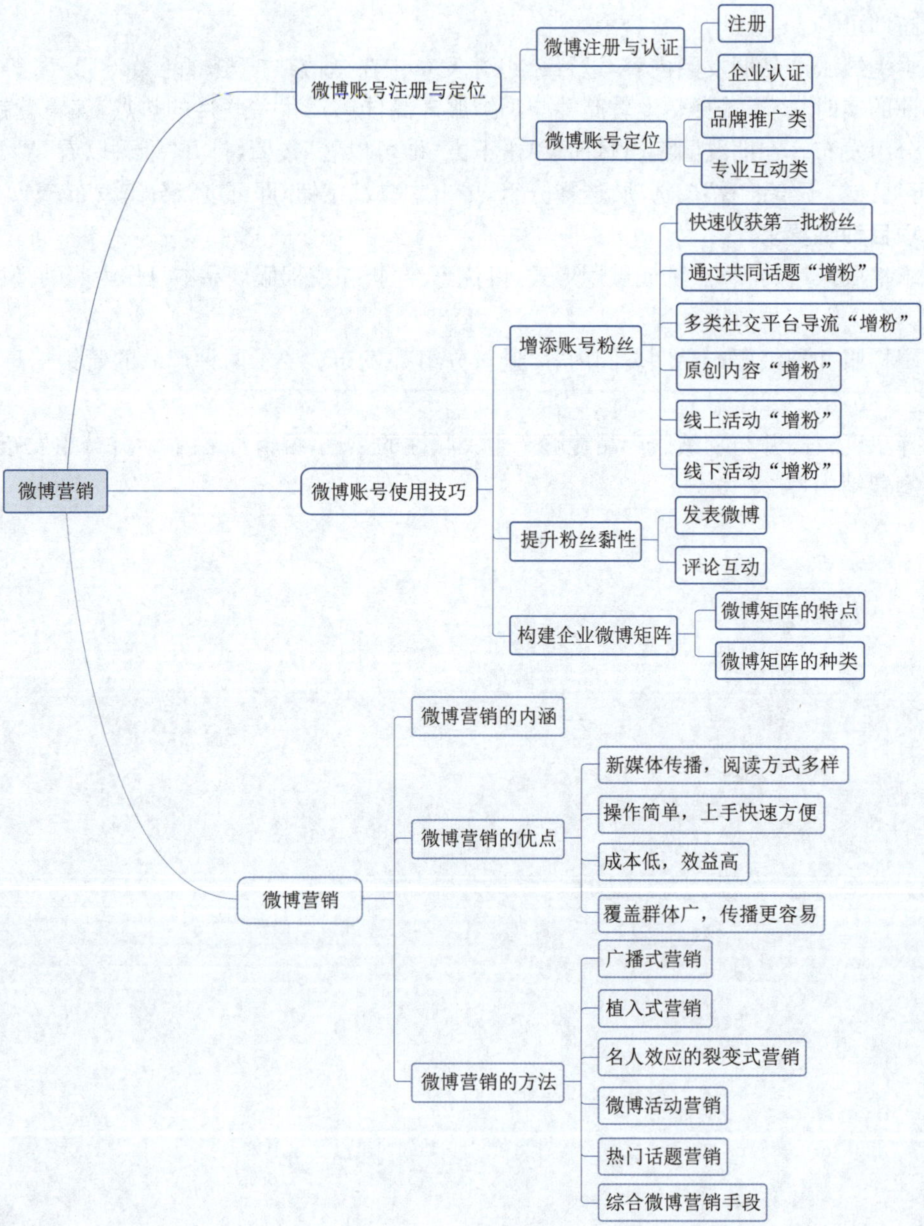

- 微博营销
  - 微博账号注册与定位
    - 微博注册与认证
      - 注册
      - 企业认证
    - 微博账号定位
      - 品牌推广类
      - 专业互动类
  - 微博账号使用技巧
    - 增添账号粉丝
      - 快速收获第一批粉丝
      - 通过共同话题“增粉”
      - 多类社交平台导流“增粉”
      - 原创内容“增粉”
      - 线上活动“增粉”
      - 线下活动“增粉”
    - 提升粉丝黏性
      - 发表微博
      - 评论互动
    - 构建企业微博矩阵
      - 微博矩阵的特点
      - 微博矩阵的种类
  - 微博营销
    - 微博营销的内涵
    - 微博营销的优点
      - 新媒体传播，阅读方式多样
      - 操作简单，上手快速方便
      - 成本低，效益高
      - 覆盖群体广，传播更容易
    - 微博营销的方法
      - 广播式营销
      - 植入式营销
      - 名人效应的裂变式营销
      - 微博活动营销
      - 热门话题营销
      - 综合微博营销手段

任务 4.1　微博账号注册与定位

任务描述

随着互联网从文字时代进入图文时代，微博成为人们获取实时消息、关注社会动态的重要渠道，人们也可以在微博上面发表自己的状态和心情。由于其成本低、宣传广等多重优点，微博也被广泛应用于产品推广以及品牌营销等方面。通过微博的影响力提升产品的竞争力，打造良好的品牌形象，是非常重要的新媒体营销渠道。

任务目标

(1)了解企业微博基本的注册步骤。

(2)了解企业微博基本的认证步骤。

知识链接

4.1.1　微博注册与认证

1. 注册

微博是一种基于用户关系的信息分享、传播以及获取平台，通过关注机制分享简短实时信息的广播式的社交媒体、网络平台。微博营销是指商家或个人通过微博平台，发现并满足用户的各类需求，从而为商家或个人等创造价值的一种营销行为。由于微博营销具有低成本、高效率、易扩散的特点，因此已经成为重要的新媒体营销平台。微博的注册分为个人注册和官方注册。直接进行官方注册需要注册人员严格提供企业营业执照、组织机构代码等相关证件，提交之后等待审核，相对比较复杂。大多数企业可以选择先进行个人微博注册，然后再进一步进行认证。

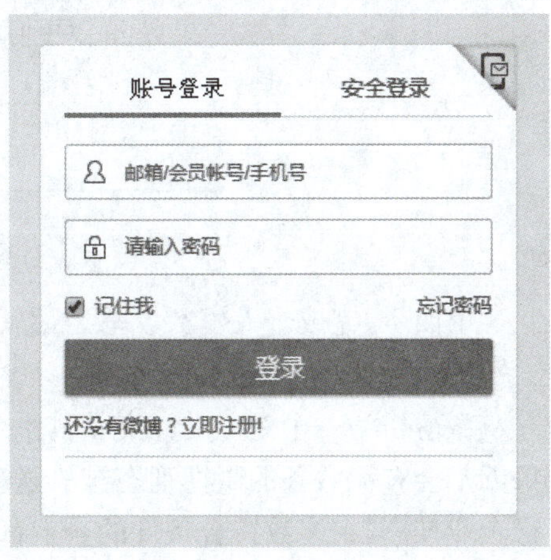

图 4-1　账号登录页面

个人微博注册比较简单，主要分为以下几步，以下用电脑端注册新浪微博为例：

第一步，打开新浪微博首页，通过浏览器找到新浪微博。网页右端有账号登录的页面，如图 4-1 所示，单击“立即注册”进入注册页面。

第二步，填写手机号并设置密码，输入短信激活码完成注册，如图 4-2 所示。

图 4-2 微博注册页面

第三步，注册之后还需要进一步完善自己的个人相关信息，如图 4-3 所示。

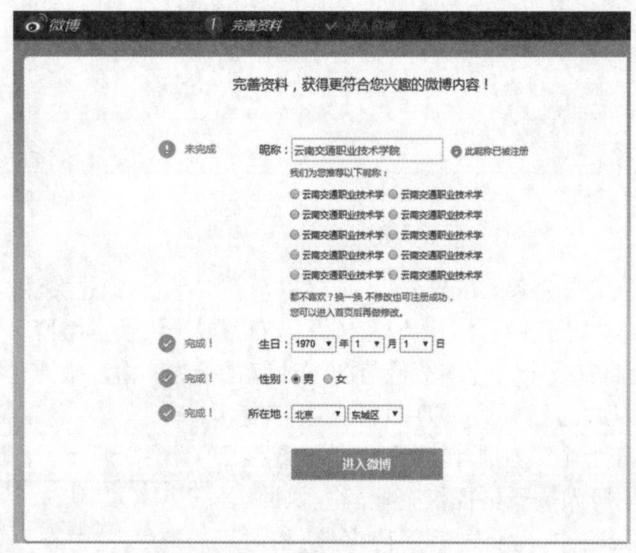

图 4-3 完善资料页面

第四步，完成个人资料填写之后就可以进入微博了。

2. 企业认证

微博作为一个专业的社交软件平台，很多个人都进行了注册，其用户群体数量十分可观，每天都会有无数条的微博动态被推送。为了提高微博账号的信誉度，同时也是为了更好地进行企业推广，大多数符合条件的企业都会进行企业微博的认证。企业微博的认证不仅能够提升企业形象，增加公信力，同时还能够提高曝光率和影响力，经过微博官方认证的账号，更能够方便用户进行沟通交流，也有利于用户进行搜索关注。

进入微博首页右上角有一个设置的符号，里面的二级目录当中就有一个“V 认证”的目录，单击进去就可以进行微博认证，如图 4-4 所示。

进入“V 认证”页面有个人申请认证和机构认证，依据不同的分类进行认证，如图 4-5 所示。

账号设置

V认证

会员中心

账号安全

隐私设置

消息设置

屏蔽设置

使用偏好

意见反馈

图 4-4 账号设置

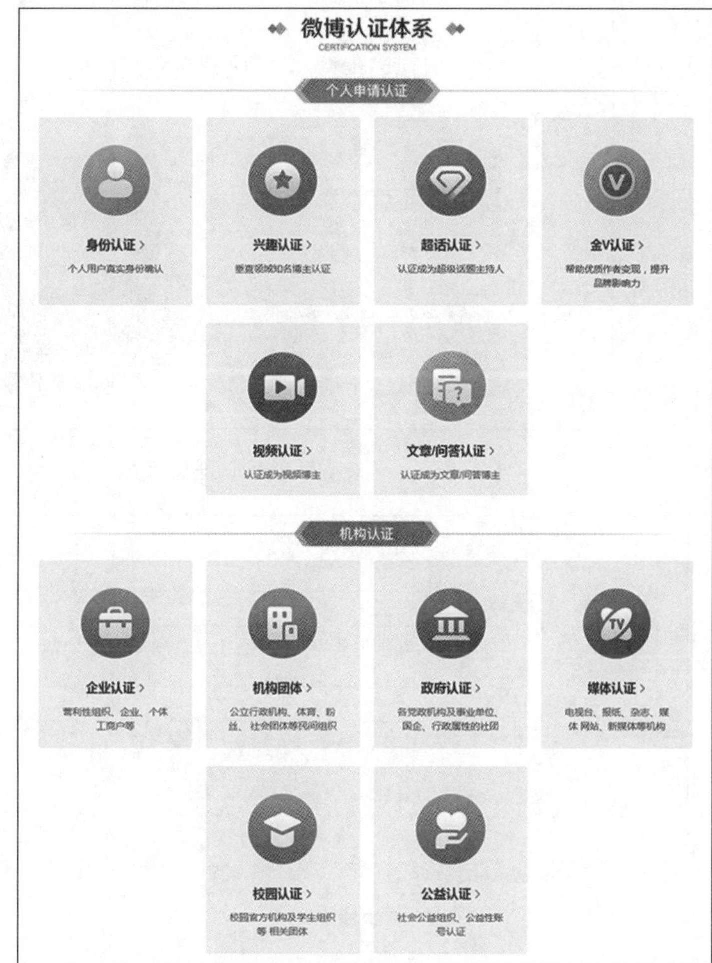

图 4-5 认证页面 1

单击“企业认证”进入之后就进入了“企业蓝 V 认证”，选择“立即申请企业认证”按钮进入申请认证，如图 4-6 所示。

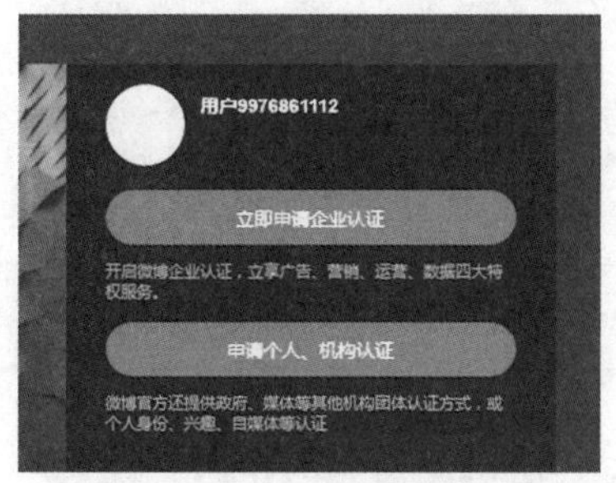

图 4-6 认证页面 2

进入页面之后需要依据提示进行相关的企业信息填写，其中最为重要的就是企业名称、营业执照注册号的填写，一定要认真，保证所填信息的正确性和完整性，如图 4-7 和图 4-8 所示。

认证首页 > 企业认证
认证帮助
填写资料
选择权益
等待审核
企业展示信息
* 微博名称
用户9976861112
可基于公司或品牌名填写体现官方特性的名称。
* 认证信息
示例：XX公司官方微博
可客观描述企业经营业务、产品、项目等。
* 行业类别
--请选择--
* 所在地
中国大陆
用户9976861112

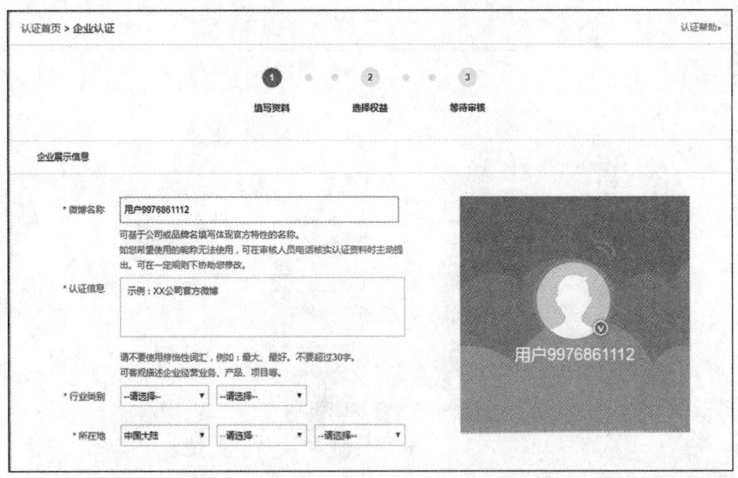

图 4-7　企业认证页面 1

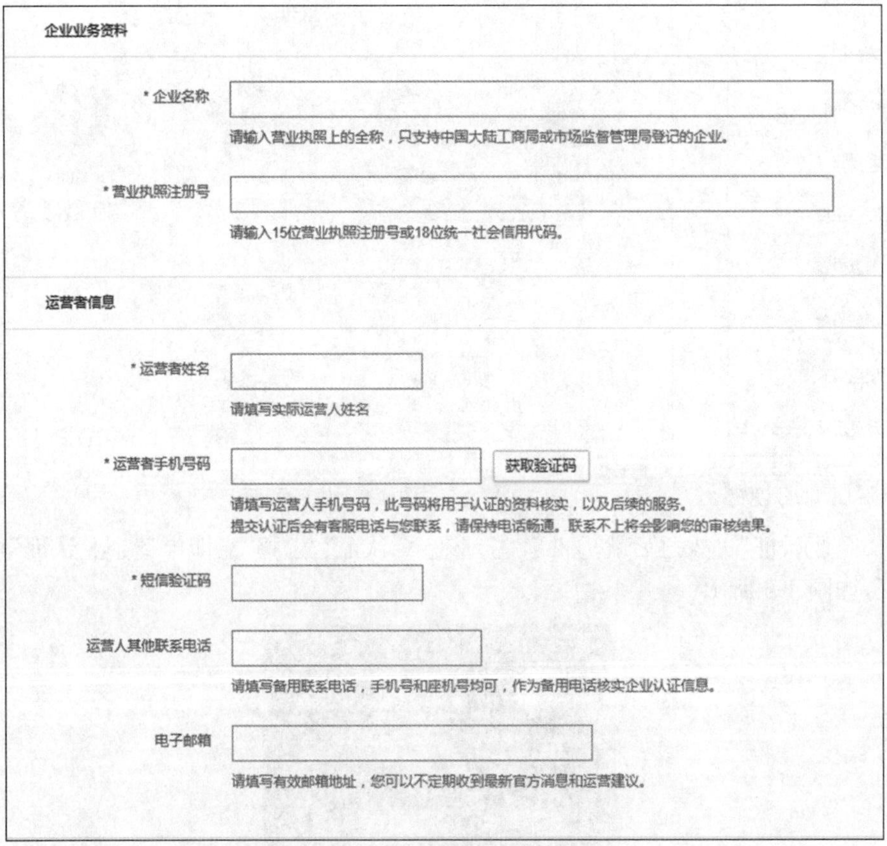

企业业务资料
* 企业名称
请输入营业执照上的全称，只支持中国大陆工商局或市场监督管理局登记的企业。
* 营业执照注册号
请输入15位营业执照注册号或18位统一社会信用代码。
运营者信息
* 运营者姓名
请填写实际运营人姓名
* 运营者手机号码
获取验证码
请填写运营人手机号码，此号码将用于认证的资料核实，以及后续的服务。
提交认证后会有客服电话与您联系，请保持电话畅通。联系不上将会影响您的审核结果。
* 短信验证码
运营人其他联系电话
请填写备用联系电话，手机号和座机号均可，作为备用电话核实企业认证信息。
电子邮箱
请填写有效邮箱地址，您可以不定期收到最新官方消息和运营建议。

图 4-8　企业认证页面 2

当然还需要上传企业工商营业执照以及认证公函，认证公函等同于声明函，有相应的格式，下载《官方认证通用申请公函》进行填写，如图 4-9 所示。

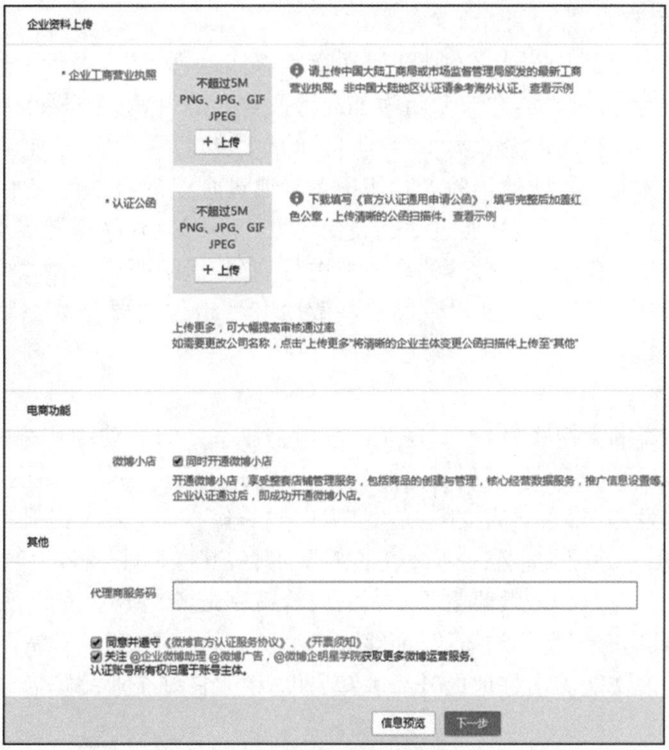

企业资料上传

* 企业工商营业执照 不超过5M PNG、JPG、GIF JPEG ＋上传 请上传中国大陆工商局或市场监督管理局颁发的最新工商营业执照。非中国大陆地区认证请参考海外认证。查看示例

* 认证公函 不超过5M PNG、JPG、GIF JPEG ＋上传 下载填写《官方认证通用申请公函》，填写完整后加盖红色公章，上传清晰的公函扫描件。查看示例

上传更多，可大幅提高审核通过率
如需要更改公司名称，点击"上传更多"将清晰的企业主体变更公函扫描件上传至"其他"

电商功能

微博小店 同时开通微博小店
开通微博小店，享受整套店铺管理服务，包括商品的创建与管理，核心经营数据服务，推广信息设置等。企业认证通过后，即成功开通微博小店。

其他

代理商服务码

同意并遵守《微博官方认证服务协议》、《开票须知》
关注 @企业微博助理 @微博广告，@微博企明星学院获取更多微博运营服务。
认证账号所有权归属于账号主体。

信息预览 下一步

图 4-9 企业认证页面 3

填写完成之后可以依据企业的具体需求选择对应的权益，并付费。权益分类（见图 4-10）分为基础版权益、高级版权益、豪华版权益，选择权益类别主要包括抽奖平台特权、“粉丝”服务平台特权等，依据自己的需要进行开通。选择完成之后只需要提交等待官方进行审核就可以了，通常等待 1～2 周的时间就会收到答复。通过企业认证的用户名后会加上一个字母“V”。

权益类别	权益名称	高级版权益	豪华版权益
抽奖平台特权	抽奖条件－@好友	1个	1个
	抽奖条件－同时关注	×	✓
	过滤垃圾用户	深度过滤	深度过滤
	抽奖条件－命中关键词	✓	✓
	自动报备	✓	✓
	优先推广抽奖平台	✓	✓
“粉丝”服务平台特权	关注自动回复	✓	✓
	菜单/素材外链跳转	✓	✓
	关键词自动回复引导关注	✓	✓
	开发者模式消息推送事件	私信/关注	私信关注评论@

图 4-10 权益分类

4.1.2 微博账号定位

微博账号主要分为个人账号、企业账号，而在新媒体运营当中，由于个人账号主要是用于日常生活的写照和情感的抒发，并非专门为了进行商业性的营销。本章节所指微博营销是围绕着企业微博营销来进行的。企业为了提高自己的品牌知名度，开通企业微博来进行营销，其营销的主要客户群体就是微博的体验者和使用者。通过企业微博平台与不同客户沟通互动，向广大网友传递相关产品信息，并通过话题裂变等方式不断提升品牌知名度，树立品牌形象。企业微博账号的定位主要依据其微博的形象来进行划分，清晰明确的微博账号定位能够更好地开展相关营销活动，对产品产生积极影响。微博账号定位主要分为品牌推广类和专业互动类。

1. 品牌推广类

所谓品牌推广类的微博账号，主要是通过宣传企业举办的活动和相关的新闻来打造良好企业形象，同时通过活动的发布等吸引微博“粉丝”的关注，提升品牌知名度。同时该类微博账号会进行新品广告发布，增加产品的曝光度，吸引“粉丝”关注，大大提升产品的销量。比如2021年在郑州防汛救灾中因捐款一炮而红的鸿星尔克，其微博账号名为鸿星尔克官方微博，拥有“粉丝”量150万左右。该微博主要发布的内容就是形象店开业介绍视频、参与郑州捐款的博文等，通过形象店介绍视频的播放，能够吸引消费者的关注，激发消费者的购买欲；同时通过捐款等正能量的博文能够很好地提升品牌知名度，树立良好企业品牌形象。

2. 专业互动类

所谓专业互动类的微博账号，顾名思义就是通过与微博“粉丝”的频繁沟通交流互动，逐步加深消费者对于该品牌的认知度和亲切感。通过微博互动的方式维系企业方与其“粉丝”之间的联系，通过频繁的互动沟通，强化品牌形象。这一类型的微博内容主要是一些与“粉丝”消费者有关的内容，发表内容也是为了更好地与“粉丝”互动，通过微博给予“粉丝”关心支持，凸显企业服务至上的管理理念，能够很大程度上收获“粉丝”好感，有利于企业品牌和产品的长久维系。

任务案例 4-1

小米的微博营销

北京小米科技有限责任公司是一家专注于智能硬件和电子产品研发的移动互联网公司，也是一家专注于高端智能手机、互联网电视以及智能家居生态链建设的创新型科技企业，于2010年4月在北京创立。2018年7月9日，小米在中国香港上市。截至2022年8月，小米公司官方微博的“粉丝”数量已达1 381万，发布微博数量21 115多条。小米公司的微博主要是其产品官微的转发、有奖转发活动、新产品的宣传等内容，其微博平均每条的转发量在900左右，而评论的数量也是在470左右。截至2022年9月，小米手机官方微博的“粉丝”数量已达2 844万，发布微博数量24 404条。小米手机官方微博注重与“粉丝”的沟通交流，耐心解答“粉丝”的疑问，这一行为有效地促进了与“粉丝”之间的感情。同时，官方微博也经常发布一些话题活动，不仅提高了“粉丝”的参与度，而且加深了“粉丝”对品牌的印象。

小米的微博内容丰富多彩，图文并茂。同时，一些新鲜的时事新闻也会出现在微博中，小米微博从不落时事热点，与众多网友进行积极互通交流。企业对品牌进行宣传、对产品进行推广以及积极与用户进行互动的必不可少的一个环节就是微博信息内容。由此可见，微博信息发布的内容不单单是简单的文字描述，更重要的应该是将品牌文化糅合在微博信息内容中，将简单直白的销售信息转化为“粉丝”更容易接受的话题的讨论。有了抢眼的话题，小米用户可以在小米微博中与小米官方人员进行积极交流，也可以与其他小米用户进行更深入的探讨。现今，年轻人不再只看重产品外表，更多地将目光放在产品的性能、功能及参数中，因此，产品的数据也是营销时应注意的一个重要方面。

小米公司的微博不仅仅有企业微博与旗下相关的产品微博，小米公司的管理层也纷纷开设个人微博。

小米高效的“粉丝”互动得益于论坛、MIUI系统和微博。长期以来，累积的“粉丝”用户群体一直与企业保持稳定的关系。企业持续与用户互动，吸引用户群，扩大用户群并树立良好声誉。并在此基础上，通过产品开发、更新、促销、售卖，以及技术来促进企业的服务水平不断进步，并吸引更多的客户。

结合以上案例：小米微博账户主要类型是什么？成功的因素有哪些？

任务 4.2　微博账号使用技巧

任务描述

使用微博来进行营销有很多种方式，营销人员可以通过文字、图片、视频等结合的形式吸引微博“粉丝”的关注，提升微博账号热度，进而增强营销效果。微博营销的前提是需要企业微博账号具有一定的“粉丝”基础，同时保证“粉丝”的黏性。本章节主要从账号运营初期，如何快速拥有“粉丝”基础，提升“粉丝”黏性入手，讲解三种微博账号的具体使用技巧。

任务目标

（1）掌握企业微博账号快速获取第一批“粉丝”群体的方法。

（2）掌握如何通过发表微博内容来提升“粉丝”黏性。

（3）掌握微博矩阵的特点和分类。

知识链接

为了更好地实现微博营销，企业需要掌握微博账号的使用技巧。微博使用技巧主要是为后期实现微博营销所做的前期准备工作，一个优秀的微博账号需要拥有可观的“粉丝”数量才能够保证微博营销的有效性。因此，为了更好地实现微博营销，构建一个企业微博之初就需要吸引大量的用户“粉丝”的关注，方便之后将相关信息更好地进行传播和裂变。因此，注册完成微博账号之后，有以下几点使用技巧需要掌握。微博首页分类如图4-11所示。

4.2.1　增添账号“粉丝”

新注册的微博账号要想更好地实现营销，第一步就是需要增加该账号的“粉丝”量，通过增加“粉丝”量才能够提升账号内容的转载率，更快速高效的实现营销。要想增加微博账号“粉丝”量，有以下几种方法。

1. 快速收获微博账号第一批“粉丝”

第一批“粉丝”的增加能够通过好友推荐的方式迅速裂变，使账号拥有更多的“粉丝”。通常情况，账号运营者可以让自己的朋友、家人、同学成为自己的第一批“粉丝”，通过微博互动的方式活跃自己的账户。除此之外，企业管理者可以要求企业内部所有员工注册并关注企业微博账号，并要求员工发动周围朋友或者亲人关注企业微博，增加“粉丝”量，通常情况这样的裂变所得到的“粉丝”信任感更强，更能够持久维系。同时，为了快速扩大微博账号的“粉丝”群体，还可以员工内部分组竞赛以及纳入考核指标等多种方式，激励员工为企业账号添砖加瓦，逐步扩大“粉丝”群体。当然，要想长期维持“粉丝”量，需要持续发布一些比较有价值、吸引人关注的微博内容，这些内容也关乎第一批“粉丝”是否能够长期维系，若内容枯燥乏味，可能就会流失“粉丝”。

2. 通过共同话题增加“粉丝”量

物以类聚、人以群分，人们通常喜欢与自己拥有共同话题的人进行沟通交流。因此，账号运营者可以在微博平台选择自己比较熟悉或者感兴趣的领域来进行关注，同时可以定期发布相关领域的内容以吸引这类人与自己互相关注。例如，很多喜欢宠物的“粉丝”会在自己微博上更新或者观看相关的萌宠视频，那么自己定期发布相关内容可以吸引这类人群的关注。除此之外，还可以通过同城状态的浏览吸引同城“粉丝”的关注，因为距离近能够很大程度消除由于网络虚拟所带来的隔阂感，能够更加真实。

图 4-11 微博首页分类

3. 通过多类社交平台导流“增粉”

运营者可以联合使用多种社交平台以及各类“大V博主”，迅速扩大自己账号知名度，吸引不同的“粉丝”关注。抖音、微信、小红书等多类社交平台都被广泛使用，在不同的平台进行曝光的导流也是一种快速吸粉的方式，运营者可以在不同社交平台上推送自己的微博账号。同时由于“大V博主”已经拥有较高的“粉丝”量和收看量，通过与“大V博主”的合作，能够增加自己的曝光率，通过有趣的微博内容以及专业知识来吸取大量的“粉丝”。比如很多人喜欢刷抖音、看小红书来学习烹饪知识，那么就会比较信任自己关注的博主的推荐，或者是为了观看相同博主更多的内容，就会移步到不同的社交媒体当中，这就是一种外部社交平台导流。

4. 通过原创内容“增粉”

通过原创内容“增粉”是未能提升账号“粉丝”黏性的方式之一，通过有趣、有质量、有内涵的原创内容的发表，吸引“粉丝”。

5. 通过举行线上活动“增粉”

通过举行活动的方式来增加自己的微博账号“粉丝”量是非常常见的，比如转发、关注、回复参与抽奖等方式，都能利用人们的从众心理吸引“粉丝”关注。

6. 通过线下活动“增粉”

线下活动也是非常好的吸引“粉丝”的方式之一。企业可以通过线下活动的举办，缩短用户与自己的距离，同时通过活动的认真筹备，也会吸引很多的“粉丝”主动自愿进行账号的关注。同时，通过这些用户现场微博转发等方式，还能够给账号带来更多的曝光和“粉丝”量。线下活动“增粉”可以通过“微博墙”的运用实现。“微博墙”也称为微博大屏幕，是在展会、活动现场针对特定活动主题进行展示的微博大屏幕。“微博墙”不仅能够显示现场观众发送的实时消息，还能够让现场观众参与线上活动抽奖，是活跃气氛、提高活动效果的利器。

要想实现微博营销，“粉丝”量是至关重要的存在，所以在新微博账户注册之后，要想更快地投入使用，需要通过各种方式增加自己的“粉丝”量，才能实现有效观看数量的提升，更好实现企业营销。

4.2.2 提升“粉丝”黏性

增加“粉丝”黏性的方法有两种。一是写有吸引力的内容，也就是发表吸引人的微博内容；二是多和“粉丝”互动。

1. 发表微博

在初期运营时，自己微博账号的“粉丝”量不断增加，这时需要提高微博账号的活跃度，最大化微博互动量，才能吸引更多的“粉丝”关注。微博账号的活跃度与微博内容的发表有密切的关联。要想拥有优质微博内容，需要认真研究用户的兴趣。比较受用户欢迎的四种内容主要为干货类、热点类、才华类、推荐类。

干货类受广大“粉丝”用户喜欢的原因在于其实用以及便利，能够很好地为“粉丝”解决实际生活中某类问题，让“粉丝”有获得感。微博平台主打的干货类微博主要分为两类：专业内容普及、实践经验分享。专业内容普及主要由专业人士进行编写，通过权威方认证，为用户解决基本的认知问题，比如营养学。实践经验分享主要是博主通过自身实践进行分享，比如穿搭技巧、美食烹饪等。

优秀的运营者需要有敏锐的热点触感，通过热点相关内容的发布来提升账号的曝光率。这就需要运营者随时关注新闻同时需要具备良好的“网感”，提升热点敏锐度。24 小时是热点存在的期限，超过这个时间期限热点不再被称为热点；而在热点发生后的 3 小时内，是热点传播的黄金时期，因此如果要追热点的话尽量保证在 3 小时内。

人们总是向往和憧憬美好的事物，可以通过微博展示自身才华，吸引“粉丝”关注获取赞美。才华类的微博有很多，比如诗词歌赋等各个领域，这一类账号要求运行者具备优秀的个人表达魅力。

推荐类是各大平台都非常火热的内容，通过好物推荐不仅增强用户体验感，还能够积累口碑，吸引更多的“粉丝”。比较火热的就是测评类、教程类、分享类。

提升微博账号质量及活跃度，需要进行以下准备和积累。

第一，建立微博问题素材库。

运营者要想能够发表优质微博内容，需要在平时进行相关资料的收集和整合。需要广泛浏览阅读各大平台优秀作品和时事热点，对有用的文字和图片进行整理标记，方便之后查找和使用，同时及时删减一些陈旧没有价值的资料。

第二，建立微博时间地图。

针对每年的各类容易引起关注的节假日进行时间规划，这能够更好地帮助运营者进行微博的运营，不至于遗漏重要节日导致错失良机。针对微博内容规划来说，不能够只看到眼前，今天想到什么好的博文今天发，明天换不同内容发送，这样很难维系“粉丝”群体，换句话来说就是越是体系化的内容越容易得到“粉丝”的认可。所以，在做内容的时候，需要成体系，提前规划，让微博内容无形中形成一个整体，建立好微博时间地图。

第三，合理选择微博发布时间。

优质的微博内容也需要合适的发布时间，否则容易被信息海洋所淹没。当然，对于不同的话题和不同的“粉丝”群体，发布的时间都是不一致的。根据自己发布的内容所针对的用户进行考虑，找到最为合适的发布时间。比如，针对上班族，中午的空闲和早晚高峰可能是关注微博的合适时间；针对学生，大多数习惯于睡前进行相关的浏览；面对节假日，在节日开始之前发布更能收获流量，开始之后，用户会产生视觉疲劳。

合理选择微博发布的时间对于微博曝光率是非常重要的，但针对不同群体、不同时间来说，微博的发布时间并非一成不变，需要依据用户习惯进行不断的调整和改变。

第四，注意转发和原创的比例。

通常情况，优质的原创作品更能吸引用户眼球，但是原创作品的创作难度也是很大的，同时也不利于微博矩阵的建立。要想很好地保持微博账号的活跃度，除了原创内容的发布，可以适当地加入一些内容转发，但需要保持原创与转发的比例，如果一味转发也会使账号趋于平淡乏味，流失“粉丝”。转发的内容可以分两部分：第一部分就是相关账号内容宣传，进行微博矩阵的建立，更好地实现微博营销；第二部分就是转发一些吸引人关注的微博实时消息。但为了保证自己账号的可持续发展，转发的消息需要非常谨慎，以确保自己转发的内容在吸引人关注的同时能够准确可信。

2. 评论互动

微博文章评论区是增加账号互动的一个关键所在，在日常微博运营管理过程中，文章发布完成后需要注意对“粉丝”评论及时作出回应，可以提高账号的活跃度，从而更加容易调动起“粉丝”参与度，对于微博文章的转发和点赞等很有帮助。同时需要注意，在评论区与“粉丝”互动的时候，需要保持风度，切忌出现敏感词汇导致“粉丝”反感，面对一些言辞激烈的“粉丝”，可以进行适当的正向引导。

互动的方式有四种：评论、转发、私信、提醒。评论是指在微博下面进行回复，账号运营者会收到提醒；转发是指把别人的微博通过转发，在自己的微博上出现，如果账号运营者设置了接收全部提醒，也会看到你的转发，可以连同评论一起转发；私信是指某人发送给的私密信息，其他人看不到此类信息；提醒是指在微博中主动“@他人的昵称”，如“@微博小秘书”该账号会收到你的提醒。当然要想提升“粉丝”黏性，在收到“粉丝”的提醒时需要及时回复，第一时间回复很重要，快速反应往往让刚刚发布评论和微博的人更容易感到贴心，仿佛感觉到你在线和他实时互动，这种感觉会让“粉丝”对你增添好感。如果“粉丝”的评论非常精彩，应该主动转发，“粉丝”看到自己的评论被转发会非常高兴。遇到部分“粉丝”提出不方便公开回应的问题时，可以私信沟通，这也是一种让“粉丝”感动的方式，而且私信会让“粉丝”认为更有亲密感。需要注意的是，不要轻易晒出私信，这样会失去私信的意义，很多人的私信聊天记录被晒后会感觉尴尬甚至遭受攻击。

4.2.3 构建企业微博矩阵

微博覆盖的区域范围广、互动方便快捷，微博对于企业品牌建立是低成本而且有效的。微博能很好地增加企业在公众的曝光度，微博营销需要建立一个让自己发挥影响力的平台，并建立链式传播反应系统，这个系统需要一个微博账号矩阵。在微博营销中微博账号矩阵必不可少。企业营销推广需求日益多样，一个企业官方微博账号不免势单力薄，以企业产品、服务、地域等为基点，开设不同功能的企业账号，建立组合企业的微博账号矩阵，将业务精准拆分，能够有效避免信息混乱和实时刷屏的体验。不同账号定位及内容塑造，可以有效承担起原有账号的某些功能。面对重要节点、热点造势等情况，更需彼此互相协作，形成传播合力。各个账号相互独立，又彼此关联，运营技巧可相互借鉴，用户也会根据自身需求，利用微博搜索快速精确地找到“组织”。稍微留意有影响力的品牌企业官方微博账号，你会发现不论企业或品牌大小，都或多或少运用了矩阵。小一点的矩阵我们常见的有创始人微博跟官微相互配合，遥相呼应；或是公司几个主要负责人微博账号与创始人及官方微博账号相呼应；大一点的企业品牌会有更多的账号组建账号矩阵。

1. 微博矩阵的特点

微博矩阵的特点主要有以下三个：第一，多账号协作，针对企业在宣传上的多样化需求，设置多个功能明确的账号，彼此互相协作，扩大传播力和影响力；第二，一体化管理，在统一的宣传口径、宣传节奏下，通过矩阵的共振效应，达到一个声音对外的效果；第三，多平台布点，最大限度集合微博目标客户群体受众。

2. 微博矩阵的种类

第一种，蒲公英式微博矩阵。

蒲公英式微博矩阵就是一个核心账号旗下与几个下属账号相连，核心账号信息发射给下属账号。下属账号又作为一个小分支的核心账号链接几个专属的子账号。这样的账号矩阵分布就呈现出了蒲公英态势。例如，企业构建的核心总账号链接企业下属不同部门的账号，不同部门又作为一个小型的分支与部门内部员工个人账号相关联。再如，首先以产品线为主导，在同一企业官方微博之下，依据产品不同设置不同的专项微博，其次以不同产品微博为核心设置不同部门的对应账号。对于产品结构和品牌构成相对简单的企业，这种模式可以起到弱化品牌定位、强化产品卖点的作用，形成鲜明的产品特点，准确影响目标受众。

第二种，放射式微博矩阵。

放射式微博矩阵就是以一个核心账号为中心，发出无数条射线，每条射线的顶端则是一个分属账号，分属账号之间是互为平等的关系，信息由核心账号放射向分属账号，分属账号之间信息并不进行交互。这种矩阵模式适用于地方分公司比较多，并且为当地服务的业务模式。例如，以公司的服务地域为设立依据，建立账号矩阵，不同区域分设分属账号服务于各个区域。

第三，双子星式微博矩阵。

以企业账号和企业总负责人账号相呼应的模式构建微博矩阵，这两个账号相互独立又相互关联，并且属于同一级别。企业账号之下又以放射状的方式链接无数子账号，同时企业总负责人的个人账号也同样链接无数子账号。

任务案例 4-2

长安福特微博矩阵

长安福特汽车有限公司(简称长安福特)成立于 2001 年 4 月 25 日,总部位于重庆市两江新区,由长安汽车股份有限公司和福特汽车公司共同出资成立。长安福特现有重庆、杭州、哈尔滨三个生产基地。现共有七个工厂,包括五个整车工厂、一个发动机工厂和一个变速箱工厂,其中重庆已成为福特汽车继底特律之外全球最大的生产基地。长安福特生产并销售的 SUV 车型有福特 EVOS、福特探险者、福特锐界、福特锐际,轿车车型有福特金牛座、福特蒙迪欧、福特福克斯和福特福睿斯。

长安福特为了更好地提升品牌形象和知名度,在微博申请了以"长安福特"为名的企业微博账号,拥有"粉丝"137 万余人。以彰显整体品牌形象的内容和活动为主,兼顾提高旗下产品微博曝光度。为了进一步凸显其旗下不同系列型号汽车的功能特点,同时也为了更加精准地获取目标客户群体,长安福特公司在微博依据不同汽车系列构建了以产品线为主导的微博矩阵。主要分为以下几个:"长安福特麦柯斯"产品微博,以体现年轻人活力与时尚感的线上线下活动为主;"长安福特福克斯"产品微博,在常规产品内容之外,重点传播福克斯车队在 CTCC 大赛中的各种信息,彰显其操控、性能等产品优势;"长安福特新嘉年华"产品微博,活跃度最高,用以展示其动感、年轻、亲民的产品定位。

结合以上案例:寻找其他企业微博矩阵构建的案例并分析。

任务 4.3 微博营销的内涵、优点与方法

4.3.1 微博营销的内涵

微博营销是指通过微博平台为商家、个人等创造价值而执行的一种营销方式。本任务分析的是企业端的微博营销。企业将微博作为营销平台,以微博"粉丝"作为潜在的营销对象,通过微博平台与"粉丝"进行互动沟通,向网民传播企业及产品等营销信息,帮助企业树立良好的品牌形象,实现产品或服务的转化和购买,最终为企业带来经济收益。

4.3.2 微博营销的优点

1. 阅读方式多样

微博营销过程中注重创意,创意内容中往往需要利用多媒体技术,而微博本身就借助了先进的多媒体技术手段,企业或者营销者可以从文字、图片、声音、视频、链接等多种展现形式将产品详细进行描述,让创意更加生动,使内容更加精彩,从而使潜在客户更容易接受信息,对于树立企业形象有很大的帮助。不仅如此,丰富多彩的创意内容能够很好地防止出现审美疲劳,提升用户阅读体验。

2. 操作简单、上手快速方便

微博操作非常简单,自身考虑到用户行为模式,一键转发、评论较为方便,并且每一条微博的内容都比较精练,对于忙碌的上班族而言,能够在短时间内关注到焦点事件。不仅如此,微博开通的多种功能能够让用户与用户之间实现即时分享。

3. 成本低、效益高

微博营销之所以可以得到大众的喜爱和企业的青睐,不光是用户群体广,更加考虑到营销

成本问题。微博营销注重线上活动策划，与传统的报纸、广播、电视等媒体广告相比，消耗的人力以及物力成本较小且用户群体广泛，还可以精确锁定受众目标，因此在营销过程中更加高效，收益更加可观。发布一条普通微博的成本几乎为零，即便是借助“微博大 V”或者“‘粉丝’通”推广，其费用与电视广告相比，成本也要更低一些。当然，成本与收益的高低还需要考虑主题策划的四要素，分别为时间、地点、人物、事件，需要全面思考并慎重选择。

4. 覆盖群体广、传播更容易

微博的注册用户非常多，覆盖了不同职业、不同地区、不同阶层、不同民族。这里不仅有超聚人气的社会名人，还有报道新闻的大众媒体及发布公告的政府机构。当然，微博的用户还是以个人用户居多，因而企业通过微博发布的消息覆盖范围更广。

微博用户群体比较广泛，企业可以快速寻找到自己的目标用户，针对性非常强，能够精准且快速找到营销客户，通过对“粉丝”的积累，能够有效利用众多“粉丝”的关注进行传播，不断提高自己企业的影响力。不仅如此，企业与企业之间，企业与名人之间同样能够进行合作，这样产生的效益更广，更为突出。微博的功能也较为强大，一键转发便能够实现分享。

4.3.3 微博营销的方法

微博营销具备成本低、覆盖广、针对性强、传播速度快、操作便捷等特点。在前期已经做好账号运营工作之后，就可以开展相应的活动以进一步提升企业微博账号的知名度，为企业带来经济效益。微博营销的方法有很多，可以开展微博营销活动，还可以创立热门话题吸引“粉丝”阅读。同时，还能够将线上的微博内容与线下的营销活动相关联，迅速将相关信息进行扩散。

1. 广播式营销

微博能够迅速转发是基于用户喜欢你的内容，真正与用户达成情感上的共鸣。以微博为平台，反复进行相关企业内容信息的发布，内容通常与该品牌的产品、服务、价值观相关，经常性地引经据典、科普知识，该方式有利于从侧面塑造企业品牌形象，保持品牌活跃度。例如，招商银行的微博发布的信息有很多种，除了普通的银行服务项目介绍等信息的发布，它还经常发布国家宏观经济运行、金融业等与客户息息相关的信息，甚至还会发布有关天气信息、交通信息等事关民生的贴心提示。

2. 植入式营销

微博平台主要是一个微博博主分享和展现自己所观所感的地方，任何过于商业化的微博内容都会引起“粉丝”的反感，自然也达不到预期的营销效果。部分个人微博账号拥有众多数量的“粉丝”，通过这类微博达人进行合适的营销，往往会达到很好的效果。经由这类微博达人传播时，传播内容的文体与意境风格都要尽量与其微博的整体风格相近。因此，经过精心策划的相对含蓄的植入式营销便成为微博营销的一种能够获得更好传播效果的推广方式。

3. 名人效应的裂变式营销

微博上发布的信息通过“粉丝”关注的形式进行裂变式传播，从而产生非常广泛的影响，而与普通微博博主相比，微博上对名人微博信息的传播往往更为广泛，也就是说名人效应能够使事件的传播量呈几何级放大。因此，运用名人效应是一种非常有效的微博营销推广手段，它使得企业产品或品牌的信息更具吸引力和信服力。企业可以与行业专家等具有丰富“粉丝”基础的账号进行合作，通过评论、转发等方式将内容扩散到更大的“粉丝”群体之中。

网络无权威,但是有意见领袖。他们在女性、互联网、美食、体育、旅游等领域掌握着强大的话语权,影响着数以万计的围观受众,如果想让品牌、产品传播快,那么一定要锁定重要的意见领袖,并引导意见领袖去讨论、传播产品。

4. 微博活动营销

通过奖励的方式让"粉丝"主动参与活动,加强与"粉丝"的互动,同时通过"粉丝"参与活动的转发和分享,也能够很好地将内容进行扩散,进一步提升企业的知名度。开展微博营销活动是提升品牌知名度的有效方法,活动的目的除了品牌宣传以外,还有一部分目标就是要提升"粉丝"数。微博活动可以有效增强用户黏性,提升品牌的影响力,微博活动主要有转发抽奖、有奖征集、评论抽奖、发起挑战四种。

1)转发抽奖

转发抽奖是微博营销活动中比较常见的一种形式,一般出现转发抽奖大多表现为"账号'粉丝'们'转发+评论'或'转发+@几名好友'就能参与抽奖"。转发抽奖是"粉丝"非常爱参与的活动,无论是什么品牌进行活动,看到奖品是自己所需要的,那么大多数人倾向于参与活动,这是普通人的心理,因此转发有奖的活动增粉的速度非常快,不过活动力度及增长"粉丝"数要取决于奖品的吸引力。

在进行转发抽奖活动之前,运营者需要注意几点:

首先,明确营销活动的目的和预期。运营者需要先明确活动的目的才能更好地确定用户群体,然后明确参与活动的各类规则,防止因为存在歧义导致活动的失败。

其次,设置活动奖品。根据目标客户群体进行奖品的设定,可以包括实物奖品、虚拟卡券、现金等。但每个奖品不超过5 000元,单个奖项奖品总价值不超过50 000元,否则需要向微博抽奖平台进行特殊报备申请。

再次,明确活动时间和期限。抽奖活动需要明确活动时间期限,避免由于时间期限问题导致"粉丝"不满。

最后,编辑微博内容。微博内容一定要明确包含活动的时间、期限、规则、奖品几个部分,并需要@微博抽奖平台进行报备。

任务案例 4-3

小新在手　居家不愁

2021年8月20日,微博账号"联想小新"发布了一条关于小新平板的宣传视频并附带了一条博文:"小新在手,居家不愁!评论区说说你有哪些平板使用姿势叭。转发+评论+关注@联想小新参与抽奖。"所发布的视频截至2021年8月26日12:00获得19.7万次的播放量,实现了很大的曝光,为产品的营销带来非常显著的影响。

结合以上案例分析:联想小新的微博账号营销用了哪些方法?优点是什么?

2)有奖征集

有奖征集就是运营者通过发布微博向"粉丝"征集某一问题的解决办法吸引"粉丝"参与的方法,通常情况针对提出最优解决方法的用户给予奖励。这类型的活动也需要明确时间、期限、奖品,同时在期限结束之后需要及时展示中奖者,消除虚假征集的猜疑。这一类的方式主要有征集主题语、征集名字、征集图片等。通过奖励的方式能够很好地调动"粉丝"的积极性,让“粉丝”自主的参与活动。

3)评论抽奖

评论抽奖主要是要求用户“粉丝”们针对某一话题进行评论,依据评论来进行抽奖。这里抽奖方式主要有两种,一种是评论点赞前几名可获得奖品,另一种是由主办方主管进行选择抽取。评论留言点赞前几名即可获得奖品,这种方式能够很好地为活动进行高效的宣传,同时也能提升品牌知名度,获取更多的“粉丝”主动参与活动,这种抽奖方式对于“粉丝”而言比较公开透明,是比较公平的,容易获得大众用户认可。而评论中由主办方主管抽取获奖名单,这一种不容易吸引用户参加并传播,除非奖品特别诱人,中奖概率高。因为评论留言在于主办方主观去选择,参与人员就会觉得有失公允,参与积极性降低,可以针对品牌的忠实“粉丝”进行,但不能当作主要活动形式。

4)发起挑战

发起挑战一般表现为运营者发起某个确定项目的挑战,并通过@的方式进行点名传递,邀请下一位用户进行相同的项目挑战,被邀请的用户挑战完成之后还可以将挑战继续延续。这种方式能够很好地激发用户的热情,无意之间就完成了商品的宣传。为了更好地通过发起挑战活动进行微博营销,运营者在活动设计的时候需要注意以下几个方面:

首先,与“大V博主”或者关键意见领袖合作来进行活动,这类人的“粉丝”量较大,能够有较大的转发,提高裂变速度。

其次,在确定挑战项目的时候,需要结合一定的情景展示,更有代入感和趣味性。同时在项目选择的时候,不要过于简单,但也不能无法完成,否则都很容易打击用户参与的积极性。

再次,为自己的活动项目赋予良好寓意。良好寓意可以激发用户的期待和憧憬,提升用户参与挑战的概率。

最后,设置有吸引力的奖品。奖品是刺激用户参与的源动力,因此需要针对用户群体设置有吸引力的奖品。

任务案例4-4

吉运当头挑战

2019年元旦,微博账号“王老吉官方微博”发布某知名女演员的吉祥话视频,并发布#吉运当头挑战#,要求用户头顶王老吉拍摄视频或照片,并带上话题#吉运当头挑战#发布微博,参与挑战。王老吉官方将从符合活动规则的参与者当中抽取15名幸运“粉丝”,送出价值1 000元的王老吉周年大礼包,并写明了参与活动的具体时间和活动的截止时间。半小时后,王老吉官方微博发布某知名男演员的挑战视频,并由该男演员转发此条微博,吸引了该男演员“粉丝”的广泛关注,扩大了挑战的传播范围。

在随后的挑战时间内,众多微博用户以头顶王老吉、自家宠物头顶王老吉以及儿女头顶王老吉等多种形式,发布挑战微博,王老吉官方微博也挑选了一些用户的挑战微博进行转发,极大地刺激了用户参与挑战的积极性。截至2019年12月,话题#吉运当头挑战#已有5 000万阅读量、20万讨论量。

结合以上的吉运当头挑战,分析说明此次活动成功的原因。

5.热门话题营销

热门话题营销主要包括两个方面:第一个方面就是参与一些热点话题的讨论,发表相关意见看法;第二个方面就是自己创建合适的话题,让“粉丝”积极参与讨论和转发,形成内容传播的裂变。

1)参与热点话题讨论、扩大“粉丝”群体

热点话题具有天然的流量优势,参与评论和互动能够很好地提升账号知名度,提高账号的曝光率。在评论区与“粉丝”互动能够很好地吸引“粉丝”的关注,进一步扩大账号的“粉丝”群体,同时通过热点话题讨论所吸引来的“粉丝”,其“粉丝”群体黏性较强,能够很好地长期维持。同时,优秀的言论和互动能够让关注该话题的“粉丝”自主为该账号点赞、转发以及宣传。在吸引“粉丝”群体关注的同时也能够很好地提升企业品牌形象。

通过热点话题能够很好地提升账号的曝光率,那首先就需要运营者对于热点话题具备高度敏锐性。由于热点话题大多是突发实时新闻事件,因此在选择热点时需注意及时性、精确性、高热度三个特点。因为信息网络的裂变非常迅速,所以判断出适合自己账号定位的热点话题是非常重要的,同时发布的内容也需要能够引起“粉丝”的关注,否则也是徒劳的。运营者在通过热点话题提升转发量的过程当中,要涉及引起“粉丝”的关注、转发、互动、点赞的内容,优秀的内容发布结合热点话题能够很好地引起“粉丝”的反应。一般情况而言,在发表热点话题时,需要图文并茂,在众多信息当中更好地吸引“粉丝”关注。同时,发布的相关文案要精简,过长的文案会导致“粉丝”在浏览过程中失去兴趣,也会因为快速浏览的“粉丝”无法抓到感兴趣的关键词而错失互动的机会。通常发表与热点相关看法来提升热度需要在3个小时之内,但是如果错过了时效也可以另辟蹊径。通过为“粉丝”提供不一样的观点、不一样的角度、不一样的热点分析来为提供新鲜感。

任务案例 4-5

五环变四环,“神文案”的正能量

第22届冬季奥林匹克运动会(2014年索契冬季奥运会“2014 The winter Olympics in Sochi”),简称“索契冬奥会”,2014年2月7日至2月23日在俄罗斯联邦索契市举行。索契奥运会设15个大项,98个小项。这是俄罗斯历史上第一次举办冬季奥运会。在2月8日凌晨开幕式却出现了戏剧性一幕,在开幕式上呈现奥运五环的方式非常独特,五环由雪花慢慢转化而来,从空中飘落。不过这一关键环节却出现了重大的乌龙,在现场有一片雪花未能转变,于是便出现了奥运五环变成“四环”的一幕。

奥林匹克五环标志由五个奥林匹克环从左至右套接而成,可以是单色,也可以是蓝、黄、黑、绿、红五种颜色。最初的解释是五种颜色代表各国国旗的颜色,后来又将五个不同颜色的圆环解释为五大洲的象征。其中蓝色代表欧洲、黄色代表亚洲、黑色代表非洲、绿色代表大洋洲、红色代表美洲。

由于奥运五环有一个环没有打开,这个时候微博等各大社交媒体对于五环变四环出现了大量的“负能量”的观点和说法,敏感的企业开始抓住机会进行借势营销,红牛也借势推广其“能量”诉求,吸引体育爱好者目光。红牛围绕“能量”诉求深入人心。“#五环变四环#打开的是能量,未打开的是潜能”,翻转网友“负能量”认知,从“能量”“潜能”正能量的角度出发,对这次事件给出正面、积极的看法,并把产品功能进行了很好的传播。

结合以上案例分析:红牛发表“#五环变四环#打开的是能量,未打开的是潜能”的意义。

2)创立微博话题提升转发量

为了提升品牌知名度,还可以创立相关话题,微博话题的阅读量是很高的,很多“粉丝”因为好奇,会进入相关话题仔细浏览,产生共鸣的时候还会进行言论发布或者是转发,这种方式能够很好地提升品牌知名度，同时也能保证话题的相关性，是一种良好的宣传方式。

任务案例 4-6

长安福特——2021，向前

在2020年底，告别回顾2020年成为了热门话题，从“黑天鹅”到“灰犀牛”，告别极其不平凡的2020，踏步向前成了整个社会的集体情绪。伴随着“晚安，2020”等热门话题的浮现，长安福特运营者发现人民日报2020年12月31日的博文下，评论区被向前的情绪所占据。所有人都开始评论着“2021，加油”“未来继续前行”等字眼。基于广大网友向前的愿景，新浪微博官方媒体定制海报，盘点2020年。长安福特抓住时机，创建了话题“2021向前”，并伴随长安福特旗下探险者车型传播主题为一路向前，拍摄品牌宣言“一路向前”的视频，传递始终热血澎湃、一路向前的品牌主张，带动福特品牌知名度和好感度的提升。官方微博首先回望了2020，艰难中向上，然后呼吁向前，呼吁“粉丝”，面对2021，砥砺中前行，对新的一年做出了美好的期许，最后引导“粉丝”抽取新年专属“福盒”，向前路上福气满满。“粉丝”抽取“福盒”需要参与趣味答题，这种轻互动形式＋趣味内容，满足“粉丝”新年许愿的要求。开启福特“福盒”之后，结果页显示八字祝福，同时还设置了一键分享功能，让这个活动内容迅速传播至全网。同时微博媒体还召集了蓝V矩阵，在新春之际发布内容、送上祝福、呼吁向前。人民日报、新华网、光明日报等350＋蓝V送上新春祝福。超级“粉丝”精准定位人群进行长安福特品牌视频推送。长安福特品牌宣言视频扩散至各个圈层。此次热门话题活动，发微博人数达到5万余人，转发数达5万余人，点赞数高达2.4亿人次。此间，品牌声量走高，微指数走势出现多次高峰。取得不凡的成功。

结合以上案例分析：长安福特“2021向前”的营销有哪些亮点。

6. 综合运用多种微博营销手段

上述讲述了多种微博营销方法，为了更好地提升营销的效果，可以将账号的运营和营销相结合，将不同方法结合使用，以进一步扩大营销的效果，提升企业的品牌力。目前，国内企业微博营销手段普遍单一化，这就需要企业在微博营销“4I”原则的基础上探索更多的与企业实际相符合的微博营销手段，使企业在具体的微博营销中达到更好的效果。

素质园地

为了深化政务工作改革，随着新媒体不断发展，2018年12月，国务院办公厅印发了《关于推进政务新媒体健康有序发展的意见》（以下简称《意见》），《意见》指出，以习近平新时代中国特色社会主义思想为指导，认真落实党中央、国务院关于全面推进政务公开和优化政务服务的决策部署，实施网络强国战略，落实网络意识形态责任制，大力推进政府系统政务新媒体健康有序发展，持续提升政府网上履职能力，努力建设利企便民、亮点纷呈、人民满意的“指尖上的网上政府”。

随着网络传播格局的变化，政务新媒体空前发展，从“两微一端”向短视频等领域延伸。不少政务账号通过内容与形式创新，助推政务公开和政务服务，方便百姓、贴近民生。国家对政务新媒体的开设、管理有明确要求，归根结底要落脚在“政务”与“权威”上，提升传播力、引导力、影响力、公信力。政务新媒体的根本是推动与百姓生活密切相关的民生事项向网上延伸，为公众提供优质便捷的政务服务。网民在哪里，服务就应该延伸到哪里。办好政务新媒体要抓好作风建设，树立正确导向，避免重复低效建设，靠及时更新、加强互动增强实效，切实为基层减负，做好连接政府与百姓沟通的桥梁。

为了贯彻落实政务新媒体发展的意见，各相关政务机构实名申办了微博账号，并利用微博账号发布相关工作信息。

结合案例思考：政务系统加入微博的作用是什么。

项目总结

本项目从微博的注册以及企业官方微博认证入手，主要讲述了微博账号的认证以及企业微博账号应该如何使用运营，以更好地实现微博营销。通过增加微博用户"粉丝"关注量、如何发表优质博文等方面着手，旨在帮助学习者掌握微博营销的基本方法，为之后实际工作使用打下良好的理论基础。

习题与思考

一、单项选择题

1. 微博是一种基于（　　）关系的信息分享、传播以及获取的通过关注机制分享简短实时信息的广播式的社交媒体、网络平台。

   A. 用户　　B. 企业　　C. 自身　　D. 网络

2. 微博营销借助（　　）手段，将企业产品用文字、图片、视频等方式对产品进行具体描述。

   A. 多媒体　　B. 视频剪辑　　C. 美化图片　　D. 网页设计

3. 关于微博原创以及转发作品的比例正确的是（　　）。

   A. 不能转发作品，转发的作品影响质量

   B. 为了降低成本和方便发表，建议全部采用转发

   C. 只要是吸引人关注的热点话题，全部转发

   D. 需要注意原创作品和转发作品的比例

4. 国内第一家提供微博服务的门户网站是（　　）。

   A. 新浪　　B. 网易　　C. 搜狐　　D. 腾讯

5. 微博为什么要加"V 认证"（　　）。

   A. 可以免费使用微博　　B. 增加公信力

   C. 更好发送广告　　D. 开通广告资格

二、多项选择题

1. 微博营销的优点是（　　）。

   A. 操作简单　　B. 成本高　　C. 互动性强　　D. 发布便捷

2. 微博营销活动的形式有（　　）。

   A. 转发抽奖　　B. 有奖征集　　C. 评论抽奖　　D. 发起挑战

3. 微博营销以（　　）作为营销平台，每一个（　　）都是潜在营销对象，企业利用更新自己的微博向网友传播（　　），树立良好的企业形象和产品形象。

A. 微博　　B. “粉丝”

C. 竞争对手　　D. 产品信息、企业信息

4. 在进行转发抽奖活动之前，运营者需要注意（　　）。

A. 明确营销活动的目的和预期　　B. 明确活动时间和期限

C. 隐藏活动奖品　　D. 编辑微博内容

5. 微博认证的机构认证包括（　　）。

A. 企业认证　　B. 政府认证　　C. 机构团体　　D. 校园认证

三、简答题

1. 什么是微博营销？

2. 企业利用微博进行营销有哪些技巧？

实训项目

假设你是某美妆品牌的营销部工作人员，现下需要将新推出的遮瑕膏进行宣传营销，你负责的部分为新媒体运营当中的微博营销，希望通过微博营销将产品保湿力强、遮瑕效果好、自然服帖的特点进行展示，并进行相关宣传。

1. 实训内容

以公司新推出的遮瑕膏宣传为主，在微博上发起相关挑战，提高产品曝光率。

第一，选择与产品相关的挑战内容进行发布，并@相关用户进行挑战。

第二，该挑战为期两周，依据最后的转发率和参与挑战的人数进行考核。

2. 实训要求

(1)掌握微博营销的基本方法。(10分)

(2)设置适当的文案以及挑战的具体形式。(10分)

(3)分析此次微博营销的优点以及不足，并进行展示分享。(10分)

(4)语言表述清晰、准确、团队合作力强。(10分)

(5)依据最后的转发率和参与挑战的人数进行考核，全班分为优、良、中、及格、不及格五个档次，并给出相应的成绩。(30分)

(6)班级团队互评(10分)；教师评价(20分)。

项目5　短视频营销

项目导学

- 短视频营销
  - 短视频营销的类型与模式
    - 短视频营销的概念
    - 短视频的特点
      - 时长较短，传播速度更快
      - 创作流程简单，参与门槛更低
      - 突出个性化表达，快速打造KOL
      - 社交属性强，信息传递广
    - 短视频行业的发展历程
      - 2004—2011年萌芽期
      - 2012—2015年年初探索期
      - 2015—2016年爆发期
      - 2017—2018年优化期
      - 2019年至今成熟期
    - 短网络视频营销的价值
      - 让流量变成留存用户
      - 让沟通清晰可见
      - 让内容更具个性化
      - 让内容更具及时性
      - 让你获得一手数据
    - 视频营销的模式
      - 视频贴片广告
      - 直播模式
      - 视频互动营销
      - UGC短视频
      - 病毒营销
    - 短视频网络平台
      - 抖音：记录美好生活
      - 快手：拥抱每一种生活
      - 哔哩哔哩：你感兴趣的视频都在B站
      - 西瓜视频：给你新鲜好看
      - 小红书：标记我的生活
      - 微信视频号：记录真实生活
  - 抖音短视频平台运营
    - 抖音功能及页面介绍
      - “首页”界面：推荐和同城入口
      - “关注”界面：已关注用户动态
      - “消息”界面：粉丝和评论管理
      - “我”界面：个人设置和作品管理
      - 新功能：抖音的实用新功能
    - 抖音营销的方法
      - 内容营销
      - 企业广告投放
      - 与电商企业合作
    - 抖音短视频的内容策划
      - 爆款短视频必备的五大要素
      - 内容定位：内容策划的四大定位
      - 选题策划：打磨选题的五大细节
    - 抖音短视频推广运营
      - 留言评论：拉近粉丝的距离
      - 设计用语：提升涨粉效率
      - 内容引流：提升持续吸粉的能力
      - 发放福利：挖掘粉丝需求
      - 设置悬念：引导粉丝关注
      - KOL合作：名人效应转化
      - 巧借热点：吸引用户注意力

任务5.1 视频营销的类型与模式

任务描述

在获客成本越来越高的环境背景下，短视频凭借特有的优势吸引了越来越多的广告主投放，成为企业、品牌与商家搭建私域流量池、激活存量用户的运营利器。但随着渠道及媒体越来越碎片化、垂直化，简单的曝光已无法满足广告主的需求。如何组建高效的短视频团队？如何拍摄出创意精良的短视频？如何策划、制作与运营爆款IP？如何实现快速吸粉、推广引流？如何进行流量转化、精准营销？如何利用短视频带货，将流量转化为销量？如何实现广传播、高转化已成为广告主最关心的问题。

任务目标

(1)了解常见的短视频类型和特点。

(2)了解不同的短视频平台。

(3)掌握视频营销的技巧。

(4)能够根据定位，进行短视频制作和运营。

知识链接

5.1.1 视频营销的概念

视频营销指的是企业将各种视频短片以各种形式放到互联网上，以达到一定宣传目的的一种营销手段。

2019年，艾瑞咨询对“短视频”有了一个比较清晰的定义：短视频是指一种视频时长以秒计数，一般在10 min之内，主要依托于移动智能终端实现快速拍摄和美化编辑功能，可在社交媒体平台上实时分享和无缝对接的一种新型视频形式。

各个主流短视频平台的时长和呈现方式都有各自的要求，具体见表5-1。

表5-1 主流短视频平台对短视频时长及呈现方式的定义

平　台	定义(时长)	呈现方式
抖音	15 min以内	横、竖屏都可以
快手	10 min以内	竖屏为主
哔哩哔哩	5 min以内	横、竖屏都可以
西瓜视频	无限制(5 min为宜)	横屏为主
微信视频号	60 s以内	横、竖屏都可以
微博短视频	5 min以内	竖屏为主

5.1.2 短视频的特点

1. 时长较短、传播速度更快

随着移动互联网时代的到来和大众生活节奏的加快，人们获取信息的方式越来越“碎片化”，快速、迅捷的内容传播方式逐渐成为主流。短视频的时长控制在几秒到几分钟不等，只突出亮点内容，去掉冗长的部分，通常前3秒内容就能引人注意，将“短小精悍”发挥到了极致。以抖音为例，其上的大多数短视频的时长都在1 min以内。尽管在2019年6月，抖音开放了上传15 min视频的权限，但用户普遍更加偏爱短小精悍的内容，许多热门视频的时长仍然不会超过1 min。

2. 创作流程简单、参与门槛更低

通常情况下，短视频创作者通过一部手机就能进行拍摄、剪辑和发布，这种“即拍即传”的传播方式降低了创作门槛。与传统影视剧相比，短视频的创作方式简化了许多，这使普通大众也能够参与进来。

3. 突出个性化表达、快速打造关键意见领袖（KOL）

许多短视频创作者在自己擅长的领域成为关键意见领袖，拥有一批忠实“粉丝”，并成功实现带货。

短视频行业能够快速打造KOL的特征，既能让短视频成为触发“粉丝”经济的利器、拥有营销功能，也能让短视频成为各大商家都会使用的新媒体营销手段。反过来，这也为短视频行业搭建了再度蓬勃发展的基础。

4. 社交属性强、信息传递广

短视频并非时长缩短的视频，而是一种新的延续社交、传递信息的形式。

短视频有三个明显的社交式传播的特征：

第一，无论是用户自主拍摄的短视频还是用户在平台上观看到的其他用户的短视频，用户都可将其转发至社交平台与亲朋好友共同分享。

第二，短视频软件内部设有点赞、评论、分享等功能，用户可在短视频平台上与其他用户进行沟通、交流。

第三，通过用户的转发、推荐，一则短视频甚至可以形成裂变式传播，受到不同地域、年龄、性别等特征的用户的喜爱。

5.1.3 短视频行业的发展历程

1. 萌芽期（2004—2011年）

2004—2006年，乐视网、土豆网、优酷网先后上线。

2011年前后，爱奇艺、腾讯视频陆续上线。

2010—2011年，微电影《老男孩》《父亲》上线，获得热烈反响，短视频行业进入萌芽期。

2. 探索期（2012—2015年初）

2012年，第四代移动通信技术（后文简称4G）网和智能手机普及，各平台向短视频转型。

2013年，GIF快手正式更名为快手，成为短视频社区。

2013年8月，新浪微博的“秒拍”功能上线。

2015年第一季度，整个移动视频应用用户规模为8.795亿，短视频用户数同比增长401.3%，越来越多的互联网产品加入短视频市场，短视频行业进入探索期。

3. 爆发期（2015—2016年）

2015年，以虎牙直播为代表的直播平台陆续上线，“短视频＋直播”逐渐成形。

2016 年 4 月，淘宝推出微淘视频，8 月上线微淘直播，短视频正式进入电商营销领域，短视频与直播相辅相成，各大平台的亿级资金补贴，使短视频行业加速进入爆发期。

4. 优化期（2017—2018 年）

2017 年，快手吸引了众多普通用户，迅速占领市场。

2018 年，抖音的“海草舞”“学猫叫”短视频火遍大街小巷，制造了无数网络热点。

2018 年 7 月，国家相关部门出台政策，对短视频行业进行规范，使短视频以良好态势发展。主流短视频平台和模式基本形成，但内容泛滥问题明显，相关政策的实施使短视频行业进入优化期。

5. 成熟期（2019 年至今）

2019—2020 年，哔哩哔哩凭借跨年晚会和“破圈三部曲”成功破圈，跻身短视频行业领先地位。

2020 年 7 月，微信视频号正式上线，背靠微信 12 亿用户规模，深入短视频营销市场。短视频行业日渐成熟，监管机制逐步完善，已进入成熟期。

5.1.4 网络短视频营销的价值

1. 让流量变成留存用户

优质的短视频内容可以带来免费流量，为了获得更多优质用户，视频平台对优质内容的渴求度非常高。为此，短视频平台非常愿意与内容生产方合作，用内容置换流量。在线上流量价格不断攀升的当下，如果将这些流量换算为广告价值，其价值无法估量。所以对于短视频内容创业团队来说，初期必须源源不断地生产优质内容，吸引更多优质流量。在获取足够的流量之后，企业或品牌要通过运营将流量转化为真实有效的用户，沉淀到自己的平台账号或专属网站、App 上。

现阶段，在新媒体领域，微博、微信、抖音是企业或品牌首选的用户沉淀平台。通过这些平台，企业可以直接和用户交流、互动，将用户引流到自己的官方网站或 App 上，将其转化为自己真正的用户。如果企业或品牌只发布短视频，不开展运营活动，那么流量转化、用户沉淀根本无法实现。短视频运营的真正价值就在于帮企业或品牌获取更多顾客，实现用户留存。因为流量无法直接变现，只有获得真实有效的用户，形成长期稳定的商业模式，才能实现稳定变现。所以，企业或品牌通过短视频运营积累了一定的流量后，必须做好后续的运营与维护，不要让前期的心血付诸东流。

2. 让沟通清晰可见

在互联网环境中，信息都是双向传递，一些单向的信息传递毫无意义。通过短视频运营，企业可以将获取的用户反馈生成新的内容再次传递给用户，比如对评论区、弹幕区进行管理，回复用户在微信后台的留言等。总而言之，运营人员一定要关注用户反馈，不能让用户提出的问题或建议“石沉大海”。

其实，从某种程度上来看，企业发布短视频就是为了与用户互动，获得用户反馈，这些反馈信息往往包含很多内容，如新选题、新的产品迭代思路、新的消费需求、新的市场需求等。对于企业或品牌来说，这些信息非常宝贵。

3. 让内容更具个性化

企业在设计短视频内容之初，就应该对后续的运营事宜进行考虑。因为通过短视频运营，企业可以让内容更好地触及用户，让内容产品在上线之后持续发酵，产生长尾效应。

一次成功的运营一定是以人格化的方式，与内容产品的定位相结合，以某种身份参与评论区管理，开展精细化运营。每开展一次线上活动、获得一次运营反馈，运营人员就能让内容产品更具人格化特征，在用户心目中留下更深刻的印象。

4. 让内容更具及时性

短视频运营往往有一支专门的运营团队，通过精细化运营，内容产品会变得更有韧性。所以，在一些热点事件发生后，运营团队可立即结合热点制作内容，响应市场需求。在互联网环境中，获取信息、感知信息、向用户反馈信息的速度越快，就越能获得更多流量，享受更大的流量红利。

5. 让团队获得一手数据

内容生产团队在生产短视频内容时应将大数据视为一个非常重要的参考项。如果企业将短视频内容生产项目全权委托给一个专门生产“爆款内容”的编导团队，很有可能投入极高的成本，效果却不好。所以，在相对稳定的商业模式形成之前，内容生产团队不要在内容制作方面投入太多不必要的成本。

对于短视频内容团队来说，最好的内容迭代方式就是聘请合适的员工，通过内容运营获取来自用户、渠道、市场等各个层面的数据，通过数据分析寻找合适的切入点，不断地更新内容产品，将流量转化与用户转化维持在一个相对稳定的水平上。

内容生产团队通过内容运营获得的“一手数据”极具价值，通过对这些数据进行分析、处理，内容运营团队可以看到市场变化，明确自己的产品定位，提升市场竞争力。

5.1.5 视频营销的模式

1. 视频贴片广告

视频贴片广告指的是视频、内容分享类网站中正文内容的片头、片尾或插片播放的视频广告。其中，贴片分为前贴、中贴、后贴，时长一般为 5 s、15 s、30 s、60 s 甚至更长。前贴是视频播放前出现的广告，中贴是视频播放中途出现的广告，后贴是视频播放结束后出现的广告。

目前，爱奇艺、腾讯视频、优酷都已开通了视频贴片广告，广告主可选择的视频贴片广告包括前/中/后贴片广告、暂停广告、浮层广告、角标广告和弹窗广告。视频贴片广告如图 5-1 所示。

图 5-1　视频贴片广告

2. 直播模式

直播模式是现如今比较火热的模式之一，它让用户与视频内的主角互动起来，从而达到一定的营销目的。直播模式不仅和用户产生了互动，有价值的视频内容也会让用户在好友之间相互传播，起到了良好的广告效果。

3. 视频互动营销

借助技术，企业可以让视频短片的主角与网友真正互动起来，用鼠标和键盘能控制视频内容，这种有趣的方式能让一个简单的创意取得巨大的传播效果。

4. UGC 短视频

UGC(user generated content，用户原创内容)的概念最早起源于互联网领域，即用户将自己原创的内容通过互联网平台进行展示或者提供给其他用户。

UGC 是伴随着以提倡个性化为主要特点的 Web 2.0 概念兴起的。UGC 并不是某一种具体的业务，而是一种用户使用互联网的新方式，即由原来的以下载为主变成下载和上传并重。这类短视频的特点是制作门槛较低、创作手法简单，但内容质量参差不齐。如今，人们在抖音、快手等短视频平台看到的许多短视频都是 UGC 短视频。

5. 短视频病毒营销推广

病毒营销(Viral Marketing)也被称为病毒式营销、病毒性营销、基因营销或核爆式营销，是指那些鼓励目标受众将市场信息像病毒一样传递给他人，使之在曝光率和影响上产生几何级增长速度的一种营销推广策略。这种策略可以耗费较少的人力物力，将信息在短暂的时间内快速地、爆炸式地传递给成千上万的消费者。病毒营销早期的基础是口碑的形式，但现在多基于网际网络社群的"分享"与"标签"主动传递给其他人，提供受众免费的价值，可以是一个有创意的影片或是像游戏一样简单，塑造出一种病毒效应的氛围，引导人们与他人分享，让尽可能多的人收到或看到内容。由于这种传播是用户之间自发进行的，因此几乎是不需要费用的网络营销手段。换句话说，在社群网络中与其他人传播分享关于产品的资讯，就如同病毒从一个人感染到另一个人一样。

病毒式营销已经成为短视频营销最为独特的手段。商业型原创短视频可以凭借创意包装获得大量的关注与转载，从而形成病毒传播。社交网络已经成为病毒视频传播的最有力渠道，因为企业不仅可以在自己建立的自适应网站播放品牌视频，更可以通过网络代运营的方式在多渠道推广，让用户自发性地进行转发和传播。

一个有效的病毒性营销战略需要六项基本要素：提供有价值的产品或服务；提供无须努力地向他人传递信息的方式；信息传递范围很容易从小向很大规模扩散；利用公众的积极性和行为；利用现有的通信网络；利用别人的资源。

任务案例 5-1

新东方直播：这个时代我们需要什么样的品牌？

新东方火出圈了！只是让人万万没想到的是，这一次是因为带货。

谁都没想到抖音"6·18"直播大战中，一个叫东方甄选的账号悄然地冲到带货榜和人气榜前列。截至6月14日上午12点，东方甄选已经涨粉超过437万。港股新东方在线也在前两个交易日涨幅达140%。

在东方甄选的直播间，远到太平洋的虾，近到黑龙江的大米，有人在卖货的同时给你讲历史聊人文，聊诗词歌赋谈人生哲学，并且还是用中英文双语和你聊天，是不是有点招架不住？网友们说："以前在直播间买到物真价实的好东西很重要，现在在购物的同时，增长全科知识也很重要！"家长说："一边投屏一边看，听到诗词就马上让孩子抄下来。""放暑假让我的孩子看起来！"

人们在直播间购物是为了甄选价格实惠的好物。东方甄选从 6 月 8 日起尝试定位为双语知识输出＋故事讲述，将免费知识作为产品加分项，不仅成功地加大了对用户的吸引力，与此同时更找到了合适的市场差异化。

在这个特殊的时点，新东方直播与那些正在努力生活的人们产生了共鸣。在互联网力量的推动下，新东方直播间爆发出巨大的能量，也得到了超乎想象的响应。

未来，优秀的品牌将可能在人们的精神世界中发挥更多的作用，在满足产品和服务的提供外，给予人们精神的力量和启迪。

5.1.6 短视频网络平台

近年来，短视频行业迅速崛起，用户流量激增，资本争相进入，各大短视频平台水涨船高，以势如破竹的气势打入了人们的日常生活。

截至 2022 年，在手机应用商店中位列前五名的短视频 App 分别是抖音、快手、哔哩哔哩、西瓜视频、小红书(见图 5-2)。于 2020 年上线的微信视频号及微博全新打造的短视频 App 星球视频作为后起之秀，也迅速进入了人们的视野。

图 5-2　主要短视频网络平台

1. 抖音：记录美好生活

(1)用户画像：用户规模大，地域分布广。

抖音以音乐作为切入点并搭配创意内容，将年轻人作为初始目标人群，由点及面地迅速扩散。其短视频内容生动有趣，简单的操作方法也帮助抖音实现了裂变式传播。

抖音用户的地域分布十分广泛，根据 2020 年第二季度抖音视频平均播放量省份榜单来看，北京位居榜首，东三省(辽宁省、吉林省、黑龙江省)均挤进前五名，江、浙、沪地域也榜上有名，呈现出由东南沿海向内陆纵深推进的态势。

(2)抖音的平台优势：技术先进，变现潜力大。

抖音之所以能在国内异常火爆，甚至远渡重洋吸纳大批“粉丝”，要归功于它精准的流量推荐机制和新鲜有趣的玩法。例如，精准的个性化推荐机制，用“中心化”思想打造关键意见领袖。

抖音拥有优质的用户资源，用户以年轻群体为主，他们的好奇心重，对新鲜事物的接受能力强，不仅是生活必需品的消费主力军，还是新兴产品的推动者。

2. 快手：拥抱每一种生活

(1)用户画像：以年轻人群和三、四线城市及农村用户为主。

快手的目标用户是三、四线城市及农村用户，快手用户集中在 25～34 岁年龄段，占总体用户数量的 43％；快手上男女用户比例比较协调，女性用户占 57.8％，男性占 42.2％。在学历方面，快手用户分布较为均衡，高中和本科以上(含本科)用户占比最多，分别占比 32.8％、31.9％。

截至2022年3月底，快手平台互关用户对数累计约188亿对，同比增长68.9%。2016年就在快手发布作品的创作者中，万粉、十万粉创作者到今天还在活跃发布作品的比例分别超过70%和80%，百万粉创作者的创作活跃比例达到94%。

(2)快手的平台优势："流量普惠"策略，保护普通用户的利益，用户黏度高。

快手以"去中心化"思想为主要运营策略，实行"流量普惠"策略，将更多流量分配给普通用户，激励他们创作内容，并保护他们的权益。基于这样的运营策略，快手成功获得了以下三个独特的竞争优势：

①拥有大量的普通用户群。

②普通人可凭实用内容成为"网红"。

③封闭的电商体系，保护用户利益。

3. 哔哩哔哩：你感兴趣的视频都在B站

(1)用户画像：以年轻用户群为主，用户兴趣广泛，创作能力强。

哔哩哔哩以动漫文化起家，随后不断扩充视频种类，使受众覆盖面变广，用户数量也迅速增长。其主要用户群体集中在东部较发达地区，且年轻化特征明显，以"90后"和"00后"为主，男性用户多于女性用户。

他们大多是学生和刚踏入社会的上班族，文化程度普遍较高，对新鲜事物有好奇心，消费能力也较强，并且具有较强的创新意识和创造能力。哔哩哔哩的用户群体身份多样、兴趣广泛，且有强烈的自助式学习属性。

(2)哔哩哔哩的平台优势：观看体验佳，学习氛围浓，收入有保障。

哔哩哔哩经过10余年的发展，成功从小众文化社区跻身主流互联网平台，这与哔哩哔哩独特的文化和运营策略密不可分。

独特的弹幕文化：提升观看体验，制造"梗"文化。

学习属性强：一个终身学习的网站。

广告极少：优质的观看体验。

收入方式多样：官方扶持+"粉丝"打赏+广告收入。

4. 西瓜视频：给你新鲜好看

(1)用户画像：用户市场下沉，不同视频分区用户特征明显。

用户市场下沉，消费能力增长快。西瓜视频用户群广泛分布在沿海和内陆城市，环比增长较快的省份有川、鲁、豫、鄂、苏、皖等，其中重要用户集中在三、四线城市及乡镇农村。

不同视频分区用户特征明显，西瓜视频用户画像是：

用户男女比例是8∶2，以男性为主；中等收入的一、二线城市中的男性是主要受众；30岁以上的用户超7成，其中31～35岁占比35.5%，36～40岁占比11.8%，41岁以上占比26.9%；

地域分布上，以一、二线城市为主，其中超一线城市占比10.5%，一线城市占比33.9%，二线城市占比21.1%；消费能力上，中低消费者占比最高，达35.7%，中高消费者占比22.4%，中等消费者占比22.4%，低消费者占比17%，高消费者占比2.6%。

(2)西瓜视频的平台优势：个性化推荐，内容生态完善，盈利方式多。

西瓜视频与抖音"师出同门"，都是北京字节跳动科技有限公司旗下的产品，有着强大的人工智能技术积累，将算法导向的流量分配模式贯彻到底。

西瓜视频与抖音、快手不同，它致力于打造集短视频、长视频和直播为一体的综合视频平台。短视频短小精悍、高效快捷，用户能随时随地利用碎片化时间观看。长视频内容丰富、成体系化，容易打造优质内容。直播互动性强、变现直接，增强了用户黏性。

创作者变现方式多：广告收益＋电商变现＋官方商务平台。

5. 小红书：标记我的生活

小红书是国内高品质的生活方式分享平台。小红书以分享生活作为切入点，引导用户自发推介产品，交流消费体验，从而吸纳了一批具有中高等消费能力。

(1)用户画像：以年轻女性为主，消费能力强，年龄集中在20～35岁，该年龄段人群处于事业稳定期，购买力较强。用户群包括大城市白领、公务员等。

(2)小红书的平台优势："眼球经济"＋电商平台直接变现。

小红书的优势在于"文化输出"，产品的推荐"笔记"好看、好吃、好用、好玩，容易激发用户的购买欲。简单来说，在小红书，"笔记"不是在"带"货，而是在"带"一种生活方式。

在小红书，许多女性用户通过分享穿搭化妆技巧、品质好物等内容，来传达一种追求品质的生活理念，其他的女性用户则通过学习她们分享的经验，追随其购买同样的产品，包括旅游产品、文娱产品等，以满足自己追求品质生活的愿望。

小红书通过各种宣传方式带动消费。小红书本身就是"荐物"平台，所有用户来到小红书的目的就是寻找好物，因此省略了激发消费欲望这一环节，在转化能力上具有先天优势。

6. 微信视频号：记录真实生活

(1)用户规模大，背靠微信12亿用户。微信这一App在国内社交软件中的统治性地位无可争议，坐拥日活12亿的用户量。而微信视频号入口位置极其优越，位置顺序仅次于朋友圈，微信的用户很容易就可以进入到视频号中。现在朋友圈每天的曝光量超过百亿，视频号即使只拥有朋友圈1%的流量，其数量也是很庞大的。因此，微信视频号的潜在用户基数大，发展潜力也大。

(2)受到微信高度重视，资源配置丰富。微信的生态圈，在微信视频号出现之前一直缺少短视频板块。微信视频号的主要入口位置在微信"发现"菜单栏中的第二个，仅次于"朋友圈"的位置。从微信视频号的这个入口也可以看出，微信将把微信视频号当作下一个重点培养对象。

(3)可连接公众号，与公众号互相引流。微信视频号可以添加公众号链接，公众号内也有微信视频号的入口。因此，微信视频号可以与公众号互相引流。

(4)自带社交属性，可在微信内直接观看、分享。微信视频号处于微信的大生态圈里，自带很强的社交属性。用户在观看完感兴趣的视频后，可以直接将其转发给微信好友或是分享到朋友圈。而用户在分享其他平台的短视频内容到微信上时，却受限于微信设置的壁垒。例如，用户希望将某一抖音短视频分享到微信上时，必须先生成链接或保存短视频内容后，才能将其转发到微信。这个略微烦琐的步骤，使得可以在微信中直接分享的微信视频号拥有了更为明显的社交优势。

(5)微信视频号以社交推荐为主，开创新型推荐模式。相对于其他短视频平台，微信视频号有一个独特的优势，即社交推荐——微信视频号将"社交"作为推荐内容的首要考虑因素。

任务 5.2 抖音短视频平台运营

任务描述

抖音以音乐作为切入点并搭配创意内容，将年轻人作为初始目标人群，由点及面地迅速扩散。其短视频内容生动有趣，简单的操作方法也帮助抖音实现了裂变式传播。

任务目标

(1)了解抖音功能及页面介绍。

(2)熟悉抖音的营销方法和技巧。

(3)掌握抖音短视频运营技巧。

知识链接

5.2.1 抖音功能及页面介绍

抖音既具有工具属性，如拍摄和制作短视频功能，又具有社交属性，如分享和关注等。本节主要分析抖音的界面功能，来看看它究竟为何成为年轻人喜欢的 App。

1.“首页”界面：推荐和同城入口

注册并登录抖音后，首先出现的就是“首页”界面，如图 5-3 所示，同时自动播放视频，显示相关的视频信息，如图 5-4 所示。

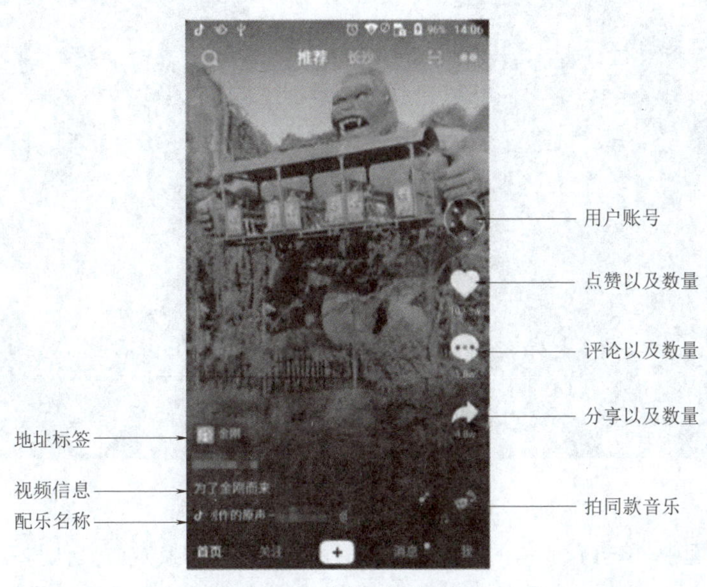

图 5-3 抖音首页界面

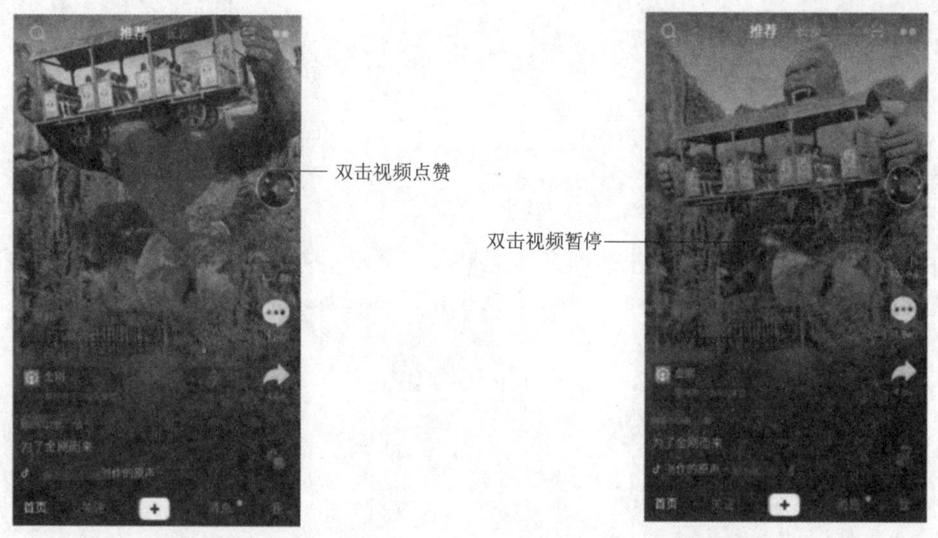

图 5-4　相关视频信息

单击用户账户下面的"+"按钮，即可关注该用户，单击"点赞""评论"或"分享"按钮，即可进行相应的操作。另外，双击视频也可以进行快速点赞。单击视频界面则可以暂停播放，便于进行截图等操作。

"首页"界面包括"推荐"和"同城"两个模块。"同城"会自动定位用户所在的城市，并推荐附近的优质短视频内容，如图 5-5 所示。在视频封面下方还会显示相应的地址标签、视频信息和用户账号等内容。

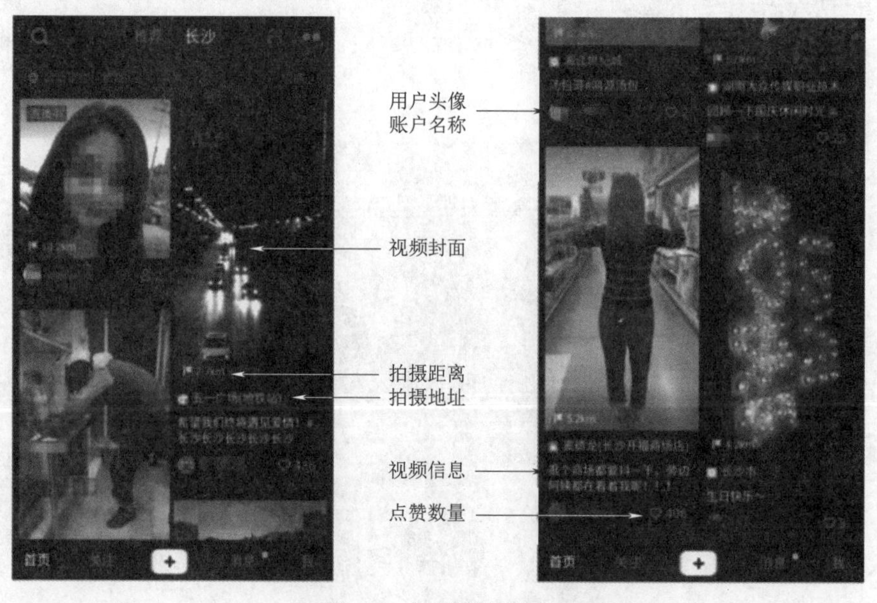

图 5-5　抖音同城界面

在"同城"界面中，单击右上角的"切换"按钮，用户还可以切换查看其他抖音热门城市的本地化内容，如图 5-6 所示。单击右侧的字母序列，还可以快速查找该字母拼音开头的城市名称。

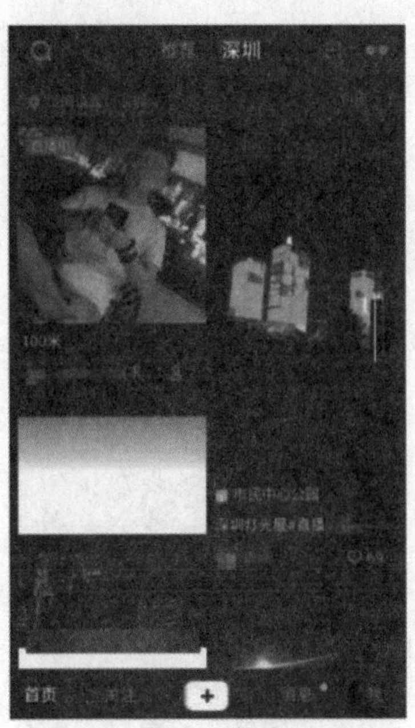

图 5-6　抖音同城可切换界面

2. “关注”界面：已关注用户动态

“关注”界面（见图 5-7）主要包括热门直播入口和用户关注的账号短视频动态，其中短视频内容会自动播放。

图 5-7　抖音关注界面 1

向下滑动屏幕，可以查看更多的关注账号发布的短视频内容，同时还包括了点赞、评论、转发、分享，以及发布日期等信息。另外，单击视频右下角的播放和暂停按钮，可以播放和暂停短视频，如图 5-8 所示。

图 5-8　抖音关注界面 2

3. “消息”界面：“粉丝”和评论管理

“消息”界面（见图 5-9）主要包括“粉丝”、赞、@我的、评论四个主要功能，同时还有游戏小助手、抖音小助手及系统消息等功能。单击“粉丝”按钮进入其界面，可以查看近期关注你的用户信息。

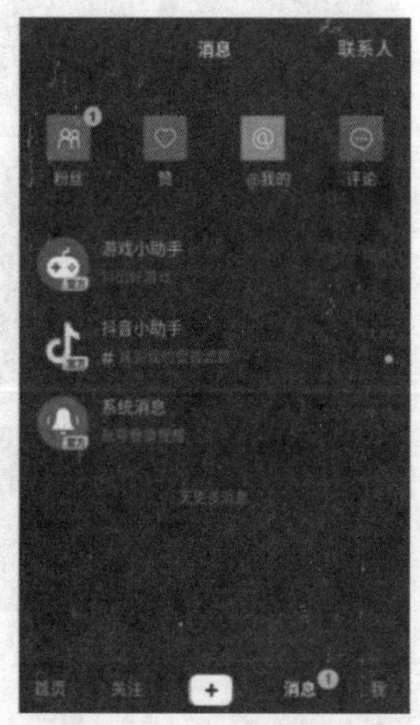

图 5-9　抖音消息界面

单击“抖音小助手”按钮进入其界面，用户可以参加一些抖音的热门话题，获得更多上热门的机会，以及获取更多的点赞，如图 5-10 所示。

图 5-10 “抖音小助手”界面

4.“我”界面：个人设置和作品管理

“我”界面（见图 5-11）主要包括账号信息设置和作品管理两大功能。“我”界面上方显示了用户的头像、抖音号、简介、标签及“粉丝”数量等信息。单击设置按钮进入其界面，可以设置相

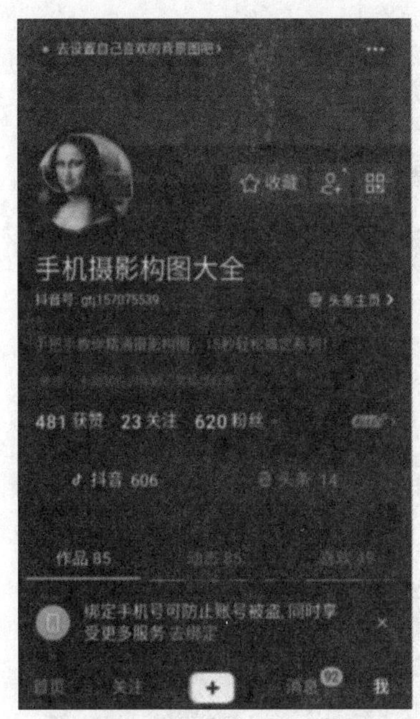

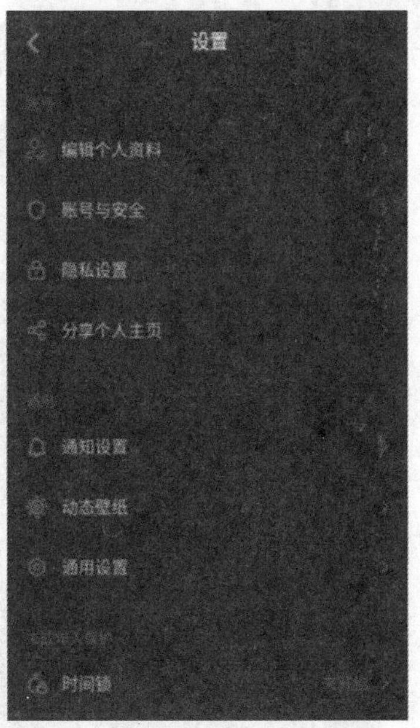

图 5-11 抖音“我”界面 1

关的账号资料和其他信息。下方则显示了“作品”“动态”和“喜欢”等信息，“作品”界面显示了用户拍摄的所有作品列表，“动态”界面则可以预览短视频内容，“喜欢”界面包含了用户收藏的短视频内容，如图 5-12 所示。

图 5-12　抖音“我”界面 2

5. 新功能：抖音的实用新功能

在“设置”界面的底部，或者单击“关于抖音”按钮，都可以查看抖音版本信息，如图 5-13 所示。由于抖音更新比较快，因此本节主要介绍 2018 年以来抖音更新的一些实用新功能，并不针对某个版本，以帮助大家更好地运营抖音软件。

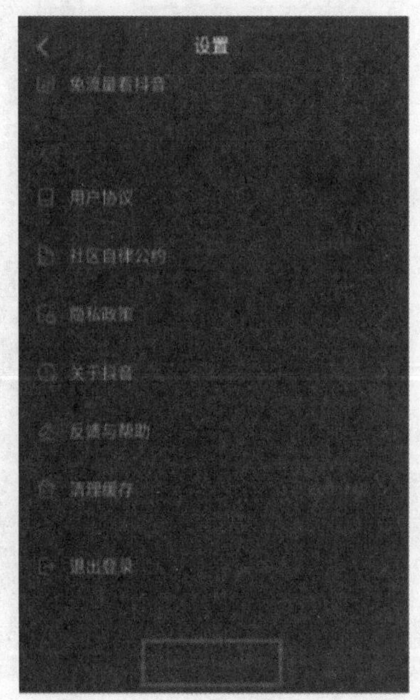

图 5-13　抖音的实用功能

(1)动态壁纸,如图 5-14 所示。

图 5-14 抖音的动态壁纸

安卓系统手机用户可以在分享功能里直接将抖音上喜欢的短视频设置成动态壁纸,不过需要安装抖音插件。

苹果手机可以将选中的抖音短视频保存在本地后,通过“设置”→“墙纸”→“选取新墙纸”,找到“Live”中的 live photos 选项进行动态壁纸的设定操作。

(2)信息流“广告”标识底色变化,如图 5-15 所示。

此前,抖音信息流中的广告字体背景为蓝色、字体为白色,非常显眼。但现在“广告”字体的背景变为深灰色,没有之前那么强烈的不协调感,提高了用户的观看体验。

图 5-15 抖音的信息流广告底色

(3)拍照打卡地图,如图 5-16 所示。

抖音上线了“拍照打卡地图”功能,单击定位不仅能瞬间获得打卡地标的具体位置,还能看到曾经在这个地点定位过的其他用户视频。

为帮助大家获取到第一批抖音同款景点,抖音官方还提供很多示范打卡地图。如北京的三里屯太古里和红砖美术馆;再如上海的 1933 老场坊和武康大楼。

随着抖音的火爆,很多“网红”景点顺势打造爆款 IP。例如,赵雷的《成都》这首歌里唱的“玉林路”和“小酒馆”等地点,让不少年轻人慕名前往。这样的例子数不胜数,如“《西安人的歌》+摔碗酒”成就西安旅行大 IP,“穿楼而过的轻轨+8D 魔幻建筑落差”让重庆瞬间升级为超级“网红”城市,“土耳其冰激凌”让本就红火的厦门鼓浪屿吸引了更多慕名而来的游客。“网红”经济时代的到来,城市地标不再只是琼楼玉宇,它还可以是一面墙、一首歌、一座码头。

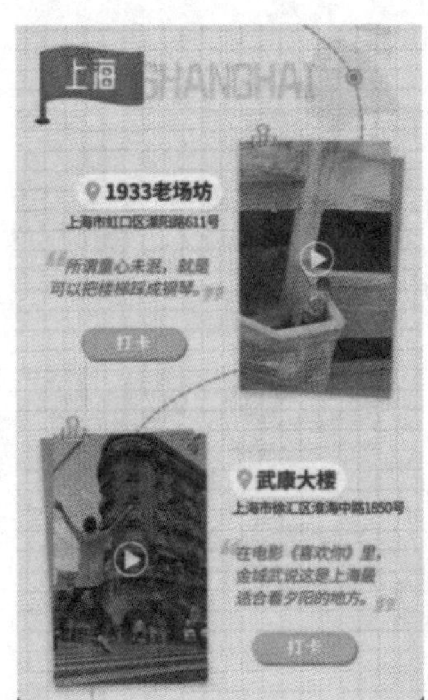

图 5-16　抖音的拍照打卡地图

“抖音同款”为城市找到了新的宣传突破口，通过一个个 15 s 的视频，城市中每个具有代表性的吃食、建筑和工艺品都被高度地提炼，配以特定的音乐、滤镜和特效，重新进行演绎，呈现出了超越文字和图片的感染力。在过去，人们要描绘“云想衣裳花想容”这样的画面，得通过繁复的解释和描绘，但现在在抖音上发布一个汉服古装的挑战，所有人就能通过这些不超过 1 min的短视频，了解到其内涵。

“抖音地图打卡”功能也为那些喜欢深度自助游的朋友，提供了观察一座城市的视角。同时，他们还可以通过这个功能找到和结识有共同爱好的朋友，从这个方面来说，这也是抖音在社交上的一种发力。

(4)搜索与抖音故事功能位置互换，如图 5-17 所示。

图 5-17　抖音的功能改版

抖音 App 推荐流首页的“发现”功能与“抖音故事”位置互换。更新前，在首页上右滑是进入拍摄界面，而在新版抖音首页中，右滑则会进入“发现”界面。

改版前，曾有媒体将微视与抖音的界面进行了功能入口的对比，如图 5-18 所示。抖音的发现功能与搜索功能位于同一个入口，单击右上角的放大镜才能进入，多一次操作，入口比较深，而微视的发现功能在底部导航栏里就能找到，入口较浅。

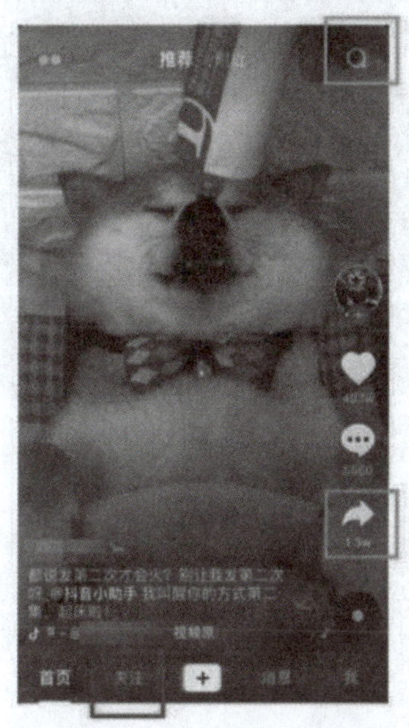

图 5-18　抖音的功能改版

入口的深浅程度不同，直接影响用户体验。“发现”界面的内容主要是热门挑战和主题，用户可以查看当下热门挑战和热门的歌曲，当“发现”的入口明显时，更容易触达用户。在以前，抖音原本的“发现”入口也是位于底部导航栏，之后因为在社交上的发力，则用“关注”替代了“发现”。

这次的位置调换与右滑功能的改动，也是抖音为加强用户体验的一种行动。另外，随着抖音图片视频和上传视频等功能的逐渐完善，底部“＋”按钮囊括了目前抖音所有的视频上传制作、背景音乐选择的功能，因此更新前的右滑进入拍摄界面功能已经没有什么意义了。

(5)“照片电影”功能，如图 5-19 所示。

随着版本更新，抖音短视频客户端开始支持生活照片直接生成短视频操作，视频制作门槛再次降低。在拍摄界面单击右下角的“上传”按钮，并选择相应照片，最多选择 12 张；然后单击“生成照片电影”按钮，选择合适的滤镜、配乐、切换效果和封面；单击“下一步”按钮即可。

5.2.2　抖音营销的方法

目前企业应用抖音 App 平台主要采用的营销方式有三种：内容营销模式，企业广告投放模式，与电商企业进行合作模式。

1. 内容营销

抖音对于很多用户来讲是个极具黏性的平台。在这里似乎总有一些有趣的内容让你沉陷其中。抖音多彩的内容、炫酷的特效，吸引了大量的用户制作、关注、转发和评论，广告主开始

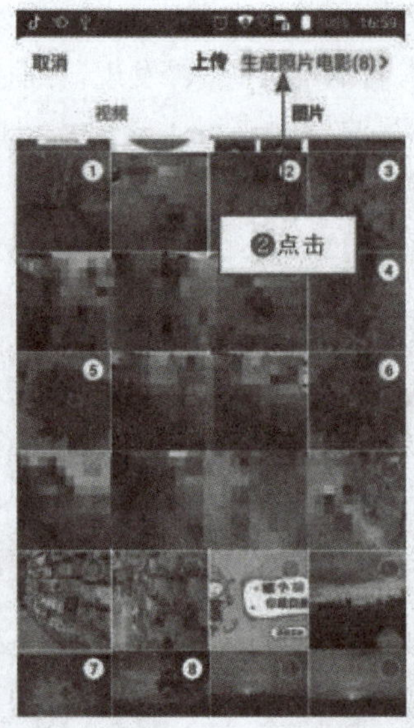

图 5-19　抖音的“照片电影”功能

试图通过视频内容来影响用户的消费偏好和购买决策，诸如某主播通过分享新奇的美食制作方式，吸引了大量“粉丝”，优质内容让其成功将“粉丝”引流进他的淘宝店铺，他自做自卖的牛肉酱一经上市就得到哄抢，并已成功植入了几个其他产品广告。由此，内容营销成为企业开展营销活动的重要手段之一。

2. 企业广告投放

在抖音上我们能够接触到的广告主要有两类：一类是硬广告；一类是软广告。

硬广告的主要有开屏广告、短视频广告和名人助力广告。开屏广告即当我们打开抖音App时首先映入眼帘的产品广告，播放完毕自动跳转或用户手动选择跳过广告。短视频广告即通过抖音短视频直接播放广告内容，播放完毕后显示“查看详情”字样，链接企业官网或旗舰店。名人助力广告即在抖音的一些视频中，通常我们能看到名人直接使用某款化妆品，分享体验，以此来刺激用户的购物欲望。

软广告的形式主要是网红带货形式，企业利用具有一定“粉丝”规模的网红，通过他们的视频植入产品广告，利用口碑效应和消费者的从众心理来刺激消费，目前这种形式是抖音视频广告中的主要形式。

3. 与电商企业合作

抖音经两年来全面开启与电商企业合作模式，视频内容接入电商售卖已经成为一种新的盈利方式，一般来说视频作者会推荐与视频内容相关的商品，比如游戏解说推荐鼠标键盘，美妆类视频则更多的是推荐化妆品或护肤品等，而生活小技巧类型的视频，内容本身就是对商品的推荐。电商售卖相比其他的方式更加自由，更加灵活，也更加不容易受制于人。

5.2.3　抖音短视频的内容策划

1. 爆款短视频必备的五大要素

1)有创意有亮点的标题

标题是决定短视频打开率的关键因素。平台短视频推荐分发时，会从标题中提取分类关键词进行推荐。接下来再根据短视频的播放量、评论、用户停留时长等综合因素决定了抖音平台是否会继续推荐该条视频。标题展现可以提高短视频的打开率,还能吸引精准用户关注账号。

2)视频画质清晰不模糊

视频画质清晰与否决定的是用户观看视频的体验感。很多受欢迎的短视频画质像电影“大片”一样,画面清晰度相当高。这方面取决于拍摄硬件的选择和视频制作软件的使用。现在有很多短视频拍摄和制作软件的功能相当齐全,滤镜、分屏、拼接、大片特效等视频剪辑的需求都能满足。

3)能给用户提供价值或者趣味

用户停留短视频的原因:一是其能从中获取有用的内容;二是其能从视频中获得有趣味的共鸣。所以,我们的短视频要能给用户提供价值或者趣味,二者能满足其一即可,而不是让人看完觉得枯燥无味、不知所云。

视频如果能融入这样的元素,很大概率能提高用户在视频上的停留时长。

4)短视频配乐及背景音乐的节奏把控

如果说标题决定了短视频的打开率,那么音乐就决定了短视频的整体基调。短视频是以视、听来表达的形式,配乐作为“听”的元素,能够增强短视频在镜头前给用户传递信息的力量。

5)多维度精雕细琢

多方面多角度优化视频决定了短视频整体的价值是否值得用户一看。强大的短视频团队都会在编剧、表演、拍摄、剪辑和后期加工等多方面精雕细琢,从每一个角度来让视频更好看,更有创意,从而打造出更优质的短视频。

2. 抖音短视频的内容分类

1)育儿知识类

育儿知识包含母婴健康、呵护儿童方面的知识和抚育知识,从宝宝及母亲两边的视角重视育儿知识的方方面面。

抖音上常识技巧类视频因为时间短、内容多数为常识干货、解说明晰等特色,因而一向能引起很多的转发与保存。常识技巧类视频也有许多新领域值得抖音爱好者去开发。

2)技能教学类

发教学视频类内容可以激起用户的点赞评论欲望,引起用户的分享转发。例如,美食类的“自制夏日桃子冰饮”,具有有食欲、步骤易模仿、颜值高、季节归属性强等特点,有相关喜好的用户就会将这条视频保存下来,增加点赞数。还有,生活中养宠物的人与日俱增,与宠物接触的健康安全问题也得到更多重视,实用性强的御宠教学类视频也受到很多用户的青睐。化妆教学视频在吸引女性用户的同时也会引起男性用户的好奇。

3)才艺展示类

才艺不仅是唱歌跳舞,只要是自己会的,其他人不会的技能,都可以叫作才艺,如杂技、射击、乐器演奏、相声、脱口秀、口技、绘画、魔术,以及即兴表演等,秀出自己的独特才艺,秀出与众不同的想法,都是快速上热门推荐的技巧。

4)“人生导师”类

“人生导师”类的短视频内容一般都具有一定的前瞻性,可以督促、引导用户,或者帮助用户规划学习或职业生涯,使用户能在相应的人生阶段少走弯路,加速取得相应成就。人生导师类的热门抖音号也比较多,如“一禅小和尚”、杜子建等,都是类似的角色。

5）美景分享类

抖音不仅产生了很多“网红”，同时还带红了很多城市和景区，如“摔碗酒”带火了西安，洪崖洞带火了重庆，越来越多的城市在抖音上成为“网红”。当然，这种美景分享类视频内容也随之火爆起来。

《南京，南京》凭借富有情怀的歌词和歌曲旋律，在抖音上掀起一股浪潮，新歌发布的一段时间内，抖音推荐流中几乎每天都能刷到以这首歌作为背景音乐的视频。

再如，抖音上一条叫作“跟着抖音逛正定”的挑战赛，就吸引了超过 7 万余网友参加，或许你对这座城市的名字有些陌生，但说起正定的一些景点，如 1987 版《红楼梦》拍摄基地荣国府、赵子龙故里常山赵云庙、“京外第一古刹”隆兴寺等，可能用户更有印象。抖音将这些正定热门的景点集中在一场挑战赛中展示，吸引网友前来参与挑战，晒出正定的美食和文化，直接扩大了正定在年轻人中的影响力。

需要注意的是，在拍摄这种外景视频时，讲究光线好、风景好，加上好内容，或者拉上朋友们一起拍，这种户外多人视频会更加精彩。

6）生活指南类

生活指南类视频与技能教学比较类似，但系统性没有那么强，更多的是介绍生活中的一些小常识，以及与人们的衣食住行等息息相关的问题。

抖音上热门的诀窍：养宠物的人越来越多，但他们遭遇宠物生病或其他情况时却不知道如何应付。“铲屎官阿程”抖音号就是专门负责给大家讲解与宠物生活有关的小知识，风趣幽默的画风令他获得了很多“粉丝”的支持。

7）自我提升类

社会在不断地进步，竞争力也在不断地增强，如果想要跟上时代发展的步伐，就需要不断地提升自我。那么，该怎么进行自我的提升呢？抖音上就有很多做自我提升类视频内容的达人。

例如，“阔气米老板”以生动的剧情演绎，讲述职场中的注意事项和各种情况下的解决方法，适用于需要在职场中自我提升的抖音用户。再如，“学点心理学”是一个有关心理学内容分享的账号（见图 5-20），该账号通过“文字＋图片”的幻灯片模式，清晰地为用户传输心理学相关的知识。

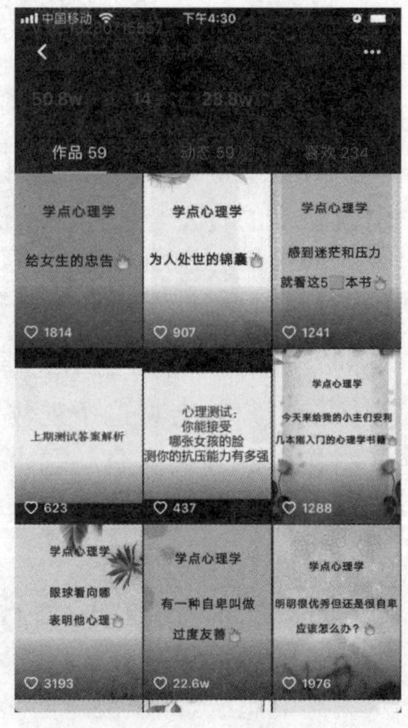

图 5-20　“学点心理学”的抖音号视频

3. 抖音短视频内容定位

短视频的内容定位与用户定位并不是两个相互独立的体系，二者相辅相成，密不可分。只有内容定位与用户定位全部明确之后，短视频创作者才能源源不断地制作出优质的短视频。短视频内容看起来非常简单，但只有定位明确的短视频创作者才能享受到风口带来的红利。为此，在拍摄、制作短视频之前，短视频创作者必须有明确的定位、清晰的思路，以保证短视频的质量。

所谓“内容定位”，就是短视频要呈现什么内容，这决定短视频主题的选择。有些短视频创作者总是追逐热点，什么选题流行就做什么内容，导致内容定位不明确，一味地跟风，甚至做了自己不擅长的内容，导致短视频最终呈现效果不佳。有些短视频创作者盲目从众，看到别人做什么自己就做什么，有些选题自己并不擅长，而且没有素材积累，很难制作出优质的短视频。

在内容定位方面，最简单的方法就是做自己擅长并且有一定资源积累的内容，只有这样，后期的内容策划才能得心应手，不至于做了一两个短视频之后再无素材可用，导致短视频输出中断。

其实，制作原创短视频并不难，只要认清自己的内容优势，做好内容定位，不盲从、不盲目地追逐热点，将所有时间与精力投放在一个领域，广泛积累，潜心挖掘，必定能制作出优质的原创短视频。

1)生活化：注重知识的科普性解读

生活化内容是抖音平台爆款内容排行榜中的常客，因为这类内容与日常生活密切相关，观看这类内容时，每个人都有发言权。

以“老爸评测”抖音账号为例，该账号由魏某(国际化学品法规专家，有十多年的从业经验)创立，魏某个人投资拍摄的关于检测毒书包皮的纪录片，得到了人民日报、CCTV等主流媒体的转发与报道，视频播放量达数百万人次。

事实上，产品检测本身是一项非常专业的活动，如果用专业术语呈现，大部分人根本看不懂，自然也很难产生观看兴趣，而“老爸评测”结合人们的日常生活场景，将严肃枯燥的专业理论以口语化的形式进行表达，通俗易懂，得到了广大网民的认可与支持。

2)垂直性：聚焦抖音平台特定用户群体的需求

短视频可以分为娱乐性短视频与垂直性短视频两类。其中，娱乐性短视频涵盖范围极广，受众非常多，但变现能力较差。垂直性短视频指的是在行业内有较强指向性的短视频，定位非常清晰，变现能力较强。

所以，对于选择抖音平台的品牌主与广告商来说，他们更喜欢垂直性短视频。因为短视频的垂直度越高，商业气质就越强，每个垂直行业背后都有强大的产业体系做支撑。如果能形成重度垂直，就能产生长尾效应，在延展与跨界方面获得更多利益。另外，短视频的垂直性越强，越容易形成IP。因为用户比较集中，在社群运营、社交传播方面更有优势，更容易积聚“粉丝”，扩大自己的影响力。

知识拓展5-1

什么是垂直性短视频?

垂直可以理解为人设，即一个账号只专注一个垂直领域，比如说你的人设是跟美食有关的就只发美食相关的内容，如果是跟游戏有关的就只发游戏类的内容。不能今天发美食明天发美妆后天发健身等，这样非常不利于账号的平台推荐，也不利于软件算法对发布的内容进行精准定位和判断。

账号垂直有利于系统识别我们的身份标签，能更精准地推送给对我们感兴趣的用户，这样我们的“粉丝”就更精准，“粉丝”越精准，价值就越大，反之，“粉丝”越不精准，价值就越小。

3) 差异化：打造内容的稀缺性

短视频的差异性越强，越容易吸引“粉丝”关注。为了制作出具有较强差异的短视频，抖音短视频的创作者必须在策划过程中做好调查，明确自己要做的内容类型，了解目前市场上大概有多少同类型的短视频，这些短视频的切入点是什么，有什么风格，表现形式是怎样的。明确了这些问题之后再进行下一步筹划。

如果目前市场上同类型短视频非常多，而且已经出现了一些非常优质的账号，短视频创作者就要认真考虑是否进入这个领域，或者重新规划自己的切入角度，保证自己的短视频与市面上的短视频有明显区别。

差异化的内容会让短视频具有独特的风格，带给用户新鲜感，吸引用户关注。如果短视频创作者能制作一些稀缺性的短视频，就更容易吸引“粉丝”、占领市场了。

4)稳定性:保持稳定的内容输出

短视频必须拥有稳定的内容、持续的创造力与足够的曝光度。对于短视频创作来说，这三点非常重要，它决定短视频创作者能否持续生产出优质的短视频。为了保证内容稳定，短视频创作者必须保持题材的连贯性。

另外，短视频创作者还必须拥有稳定的创造力。从某种程度上说，短视频之所以有强大的生命力，就是因为它被赋予了创造力与想象力。如果短视频创作者缺乏创新力，短视频内容没有新意，无法满足“粉丝”期待，就会失去大量“粉丝”。

对于短视频来说，曝光率也非常重要。因为目前，各短视频平台每天都会涌现大量短视频，如果短视频创作者无法保证自己的短视频以一个固定的频率曝光，只是偶尔出现。那么，无论短视频本身的质量多好，也很容易被覆盖，无法获得关注。所以，对于短视频创作者来说，持续、稳定地生产短视频非常重要，否则就是昙花一现，很快就会被淘汰出局。

综上所述，作为短视频创作者，要想在竞争激烈的短视频市场上获得一席之地，内容策划方面必须满足上述四大要求:生活化、垂直性、差异化、稳定性。以此为基础，再加上精良的制作，短视频创作者就有可能实现 IP 化。

4. 选题策划:打磨选题的四大细节

对于抖音的短视频创作者来说，如何才能保证有源源不断的视频输出，什么类型的选题比较受用户欢迎，这些都是需要思考的问题。通常来说，抖音的短视频创作者在策划选题时，应该考虑以下四个细节。

1)以用户体验为导向

随着抖音平台快速增长，短视频内容愈发泛滥，再加上用户审美能力逐步提升，对短视频选题提出了更高的要求。运营者不能只将用户作为牟利的工具，应该像对待朋友一般和他们交流互动，重视并尊重用户，这样才能赢得用户的信任。

毋庸置疑，如果用户在观看短视频的过程中获得了感兴趣的内容，就表示这条短视频有良好的用户体验。但在一些情况下，选题不佳的内容也可能获得较高的播放量，比如设置了诱人的标题等。但对于一个想要持续微知视频运营的自媒体团队来说，这种内容的用户体验较差，会对原号后续运营产生负面影响。因此，短视频账号的运营人员在选题时，必须充分考虑选题能为用户创造何种价值，能否为用户提供良好的体验。

2)新鲜、有创意

从抖音平台的运营目标来看，抖音短视频账号可以分为两大类，一是想要获取目标客户群体，以便向其推广产品和服务;二是通过短视频账号运营建立人格化 IP，通过广告代言等方式完成变现。显然，建立人格化 IP 的难度和成本相对更高。

在此我们不妨从“人类观察所”“丁香医生”等短视频头部账号中总结一些经验。这些短视频头部账号能够成功的因素有很多，但内容和形式新颖是它们的共性。他们都是以输出专业知识为主。“人类观察所”主要输出心理知识，通过提问解答方式将日常关注较少的问题呈现到大众眼前;“丁香医生”主要输出医学知识、科普医学常识，构建“科学性＋接地气表述”的内容生产逻辑，用通俗易懂的段子传播晦涩难懂的专业知识，如图 5-21 所示。

图 5-21　“人类观察所”和“丁香医生”的抖音号视频

不过，很多时候，运营人员的创意无法引起用户的兴趣，导致短视频的播放量、完播率、转载量等数据表现不佳。为了解决这一问题，运营人员需要发布多条短视频从中总结规律，但这需要付出较高的时间成本与人力成本，不适合资源匮乏的中小短视频自媒体团队使用。

洞察力不足是普通短视频自媒体运营团队和头部团队的一个较为明显的差距，后者往往能找到新颖的选题视角，而前者很难做到这一点。为了确保短视频的播放量，很多中小短视频自媒体团队会改编那些已经经过市场验证的爆款内容，这种做法虽然能保障一定的播放量，但很难积累忠实“粉丝”。

3)避免盲目借势热点

热点是快速而高效的上热门的方法。以至于很多人盲目追热点，看到一个热点话题就去蹭。比如，做美妆的账号，看到一个社会性热点，就去追，与账号定位完全没有关联。在账号定位垂直的情况下，如果硬追热点，内容标签与账号标签完全不符，不利于视频被精准推荐，也不利于上热门，还可能因为风格突变，引起“粉丝”反感，导致脱粉。所以追热点要有方法地追。

热点内容往往有较高的话题度，选题时借势热点内容更容易提高短视频的播放量，但借势应该避免盲目，要坚持传播正能量。如果运营人员为了吸引关注使用一些较为敏感的时事、政治类内容，虽然短时间内可以取得较高的曝光量，但可能会因违反平台规则、法律法规等被封号，甚至需要账号责任人承担民事、刑事责任等。

4)提高选题的互动性和参与感

增强选题互动性是用户思维的重要体现。那么，如何提高短视频选题的互动性呢？运营人员可以借鉴以下几种技巧：

低门槛、易参与的选题。比如，健身类账号可以选择无器械健身、办公室健身的选题，时尚类账号可以选择日常服装搭配的选题，美食类账号可以选择普通食材加工的选题等。

适合在内容中引导用户参与的选题。比如，选择家庭自制啤酒的选题时，短视频运营人员可以在文案中邀请用户参与，鼓励用户将制作过程剪辑成短视频投稿，并为优秀作品提供奖励。

融入情感元素，可以引发用户情感共鸣的选题。比如，母婴类账号可以选择亲子关系选题，科技类账号可以选择机器如何与人相处的选题等。

5.2.4 抖音短视频推广运营

1. 留言评论：拉近“粉丝”的距离

抖音短视频要想快速吸引“粉丝”，除了持续稳定地输出优质内容之外，还可以使用一些小技巧引导用户留言评论。比如在视频结尾提一个问题让观众回答，获得较高的评论量。有时候，评论比短视频更有趣、更吸引人。就像有些B站“粉丝”观看视频不是为了看视频，而是为了看弹幕一样。那么，抖音的内容创作者如何通过评论吸引“粉丝”呢？

1）选择同领域的大号进行评论

大号指的是“粉丝”数量多、流量大的账号。在刚入行还没有积累多少“粉丝”时，内容创作者可以找到同一领域的大号，观看视频，留言评论。如果留言独具特色，就会引起大号“粉丝”与其他用户的注意，甚至会获得点赞、回复与关注，这样就达到了吸引流量、增长“粉丝”的目的。至于同类型的小号，因为他们所占的权重比较小，即便有非常精彩的评论也很难被更多用户看到，所以可以忽略不做评论。

2）争取在第一时间评论

抖音创作者在找到同领域的大号之后要单击关注，看到大号发布视频后要在第一时间评论，尽量在评论区占据前几位，让自己的评论内容被更多人看到，借此提高“吸粉”效果。如果评论太晚，评论内容就会被其他人的评论覆盖，无论内容多么精彩也很难被看到。

评论要经典、吸引人，在大号评论区留言评论的目的在于引起大号“粉丝”及其他用户的注意，吸引这些用户关注自己，所以评论内容切忌千篇一律，比如“说得太对了”“好喜欢你”“为你点赞”等，这种毫无新意的评论只能为大号增加评论量，根本无法为自己增长“粉丝”。为了防止此类情况发生，抖音创作者在大号评论区的留言必须幽默风趣、见解独到、有个性，可以是奇思妙想，可以化用前人的名言警句，也可以改编一些影视台词等。这就需要内容创作者多积累，加入自己的观点，体现自己的思想，切忌照搬照抄，只有这样才能收获一批属于自己的铁杆“粉丝”。

3）注意评论次数

在大号评论区留言评论不是越多越好，同一个视频评论一次即可，而且不同的视频要写不同的评论，评论中不能带有低俗词、广告词，评论语要与视频内容相关，不能信口胡说，以免引起大号“粉丝”的反感，得不偿失。

2. 设计语言：提升涨粉效率

语言可以使事情改变，可以使客户自己说服自己。在销售中如此，在抖音“吸粉”引流中也是如此。视频创作者在关注内容的同时，也要精心设计引流语言，消除引流障碍，降低引流难度，让“粉丝”心甘情愿地点击关注。一般来讲，抖音账号引流语言的适用场景主要有以下几种：

(1)个人页面的个性签名、标签可使用引流语言。

(2)回复“粉丝”评论与私信可使用引流语言。

(3)个人小号在大号评论区留言评论可使用引流语言。

(4)评论他人的作品可使用引流语言。

抖音的视频创作者在设计引流语言时必须考虑周全，注意以下两个细节：

(1)个人资料的包装。引流不仅可以使用文字，个人账号的包装也可以起到引流效果。首先，要想吸引更多“粉丝”关注，头像必须使用账号主人真实的照片，个人资料要尽量丰富；其次，引流使用的账号名越短越好，最好是六位纯字母账号。如果账号名过于复杂，会使人望而却步。

(2)引流语言的设计。抖音平台，引流的语言要尽量委婉，切忌使用硬广告，尤其是在其他账号评论区留言时使用的语言，切忌出现广告词。比如“想学习拍摄技巧吗？加我账号私聊吧，账号是×××”，这类语言一定不能出现在给其他账号的留言评论中。

当然，如果是在评论区看到“粉丝”有明确的购买意向，比如“粉丝”问：“请问这件产品在哪里可以买到？”“这套教程在哪里可以学习？”短视频创作者可以适当地使用一些含有硬广告的语句进行回复，比如“这款产品不错，是我自己在使用的，关注账号有优惠，想要的话加我账号吧，账号是×××”。

因为现在抖音等短视频平台对带有营销性质的话语审核越来越严格，所以引流语言最好不要涉及广告词，不要显露出明显的营销意图，只要引导用户关注自己，成为自己的“粉丝”即可。

3. 内容引流：提升持续吸引“粉丝”的能力

抖音平台的内容分发机制与其他平台不同，其他平台的内容或采用中心式的分发方法，或通过用户关系触达，但抖音平台不一样。那么，在抖音平台，用户为何要关注内容呢？根据抖音的内容推荐机制，如果用户在看完一条视频之后不做任何处理，很有可能再也无法找到这条视频。为了留住自己喜爱的内容，用户就会单击关注。

内容转化“粉丝”效率指的是一个账号的“粉丝”数量与总赞数的比值。对于某些影像视频，用户发自内心地喜欢，可能会点赞、收藏，但不会关注。因为在用户看来，这些内容可能是内容生产者偶然拍得的，不会持续产出这类内容，所以没有关注的必要，只需通过点赞表达自己对内容的喜爱即可。但对于让用户一见倾心的内容，用户看到内容之后无比欢喜，希望能持续看到这类内容，就会单击关注。

由此可见，用户是否关注一个账号，关键取决于用户是否喜欢该账号呈现出来的单独内容，以及在用户心目中该账号能否持续产出同类内容。只有呈现出来的单独内容让人心动，同时让用户看到账号的长期价值，让用户相信自己可以持续输出这类内容，用户才会单击关注。

对人心与人性的把握，是抖音运营者的一项基础性技能，也是一大难点。什么样的内容容易成为爆款？答案是打动人心、能够引发人的情感共鸣的内容。想要创作这类内容，要求运营人员在内容中融入亲情、友情等情感，触动用户内心最柔软的地方，让用户能够沉浸其中，使其主动对视频进行传播推广。

除内容本身以外，打造爆款内容，还需获得更多的流量。这就需要对平台的特质进行分析，对于抖音这种平台而言，其核心诉求包括两个方面：一方面是用户规模持续扩大，这是推动平台不断发展壮大的重要保障；另一方面是延长用户使用时间，保持较高的用户活跃度，这为平台拓展商业空间带来诸多便利。

有些运营人员可能会疑惑，既然抖音是内容平台，那么提供更多的内容是否可以获得更多的推荐流量呢？如果提供的内容都是高质量的内容，平台是非常欢迎的，因为这既有助于扩大用户规模，也有助于延长用户使用时长。但绝大部分内容创作者很难兼顾内容数量和质量，即便是非常专业的内容团队。因为高质量作品需要精雕细琢，需要为此付出很多时间与精力。

假设一个抖音号一天为平台贡献了10条短视频，有2 000个人观看，但每个人平均观看了 1 s;另一个抖音号一天为平台贡献了 1 条短视频,只有 200 个人观看,但每个人平均看了 10 s。虽然二者为平台贡献的用户观看总时长一样,但平台会为第二个抖音号推荐更多流量,因为其内容可以吸引用户停留,属于稀缺的优质内容。因此,对于运营者而言,想要获得更多的平台流量,最关键的是保障内容质量,而不是盲目生产大量低质内容。

抖音运营要时刻关注数据,数据表现良好时要总结、积累经验;数据表现不佳时要反思优化,调整运营策略。在诸多运营数据中,抖音账号打开率非常关键。为了提高账号打开率,抖音账号运营人员要做好几点:一是封面,封面要符合用户审美观,给用户留下深刻印象,产生好奇心。二是互动性,互动性主要通过视频内容体现,运营人员在视频内容中添加一些容易引起互动的问题,确保问题的答案具有开放性,这样可以让用户各抒己见,提高用户参与互动的积极性。同时,运营人员要及时对用户评论进行回复,与用户交流分享,适当抛出一些和内容相关的有趣话题,引导用户参与互动。此外,运营人员可以在短视频结尾添加"如果喜欢,请不要吝惜您的点赞"等类似内容,让用户意识到他们的点赞具有很高的价值,对运营人员有很大的帮助,满足他们"被需要感",借此引导用户点赞。

4. 发放福利:挖掘"粉丝"需求

对于抖音短视频运营来说,用福利吸引"粉丝"是最直接有效的"吸粉"方式。但不是所有的福利都能达到"吸粉"效果。如果一个专注穿搭的抖音账号在视频结尾发布了一个免费领取计算机编程课程的福利,应该很难取得预期效果。因为该账号的目标用户群多为时尚爱美的女性,而计算机编程课程的用户多为计算机行业的男性,两者大相径庭。由此可见,抖音通过发放福利吸引"粉丝"需要掌握一定的技巧才能取得事半功倍的效果。

1)确定人群类型

有些抖音账户为了吸引"粉丝",会面向各种人群进行推广。其实,这种方式并不会产生很好的效果。比如,某生活类账号要通过发放家居用品优惠券来吸引"粉丝",如果不确定人群类型乱发一气,可能收到优惠券的人根本不做家务,那此次的福利活动就无法取得预期效果。所以,在发放福利之前,必须先明确目标群体,做好定位。

2)选择福利的种类

确定目标群体之后,要思考发放何种福利。福利的种类有很多,可以是有形的商品,如口红、零食、纸巾、包、袜子、梳子等,也可以是无形的商品,如课程、教程等,还可以是现金红包,不同类型的福利会吸引到不同类型的"粉丝"。

比如,口红可以吸引到爱漂亮的女生;美食课程可以吸引到爱生活的女性;电竞产品可以吸引到喜欢打游戏的男生、女生等。抖音账户要根据自己的定位以及想要吸引的"粉丝"类型决定发放什么类型的福利。

3)如何精准涨粉

抖音账户面向大众发放福利能够吸引不少"粉丝",但这些"粉丝"不是精准"粉丝",更不是忠诚"粉丝"。为了实现精准涨粉,抖音账户必须增进与"粉丝"的交流互动,不断挖掘"粉丝"的需求,将其转化为精准"粉丝"。

对于很多用户来说,在观看短视频的过程中领取福利是一种非常新奇的体验,即便这个福利的价值非常小,也会让用户产生极大的满足感。就像在微信群抢红包一样,即便只能抢到几分钱,用户也十分开心。所以,为了吸引到更多"粉丝",抖音账号不妨在短视频结尾设置一些小福利,即便要为此投入一些资金也非常值得。

5. 设置悬念:引导“粉丝”关注

在视频中制造悬念就是给消费者设计一个谜题,在谜题解开之前,消费者总是表现得兴致勃勃。此时,他们的注意力一定在产品及介绍产品的人身上,因为他们渴望通过观察产品或听讲解发现一些端倪,找到谜题背后的答案。虽然短视频设置悬念可以吸引“粉丝”,但悬念设置必须巧妙,不能生搬硬套或故弄玄虚。结局既要出人意料,又要在情理之中,只有这样才能真正让受众叹服,让他从一名普通游客转变为你的忠实“粉丝”。

6. KOL 合作:名人效应转化

KOL(key opinion leader,关键意见领袖)的品牌运营推广是与市场、用户直接对话的渠道和方式。因此,认识到 KOL 的价值,在实际工作中挖掘出合适的 KOL,并通过有效的方法运维 KOL,对于提升运营效率是非常有帮助的。

随着抖音平台的用户越来越多,一些企业为了推广自己的品牌,选择抖音平台入驻,开通账号,发布短视频。为了吸引“粉丝”,一些企业与业内知名的 KOL 合作,用可承受的成本换取理想的“粉丝”数量,取得了不错的效果。

知识拓展 5-2

什么是 KOL?

KOL 营销作为一种新型的营销方式,目前正在被广泛使用。那么到底什么是 KOL 营销?为什么现在大家都愿意使用 KOL 营销的方式呢?KOL 营销都有哪些好处呢?

KOL 在我们现在的日常生活中,不光可以是各领域的意见领袖,还可以是各类美妆博主、主播等,只要是能够在某一方面对大量的人群有所影响,都可以成为 KOL,因此,KOL 营销更是被广泛运用到推广营销当中去。而理解了 KOL 的意思,我们便不难知道,KOL 营销到底有什么好处了。

同时 KOL 营销还能够提升品牌形象,许多品牌通过邀请 KOL 来作为品牌代言人或者推广大使,来提高品牌的知名度,这样可以让许多原本不知道这个品牌或者不太了解的人增强对该品牌的认知,以此来推广相关的产品。依靠名人效应去得到更多消费者的关注,也是 KOL 营销典型的推广方式。

KOL 有其独特的优点:第一,大部分 KOL 都是从普通人慢慢成长起来的,深知生活的不易,会非常珍惜与品牌合作的机会,会努力帮品牌吸引“粉丝”;第二,KOL 成长于抖音平台,非常熟悉抖音平台的运营规则,创造了开箱、测评、实验等多种玩法,凭借个人魅力吸引了一大批高忠诚度的“粉丝”。

企业与 KOL 合作可以实现共赢,但前提是企业必须找到适合自己的 KOL。目前,抖音平台上的 KOL 有自己独特的个性与“粉丝”群体,究竟哪些 KOL 才能帮助自己获取更多“粉丝”,需要企业自行判断。为了选到适合自己的 KOL,企业必须考虑以下三个问题。

1)品牌和产品属性分析

只有合适的才是最好的,所以,在选择 KOL 时,企业无须一味地寻找“粉丝”基数最大、影响力最高的 KOL,而是要对品牌调性与产品属性进行分析,根据分析结果寻找与品牌调性最契合的 KOL。比如,美妆企业要寻找美妆类的 KOL,因为其“粉丝”大部分是爱美的女性群体,不能寻找科技类的 KOL,因为他们的“粉丝”男性居多。

2)用户画像分析

用户画像可以帮品牌准确定位目标用户群体,明确目标用户群体的需求,然后通过对

KOL 的属性进行分析，找到目标用户群体与 KOL“粉丝”群体重合度较高的 KOL，只有与这类 KOL 合作才能为企业吸引更多“粉丝”。

任务案例 5-2

用户画像的功能

用户画像可以使产品的服务对象更加聚焦，更加专注。在行业里，我们经常看到这样一种现象：做一个产品，期望目标用户能涵盖所有人，而通常这样的产品会走向消亡，因为每一个产品都是为特定目标群的共同标准而服务的，当目标群的基数越大，这个标准就越低。换言之，如果这个产品是适合每一个人的，那么其实它是为最低的标准服务的，这样的产品要么毫无特色，要么过于简陋。

纵览成功的产品案例，他们服务的目标用户通常都非常清晰，特征明显，在产品上就是专注、极致，能解决核心问题。比如豆瓣，专注文艺事业十多年，只为文艺青年服务，用户黏性非常高，文艺青年在这里能找到知音。所以，给特定群体提供专注的服务，远比给广泛人群提供低标准的服务更接近成功。其次，用户画像可以在一定程度上避免产品设计人员草率地代表用户。代替用户发声是在产品设计中常出现的现象，产品设计人员经常不自觉地认为用户的期望跟他们是一致的，并且还总打着“为用户服务”的旗号。这样的后果往往是：我们精心设计的服务，用户并不买账，甚至觉得很糟糕。

最后，用户画像还可以提高决策效率。在产品设计流程中，各个环节的参与者非常多，分歧总是不可避免，决策效率影响着项目的进度。而用户画像来自对目标用户的研究，当所有参与产品的人都基于一致的用户进行讨论和决策，就很容易约束各方能保持在同一个大方向上，提高决策的效率。

3）KOL 标签属性与广告价值分析

在明确了品牌与产品的调性，了解了目标用户群体的特征之后，选择抖音平台的企业用户就要利用大数据模型，通过可量化的指标对 KOL 的广告价值进行分析，其中，关键性的指标包括“粉丝”数、阅读数、转发/收藏数、点赞数和评论数等。企业可以根据这些指标的权重对 KOL 的广告价值进行计算，得分越高说明 KOL 的投放价值越大。

总而言之，对于抖音平台的企业账户、品牌账户来说，选择与 KOL 合作吸引“粉丝”是一种不错的方法，但 KOL 的选择不能盲目，应通过缜密的分析与计算选到最合适的 KOL，保证“吸粉”效果。

7. 巧借热点：抢夺用户注意力

热点向来是人们关注的焦点，在注意力稀缺的背景下，学会借助热点吸引用户关注，是抖音视频创作者必须掌握的一项核心技能。借助热点进行推广不仅可以节省运营成本，还能提高打造爆款内容的概率。尤其是借助官方推出的热门话题开展运营活动，可以使内容曝光率得以大幅提升，再加上平台算法推荐机制的支持，只要抓住机会，借助热点完成原始的流量积累并不困难。

在分析如何利用热点抓住用户注意力之前，我们首先需要对热点有一个全面系统的认识。

知识拓展 5-3

什么是热点？

1. 常规热点

常规热点是指一些可预见的、有一定规律的热点，比如中秋节、端午节、国庆节、春节等节假日;世锦赛、世界杯、奥运会等赛事。借势这类热点时,抖音创作者需要在热点来临前做好内容,然后在热点来临后投放即可。

2. 突发热点

突发热点是指那些难以预见的突发性事件热点。由于这类热点有较高的不确定性,抖音创作者想要提前做准备几乎不可能,需要在热点发生时快速反应,完成内容的策划、生产、投放、传播等。

3. 预判热点

预判热点不像常规热点一样定期出现,也不像突发热点一般毫无规律,它们符合一定的逻辑,如果抖音创作者善于发现,往往能够成功抓住这一热点。

怎么正确地追热点呢?

1)学会思考

对于热点,抖音创作者不能盲目借势,首先应分析能否借势,如果可以借势再分析如何正确借势。

2)结合账号定位

有些热点不符合账号定位,借势这种热点只会给抖音创作者带来负面作用。所以,当抖音创作者发现自己找不到合适的切入点时应果断放弃借势,没必要为一时的曝光量而损害自身的长期发展。

3)迅速反应

出现热点时,很多抖音创作者都会尝试借势,而对该热点分析解读的视角、观点等是相对有限的。如果抖音创作者反应速度很慢,等到其上传内容时,往往会发现自己的内容与很多同类内容存在观点雷同问题。

4)保障内容的客观性

有些热点本身有一定的争议,甚至不同当事人给出的说法也不一致,热点事件到最后可能走向意外结局。所以,抖音创作者在借势热点时,要客观公正,独立思考,避免盲目站队。

素质园地

2020年4月21日,北京市高级人民法院发布了《北京市高级人民法院关于侵害知识产权及不正当竞争案件确定损害赔偿的指导意见及法定赔偿的裁判标准》(以下简称"指导意见"),并于当日正式生效。指导意见的出台,无疑给直播平台和广大主播群体带来巨大的冲击。近年来,司法实践中出现不少直播平台(或主播)知识产权侵权的案件,引起人们广泛关注。

指导意见对文字作品,音乐作品,美术作品,摄影作品,视频类作品、制品等法定赔偿的裁判标准做出规定。并且指导意见明确,主播人员未经许可在网络直播中播放或演唱涉案音乐作品,根据主播人员的知名度、直播间在线观看人数、直播间点赞及打赏量、平台知名度等因素,酌情确定赔偿数额;未经许可在线播放涉案视频类作品、制品,无其他参考因素时,电影、电视剧、纪录片、动画片类作品每部赔偿数额一般不少于3万元,综艺节目视频类作品每期赔偿数额一般不少于4 000元。

思考：

1. 根据案例，谈谈你对知识产权保护的看法。

2. 查找资料，了解各平台对视频类作品的具体规定有哪些？

项目总结

本章内容立足于当前国内抖音的发展现状与趋势，详细讲解了抖音营销模式、抖音运营平台的特征，系统阐述了抖音运营过程中的内容策划、人设定位、推广引流、营销转化、电商盈利等运营思路与实战攻略。

习题与思考

一、单项选择题

1. 2012—2015 年初是抖音行业发展的（　　）。

   A. 萌芽期　　B. 探索期

   C. 优化期　　D. 成熟期

2. 抖音视频平台的定位是（　　）。

   A. 记录美好生活　　B. 拥抱每一种生活

   C. 记录真实生活　　D. 给你新鲜好看

3. 微信视频号定位是（　　）。

   A. 记录真实生活　　B. 拥抱每一种生活

   C. 标记我的生活　　D. 给你新鲜好看

4. 突发热点是（　　）。

   A. 指一些可预见的、有一定规律的热点　　B. 指那些难以预见的突发性事件热点

   C. 指那些需要预判的热点　　D. 指那些关注度很高的热点

二、多项选择题

1. 抖音营销的方法有（　　）。

   A. 内容营销　　B. 企业广告投放

   C. 与电商企业合作　　D. 与其他抖音平台合作

2. 抖音的特点有（　　）。

   A. 时长较短，传播速度更快

   B. 创作流程简单，参与门槛更低

   C. 突出个性化表达，快速打造 KOL

   D. 社交属性强，信息传递广

3. 视频营销的模式包括（　　）。

   A. 视频贴片广告　　B. 直播模式

   C. 视频互动营销　　D. UGC 抖音

4. 排名前5名的短视频App分别是（　　）。

A. 抖音　　B. 快手　　C. 哔哩哔哩　　D. 西瓜视频

E. 小红书

5. 追热点需要考虑（　　）。

A. 热点是否与自己账号相关联　　B. 热点是否正面

C. 快速、准确追热点　　D. 避免使用敏感词汇

三、简答题

1. 简述抖音的特点。

2. 简述如何追热点。

实训项目

1. 项目背景

在大江南北的田间地头，一群用短视频记录家乡之美的“乡村守护人”正陆续火出圈。他们各自身怀特长，有的是创作者、创业者、公益人，有的是科普专家或“田间秀才”。难得的是，他们都选择了拥抱家乡，通过创作短视频，在乡村文化传播、乡村文旅、农业信息普惠、乡村公益等领域各显神通，传播新鲜见闻、服务农业发展，成了家乡的代言人。

2020年选择回到家乡的“帅农鸟哥”，靠着拍短视频逐渐走红，成为来自农村、守护乡村的新农人代表。抖音记录了他的多才多艺——美食、手工、绘画，超强的动手能力和作画过程，能给人一种微妙的治愈感，每期视频都能引来数十万点赞，有的单条视频播放量甚至破亿。“粉丝”们记住了他的标志性捋头发动作，也记住了他墙画中乡村生活的美好点滴。

如今，“帅农鸟哥”已在抖音拥有515万“粉丝”，名气传遍了大江南北，还成了抖音的“乡村守护人”。但他说，成名后他也会继续留在家乡，通过短视频记录乡村，把家乡民俗和特产推向更远的地方。

2. 项目训练内容

以团队形式制作宣传学生自己家乡特色的抖音。

3. 项目训练要求

将制作的抖音在班级进行展示和汇报。

(1)抖音构思巧妙，主题明确(20分)。

(2)抖音内容积极正向，特色突出(20分)。

(3)抖音画面、音质清晰(30分)。

(4)抖音被转发点赞率高(20分)。

(5)团队自评(5分)；班级团队互评(5分)。

项目 6　App 营销

项目导学

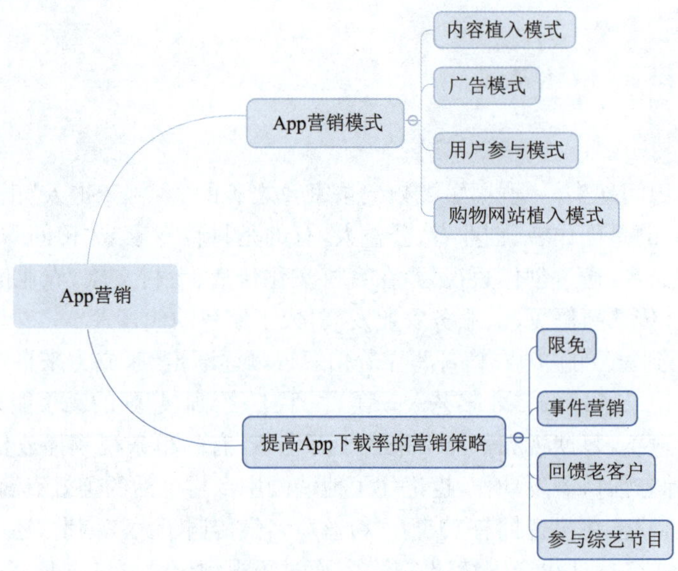

任务 6.1　App 营销模式

任务描述

"互联网＋"助推了 App 行业的急速发展，行业技术、行业特点、行业竞争以及用户特点日趋明朗，企业进入壁垒不断提高，产品数量以及竞争者数量增多，App 企业如何利用其先天的发展优势与营销紧密结合，助推企业适应时代与行业的发展需要，成为 App 企业绕不过的生存之道。本项目将结合几个典型案例，分析 App 的几种营销模式，初步了解企业怎样进行 App 营销。

任务目标

(1)了解 App 及其营销的概念。

(2)理解 App 营销的重要形式。

(3)掌握 App 营销的几种模式。

知识链接

App 是 Application(译为“应用程序”)的缩写,又称为“手机客户端”。App 在移动端上的表现模式较为统一,图 6-1 为手机部分 App 图标的截图。

图 6-1　手机部分 App 图标截图

本节所需要学习了解的 App 营销,简单来说就是通过 App 进行营销,其实质是通过手机、社区、游戏及其他平台进行应用程序营销。随着智能终端设备的日益普及,人们在沟通、社交、娱乐、搜索、购物以及咨询活动中越来越依赖于 App 软件,这也让运营者越来越积极地开发 App 客户端,从而直接导致了 App 的创新发展以及 App 营销模式的不断创新。

具体来说,常见的 App 营销模式大致可分为四种模式,具体如下。

6.1.1　内容植入模式

在“拒绝营销”和“内容为王”的时代,采取内容植入的营销模式越来越多见。内容植入营销模式与受众互动的效果也引起 App 企业的关注,根据韦伯定律,内容植入式广告只需轻微提示就能获得明显效果,并能以情景设计来代替广告内容的重复,减少观众厌烦情绪,从而激发用户对植入产品的好奇、联想和互动。

目前,应用商店里大部分的 App 都是免费的,对于用户而言,在付费与免费的 App 中,用户更倾向于选择免费的 App。为了实现 App 的盈利,商家与其思考是否在应用内插入广告,还不如思考如何将应用内的广告做得更有趣味性、更引人注目,即从“硬植入”变为“软植入”,从注重形式变为注重内容。

任务案例 6-1

游戏内容植入

一款名为“成语猜猜猜”的游戏就是内容植入的成功案例。“成语猜猜猜”是由成都宝宝天地科技有限公司开发的一款休闲益智类游戏,如图 6-2 所示。这款游戏的最大亮点就是以成语为基础,用诙谐有趣的图片与文字来对成语进行诠释,寓教于乐,让玩家轻松记住成语,还可以学习成语的意思、与成语相关的小故事,让玩家在玩的同时学更多成语,能够愉悦心情、训练思维、提升文化底蕴。

图 6-2 成语猜猜猜的游戏界面

游戏设计了多种多样围绕成语的玩法，如看图猜成语、成语接龙、成语找错误、成语消除、猜成语大意等，如图 6-3 所示。其中，看图猜成语通过形象的图片猜出相应的成语，用一幅画或几个文字组合描述一个成语，巧妙结合图片与文字，妙趣横生，诙谐幽默。

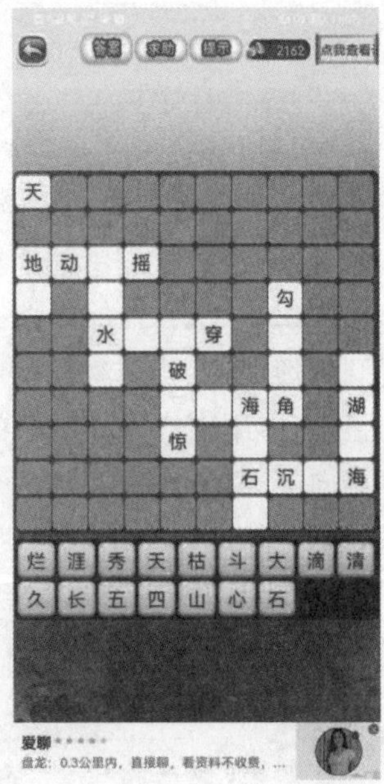

图 6-3 不同玩法的游戏界面

让用户根据图片猜出正确的成语，既考验用户的成语积累量，同时也挑战用户的好友。游戏中，一旦有题目卡住，则不会进入下一关，于是，向朋友求助这个想法与模式就被诸多人采用，用户可以将题目分享给 QQ 好友，让朋友一起猜答案，如图 6-4 所示。同时通过分享求助，让更多的人加入游戏，提升游戏的知名度。

数据显示，“成语猜猜猜”App 推出以后，仅在华为应用市场的下载量就超过 540 万次，如图 6-5 所示，其风靡程度由此可见一斑。

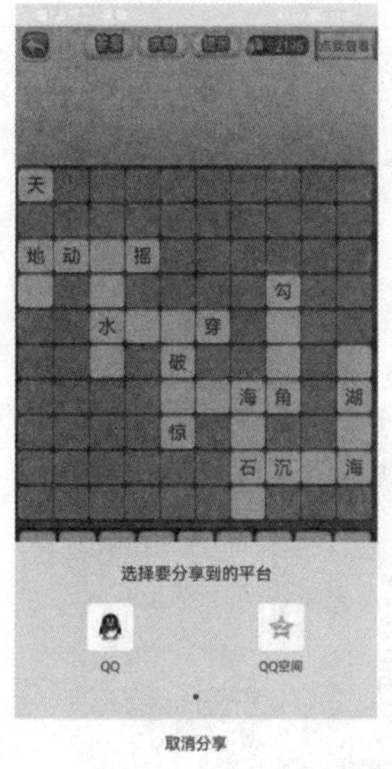

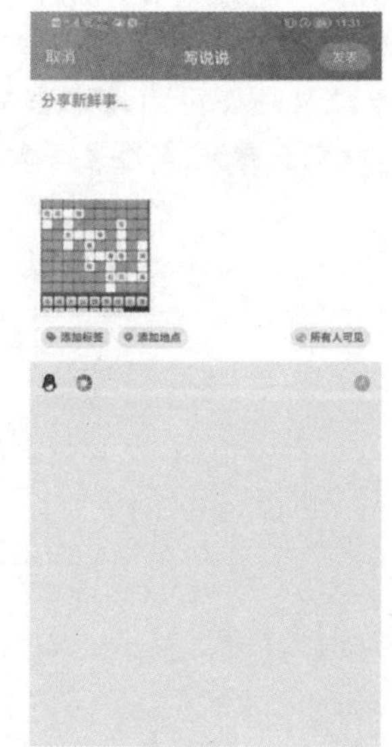

图 6-4　游戏求助分享界面

图6-5　成语猜猜猜在华为应用市场下载量

经过一段时间的推广，“成语猜猜猜”下载量达到一定量以后，开发者上线了“更多玩法”，其中，“百科知识”版块便出现了内容植入，猜实物、猜图标、猜电影等，把日常生活中常见的一些事物以图片、视频的形式展示出来，如图 6-6 所示。该版块的猜一猜看似是增加用户认知品牌的能力，实际上却是对品牌的推广，潜移默化中对品牌进行推广营销。

图 6-6　游戏中“猜图标”的内容植入

目前看来,“成语猜猜猜”游戏的营销方式主要有以下三种。

1. 游戏币

“成语猜猜猜”游戏更大的乐趣在于向朋友求助,肯花钱购买游戏币寻求答案的用户显然不会太多,如图 6-7 所示。

2. 硬广告

游戏每一关的下方界面都会弹出硬广告,如图 6-8 所示。据有关专家分析,目前“成语猜猜”的界面广告很可能是不同的手机游戏公司间的广告“互换”,在 A 产品中插入 B 公司的广告,B 产品中插入 A 公司的广告,以期获得更多的交叉玩家。

图 6-7　游戏中提示需要 50 金币可以显示答案

图 6-8　游戏界面下方弹出硬广告——“某某”App

3. 植入广告

“成语猜猜猜”游戏可以通过观看视频广告的方式获取正确答案。通常用户在既不愿意购买游戏币,又不想求助于好友的情况下,就只有通过观看广告的方式才能获取通关答案,如图 6-9所示。游戏以内容为吸引力,在用户对答案求知欲的驱动下,游戏插入广告,既达到了广告宣传的效果,也不影响用户玩游戏的乐趣,广告效果更好。

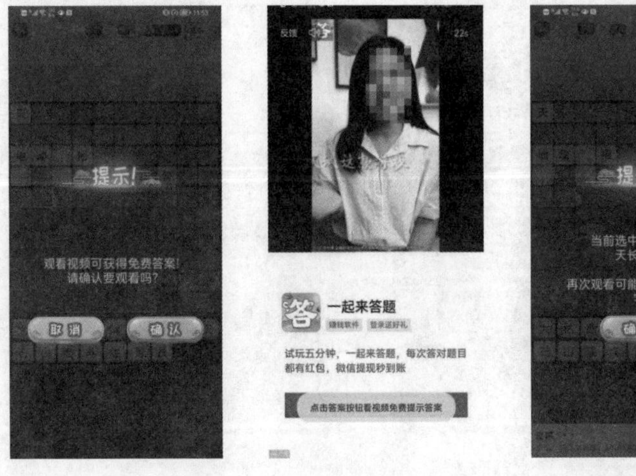

图 6-9　游戏中提示可以通过观看视频的方式获取答案

总体上看，"成语猜猜猜"App 通过几种传统的硬广告投入方式，快速引流的同时，获取一定的经济效益。但是如果该 App 运营者将游戏中的品牌变为广告主，那么凭借内容植入，便可获得不错的收益。

6.1.2 广告模式

在众多的 App 营销模式中，植入广告是最基本的营销模式。广告营销一般是在应用中加入动态广告栏，当用户点击广告栏，后台就会让用户们进入到此条广告所对应的链接网址上，接着用户就会看到与此条产品广告相关的信息介绍、参与规则或弹出下载此应用的弹窗等。这种营销的操作模式十分简单，只需将 App 广告投放到一些用户使用量较大的移动应用平台上，就可以达到相对稳定的广告宣传和推广效果，具体如图 6-10 所示。

图 6-10 墨迹天气 App 首页及内页的广告链接

但所有的营销模式都是各有利弊，这种营销模式的弊端也是十分明显的，由于现在各大 App 平台上出现的广告很多，且广告质量也是良莠不齐，使得大量的用户在阅读此类广告时产生了厌烦的情绪，甚至有些用户会直接忽略掉这些广告的链接。因此，广告营销模式只适合短期的 App 产品信息传播，而并不适用于产品的长期发展和企业的品牌建设。

知识拓展 6-1

工具类 App 广告变现提优方案与运营技巧

随着各大电商平台的发展，一些工具类 App——如墨迹天气(见图 6-11)、清理大师等，同样受到海量用户的青睐，长期在用户手机里占据一席之地……

然而，对于工具类 App 而言，虽然流量可能不是大问题，但是因自身产品形态与受众使用习惯等方面的局限性，其却很难掌握产品打造和商业化造血的平衡术、把流量变成真正的价值。

面对工具类 App 的痛点，特别整理出针对各细分类工具媒体的广告变现优化方案与运营技巧，为相关流量主提供一些实用的变现思路与策略，以助其顺利找到商业机遇与增长空间！

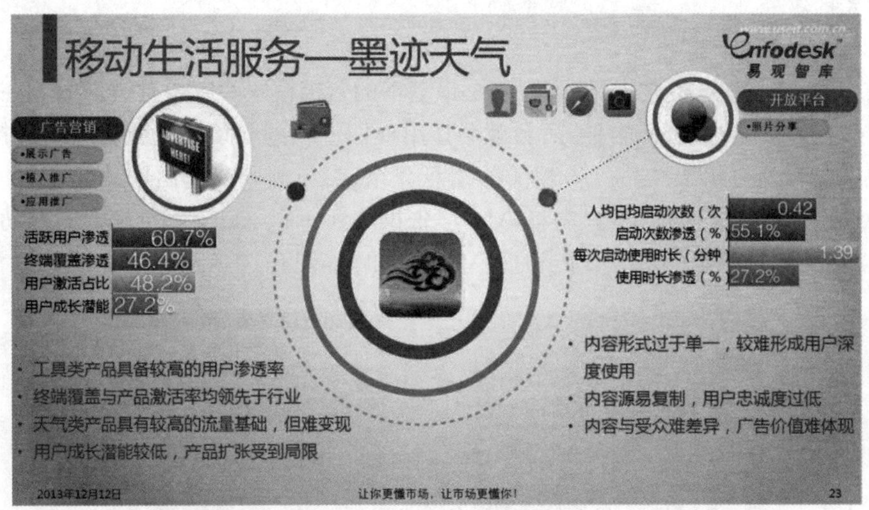

图 6-11　墨迹天气页面

下面以生活类工具(如天气/日历 App)为例：

1. 行业特点

通过为多家天气、日历等 App 提供流量变现服务，一般来说：生活工具类 App 具有用户使用目的明确、高频次(比如天气类 App，基本每天会多次使用)、低时长(用完即走)的特点。

2. 变现痛点

对于生活工具类 App 而言，广告变现的难点和痛点在于：如何在用户高频但短时使用的习惯中，将广告完美融于用户使用场景之中，最大化广告曝光价值的同时，避免干扰用户正常使用体验。

3. 商业化建议

建议生活工具类 App 可基于平台内容及环境，以及用户使用习惯及行为路径(比如打开 App—查询天气/日历等所需信息—可能继续下拉浏览资讯—退出 App)等来合理挖掘变现场景，以探索流量变现价值的最大化。

有关生活工具类 App 广告场景及广告形态的选择，我们结合自身实操案例和变现经验，提出以下几点建议：

1)启动时设计开屏广告

开屏广告展示时长 5 s 为宜；选择与 App 调性相符的广告；优先选用高清大图，其次小图或多图；广告显示区域最好大于整体画面 75%；支持 DeepLink，提高直达率和转化率；可考虑支持动态、视频形式的开屏广告。

2)退出前植入插屏广告

最好支持点击跳转直达；同一广告避免重复曝光；可考虑支持视频形式的插屏广告；将与 App 契合的有用的信息融入插屏广告(比如天气、日历类 App 可将温馨提示内容融于广告中)。

3）合适位置植入 Banner 广告

广告位面积不宜设计过大；可支持动效格式，但切忌干扰正常使用；广告既要与页面整体融合，同时也不要高度仿照页面内容，以免因“混淆一致”而迷惑用户、造成误点。

4）资讯页面植入信息流广告（如果有）

广告形式与 App 界面布局一致；广告内容与上下文内容无缝契合；利用技术为受众智能推荐兴趣广告；单一图文样式之外，可考虑支持视频或富媒体样式等多种信息流展现样式，以提高用户新鲜感和关注度。

6.1.3 用户参与模式

用户参与模式主要应用在品牌应用和网站移植类的 App 上。各企业把与自己品牌建设和企业文化相吻合的 App 应用发布到移动应用商城里，供用户下载使用，用户通过企业在 App 平台上发布的信息，对此企业进行最为直观的了解。用户是 App 的使用者，手机 App 成为用户的一种工具，能够为用户生活提供便利性。用户营销模式具有很高的实验价值，让用户了解产品，增强产品信心，提升品牌美誉度。

比如，宜家家居公司推出的 App 应用，它可以让用户在 App 平台上设计、制定出自己喜欢的家居布局，同时可将自己的设计进行分享、参与投票。对于获奖者，宜家公司会提供相应的奖励措施，利用投票活动来达到产品品牌二次传播的效果，对于线下的实体店面来说，App 不是最好的销售平台，但它却能弥补受到时间、地域等限制因素的线下实体店面的不足，让用户享受到线上、线下全方位的服务。

任务案例 6-2

智能新能源汽车品牌——蔚来汽车的 NIO App

蔚来的用户资讯依托于蔚来的 NIO App 这一手段得以实现（见图 6-12）。根据蔚来自己的说法，NIO App 是蔚来对于用户运营的独特理解与创新最重要的部门，也是最能体现蔚来强调的“用户服务”理念的重要载体。

图 6-12 蔚来汽车用户资讯

现代客户关系管理已经离不开信息技术的发展，那么如何在庞大的客户群体之中快速的、准确地、动态地引导传输给客户所需要的信息并且从中获取到企业所需要的客户需求？App 技术则能恰巧的满足双方的需要。App 技术在客户关系管理之中的优势非常明显，它直接作用于用户终端之上，沟通性、互动性、随身性、用户增长、技术整合等作用都非常强，App 技术相对于传统的客户关系管理手段来说成本却更加低。

蔚来 NIO App 的出现打破了原有的传统客户关系管理手段。蔚来的 NIO App 将资讯、购买、互动、汽车数据分析等功能集于一身，打造出一个优质的汽车资讯、车友分享、数据整合的互动平台，将蔚来的优质汽车资讯用一种直观流行有效的方式传递给用户群体之中，让蔚来用户置身于一个良好的社交使用环境之中，增强用户在购买前或购买后的体验。蔚来打造的这种新社交的资讯分享模式无疑会让用户增强了与蔚来的关系黏性，更有利于蔚来进行客户关系管理。

6.1.4 购物网站植入模式

近年来，随机手机客户端的普及使用，网上购物成为人们生活中不可或缺的一部分。主流商家基本都开发了自己产品的App，然后投放到各大应用商店及网站上，供客户免费下载使用。

购物网站植入模式即是将传统互联网电商平台植入手机App中，方便用户随时随地浏览商品信息、下单购买以及订单跟踪。这种模式推动了传统电商企业从购物网站向移动互联网渠道转型，是利用手机App进行线上和线下互动发展的必经之路，如京东App、手机淘宝等，如图6-13所示。

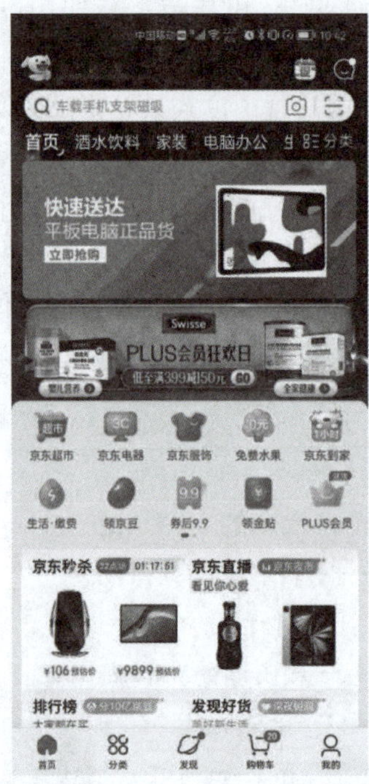

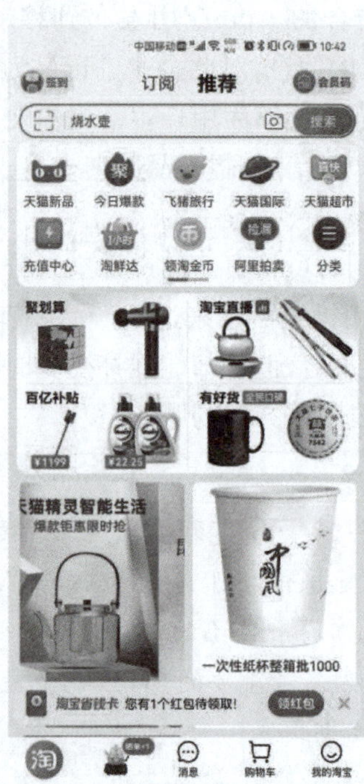

图6-13 京东App和手机淘宝App

目前，购物网站植入模式已成为商家盈利的一种主流趋势。比如，抖音App、快手App、今日头条App、微信App等，借助其庞大的用户流量，都推出了自己的购物网站或者主流购物网站的链接。以短视频为主的新媒体，头部主播流量大，“粉丝”多，通过购物网站的植入，这也成为App营销和快速盈利的主要方式之一。

任务案例6-3

“美团Mlive直播”小程序

美团在微信端推出一款名为“美团Mlive直播”的小程序。据美团官方介绍，“美团Mlive直播”小程序不仅可为用户推荐优质的直播内容，还能享受许多特价优惠商品。该小程序在功能上分为直播列表和个人中心两个主功能区。

在直播列表内，用户可以看到正在直播的内容，以及直播预告，另外还提供精彩的直播回放。用户进入直播间后，除了可以看直播外，还可以购买主播推荐的商品，商品来源于“美团团购”。目前的直播内容多集中在医美和教育方面，后期有待提升内容多样化，如图 6-14所示。

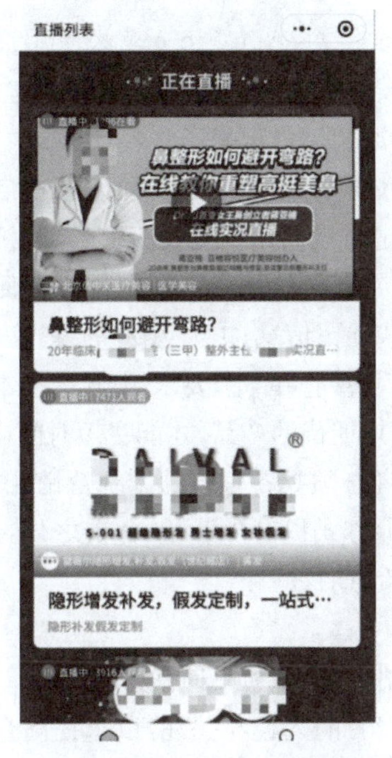

图 6-14　美团推出的“美团 Mlive 直播”小程序

任务 6.2　提高 App 下载率的营销策略

任务描述

下载是 App 运营者与用户建立关系的第一步，也可视为后续与用户互动的必要条件，因此下载率也成为 App 运营者最在意的数据。影响下载率的因素有很多，比如过去用户评价、App 视频介绍、功能性满足等，这些都是 App 自身的微需求满足对下载率的影响。本节我们将从营销的角度分析几种提高 App 下载率的策略。

任务目标

(1)了解影响 App 下载率的因素。

(2)理解几种常见的营销方式及其概念。

(3)掌握提高 App 下载率的几种常见营销策略。

知识链接

6.2.1 限免

限免即限时免费，这一概念最早出现在 2011 年初，App Store 苹果应用商店中一些收费游戏或应用工具的开发者为了产品在上线的时候能有较好的下载量达到一定效果的推广，而采取的一种限时免费的活动，以达到一定数量的原始用户积累。

发展到现今阶段，限时免费已经成为新产品(游戏、应用、工具等)发布推广所使用的最常见且行之有效的 App 促销手段之一，在某一特定时段向用户提供无广告、无注册要求或其他附加条件的高级应用会吸引潜在用户下载试用 App。付费应用发布的免费促销本身就是新闻，有爱应用、每日应用等网站或博客会报道这些促销信息，扩大 App 的曝光度。

App 运营者想通过限免活动快速提升 App 下载量，首先，要求 App 产品本身必须具备较强的品牌影响力，以免费的方式获得超出潜在用户期待的产品，才能在短时间内快速聚集潜在用户的目光，提升下载量；其次，要求 App 运营者必须具备较强的系统营销能力，限时免费的目的是在限定时间内冲销量、上规模，想要靠这种方式提升下载量，免费之外，还要充分造势、吸引人气、增强下载欲，只有系统营销，才能达到预期目的。

6.2.2 事件营销

事件营销(event marketing)是企业通过策划、组织和利用具有新闻价值、社会影响以及名人效应的人物或事件，吸引媒体、社会团体和消费者的兴趣与关注，以求提高企业或产品的知名度、美誉度，树立良好品牌形象，并最终促成产品或服务销售目的的手段和方式。

简单地说，事件营销就是通过热点事件引爆营销。运营者通过把握新闻的规律，制造具有新闻价值的事件，并通过具体的操作，让这一新闻事件得以传播，从而达到广告的效果。

事件营销是近年来国内外十分流行的一种公关传播与市场推广手段，集新闻效应、广告效应、公共关系、形象传播、客户关系于一体，并为新产品推介、品牌展示创造机会，建立品牌识别和品牌定位，形成一种快速提升品牌知名度与美誉度的营销手段。事件营销具有以下特性：

1. 针对性

事件营销应具备的最主要的特点就是针对性。从某种意义上说，事件营销就是在每一个时间段最热门的事件上面捕捉商机，然后利用这件事情来产生新的创意，创造与这事件完全相关的事件。除此之外还有另外一种方式，就是自创事件，针对性的营销。

2. 主动性

不论是创意性营销，还是借助事情营销，事件营销的主动权永远都是归营销者所有的，所以营销者具有充分的主动权。所以在做事件营销时一定要主动，要善于去发现事件，不要等到事件都出来很久了才去做营销。

3. 保密性

在做事件营销时，主动权就决定了事件的隐秘性，在我们没有做营销之前一切数据都是保密的，而且要很高的保密性。这也就是为什么各大搜索引擎会感兴趣的原因所在。

4. 不可控的风险

借力用力本来就是事件营销的核心所在，那么事件营销也就存在了被别人借的可能，存在着一些不可能预测到的风险，营销做得越大，风险也就越大。

5. 可亲性

每一天最热门的事件不可能会很多，而在事情营销借力的过程中，最先是借了别人发生的事情，那这个事情也就继承了一部分原事件的可亲性。

6. 趣味性

每一天都有很多的事件发生，但是不可能每一件事都成为热点，事件呈现出百家争鸣的势态，从一般的心理学角度来说，事件具有一定的可观性和趣味性，那就可以作为我们事件营销的素材了。

7. 临时权重性

从搜索引擎的角度来说，搜索引擎会给予我们事件营销中的新闻元素相当高的临时权重。

8. 可引导性

事件营销的临时权重对网络营销具有很大的可引导性，在运用搜索引擎给我们的临时权重时，如能适当地处理一下，那可以让它在短时间里具有非常大的权重引导功能。

在事件营销里，一般大型的活动经常会让很多人去讨论，比如我们看到的春节晚会就有很多人在网络上进行讨论，在人们的议论中把春晚的效果不断地放大，而那些投入其中的企业也获得更高的关注度，这也好似对企业的附加回报了。所以，想要达到共鸣的效果，需要的是产品的特性和媒介活动的切合。比如，微信利用红包功能与春晚合作的营销、抖音利用直播功能与春晚合作的营销，都是非常成功的营销案例。

总之，网络媒体传播速度快、互动性强，可以更好地开展企业营销，使其产生更大的价值，这就是事件营销的价值所在。事件营销讲究的是方法和创新，事件营销和其他的广告相比优势显而易见，一旦成功，带来的效益是不可估量的，但是也需要承担同样的风险。

6.2.3 回馈老客户

在移动互联网时代，“粉丝”就是生产力，而老客户就是企业最忠实的“粉丝”。

老客户作为 App 的长期使用者，对 App 的使用体验比较全面、深入，是 App 口碑营销的重要力量，往往会带来连锁反应与下载量成倍地增加，因此对 App 的下载量的提升有着非常重要的作用。

老客户不仅是消费者，更是免费的宣传者。当前 App 应用市场里的应用有数百万款，每一款 App 的下载推广都面临着很多困难，而现有老客户的口碑推荐和老客户对 App 的好评率就显得极其重要，有了好的口碑和评价，App 便凭借口碑就获得不错的营销效果，帮助 App 下载获得线性增长甚至是爆炸性的增长。

App 运营者回馈老客户，首先，要继续以更加优质的内容打造品牌，让老客户看到 App 的价值所在；其次，还要拿实质性奖励扩大影响，留住老客户；最后，还要不断地创新互动形式，回馈老客户的同时，培养核心用户，成为 App 最坚定的宣传者。

其中，实质性奖励也是 App 运营者回馈老客户的最常用的方式之一。实质性奖励主要有以下三种模式。

1. 签到奖励：目标简单的模式

签到奖励几乎是大部分互联网平台都具备的模块，尤其是建立了积分制奖励机制的平台地理位置签到服务，简称“签到”，是指可以将地理位置信息同时“签到”到多个地理位置服务的应用，其基本特点如图 6-15 所示。

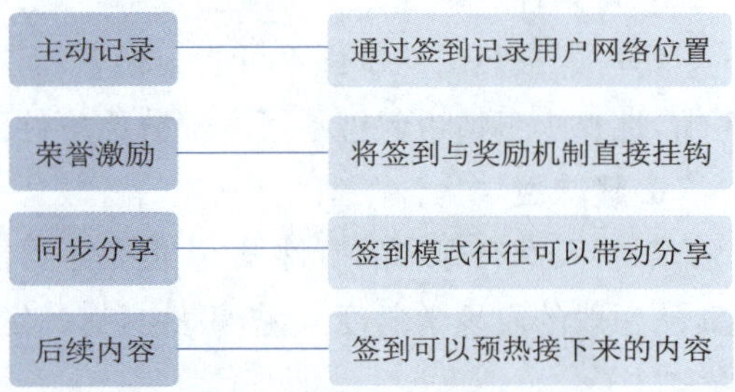

图 6-15　签到模式的基本特点

App 签到的模式极其简单，所以应用较为广泛，是目前使用比较频繁的一种与用户互动的营销模式。尤其是进入移动互联网时代，位置成为链接每一次移动的节点，位置即生活。

无论 App 签到模式的具体表现是什么，只要是作为奖励机制的一种，其带来的往往是双赢。因此，许多 App（尤其是购物类 App）的运营者做推广、增加用户黏性，都需要通过签到模式增加平台的吸引力。比如常见的购物平台，京东 App、手机淘宝 App、美团 App 等都有每日签到领奖，如图 6-16 所示。

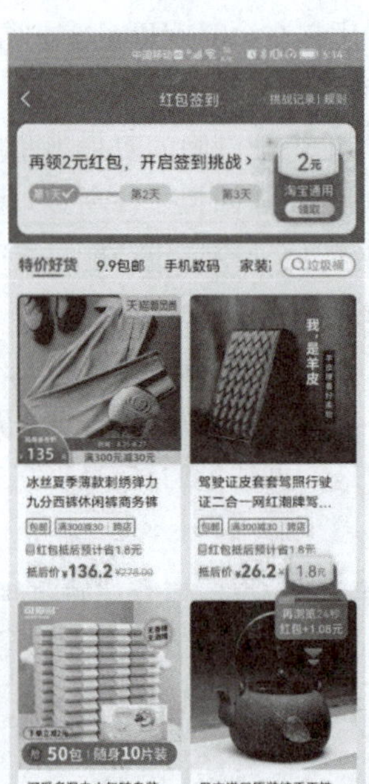

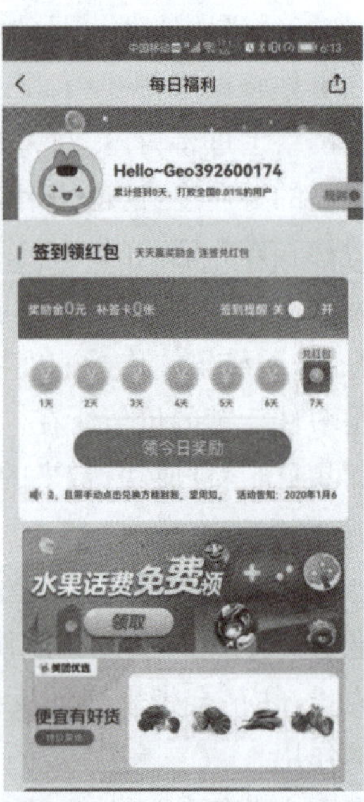

图 6-16　京东 App、淘宝 App、美团 App 的签到界面

2. 积分奖励：形式自由的模式

奖励模式的推行会让用户觉得收获更多，从而使其更容易去关注一样东西，很容易在社交的推动下形成雪球效应。

积分奖励是众多奖励形式中最为常见的一种。积分模式的表现形式有很多，根据实际情况的不同而不同，比如推广产品、集赞等。积分模式能够很好地提高用户的留存率，不断地培养核心用户。

比如，用户登录“MDL-App”之后，便可在首页看到“积点卡”，如图 6-17 所示。用户单击

"积点卡"即可进入"积分商城"界面，查看积分情况、积分规则，以及积分可兑换的物品等，如图 6-18所示。

图 6-17　MDL-App 首页

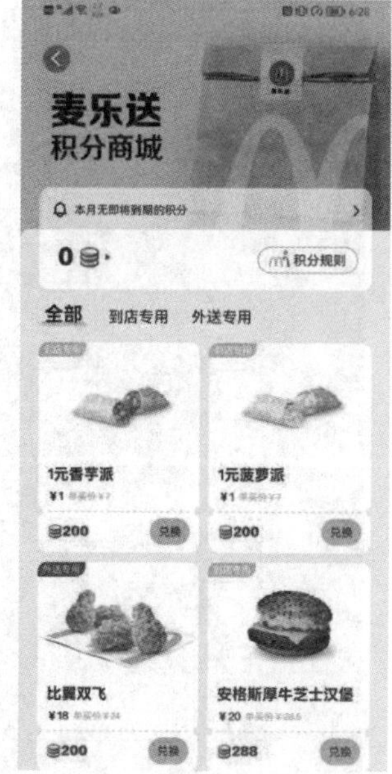

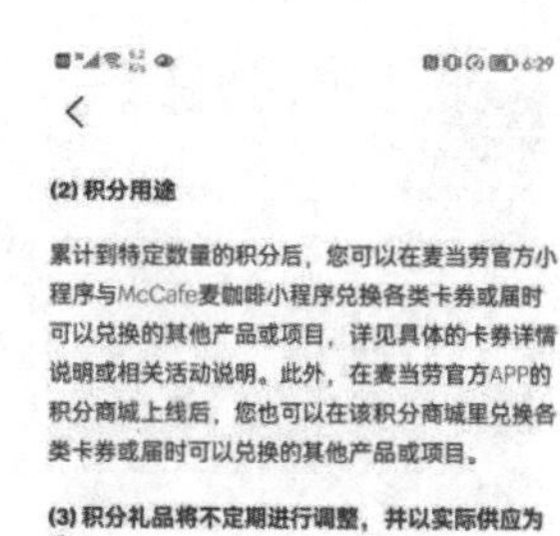

(2) 积分用途

累计到特定数量的积分后，您可以在麦当劳官方小程序与McCafe麦咖啡小程序兑换各类卡券或届时可以兑换的其他产品或项目，详见具体的卡券详情说明或相关活动说明。此外，在麦当劳官方APP的积分商城上线后，您也可以在该积分商城里兑换各类卡券或届时可以兑换的其他产品或项目。

(3) 积分礼品将不定期进行调整，并以实际供应为准

麦当劳会员本人所有符合本协议及麦当劳中国官方公布的其他相关积分规则、并有效支付的实际消费，每消费人民币1元可累积1分积分。使积分可以用于在麦当劳APP或麦当劳官方小程序上兑换相关积分礼品，或参与麦当劳中国不时举办的相关活动（以麦当劳APP和麦当劳官方小程序的实际支持情况为准）。麦当劳中国有权就某些优惠券、赠券的发放或优惠活动的执行颁布特别的规则，麦当劳会员有义务遵守且优先适用这些特别的规则。

(4) 积分有效期

麦当劳会员在当月（第n月）内获得的积分的有效期截止至获得积分当月起的第n+12月的最后一天的24点。所获得的积分须在有效期内使用完毕，如未使用完毕的，则剩余积分在有效期结束后会失效且被自动扣除，不累计到次月。

图 6-18　MDL-App 积分商城

在"MDL-App"里，用户的积分达到一定量以后，便可以用积分兑换"积分商城"里相应的物品。同时，App 运营者设置了部分物品必须到店兑换的积分使用形式，也有意识地增加了线下实体店与用户的接触机会。

通过在 App 平台推行积分制奖励，老顾客知道正在进行的活动，促使他们不断地向身边的亲朋好友宣传 App 平台，一传十，十传百，快速扩大 App 的下载量。

3. 任务奖励：互利互惠的模式

任务奖励模式对于用户和 App 运营者来说也是一种双赢的营销手段，用户通过任务奖励有利可图，App 运营者通过任务奖励又是可以直接增加人气的。所以，任务奖励模式在各种 App 应用推广中越来越常见。

任务奖励的模式也比较容易运用，运营者只需要提供一个任务（通常需要与社交相结合），用户将其完成，就能够获得一定的奖励。在此过程中，不仅老客户能通过完成任务获得一定的好处，App 本身也能通过用户的社交圈获得更多的新用户。

比如，"某电商平台"围绕"摇现金"推出了一系列的任务奖励活动，用户打开 App 首页，点击"摇现金"，只需要按照要求完成所有相应的任务，就可以领取 200～500 元不等的微信红包，如图 6-19 所示。

"摇现金"活动，首先需要完成"找人当面摇～一起拼红包"任务，这就需要身边朋友的手机安装有"某电商平台 App"，否则，就需要立即下载安装，才能完成第一个任务。

完成第一个任务以后，就需要通过微信邀请好友助力，完成接下来的任务，如图 6-20 所示。

通过“摇现金”的任务奖励模式，“某电商平台 App”的下载用户迅速实现裂变，下载量在所有 App 中名列前茅。

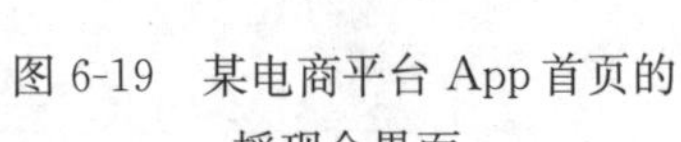
图 6-19　某电商平台 App 首页的摇现金界面

图 6-20　某电商平台 App 微信邀请任务界面

任务案例 6-4

墨迹天气“35 ℃计划 2021”活动

2021 年暑假，墨迹天气与麦当劳联合推出了一个 35 ℃计划的活动(见图 6-21)，当用户所在城市预报气温大于或等于 35 ℃时，即有机会获得奖励。墨迹天气通过免费领取“雪碧”的方式回馈老客户，增加用户关系黏性，并进一步提升了墨迹 App 的下载量。

活动时间：2021 年 7 月 14 日～9 月 4 日。

参与方法：打开墨迹天气 App 左上角“领雪碧”获得兑换码去麦当劳门店使用就可以了。

免费领取方法：墨迹天气发布用户所在城市预报气温大于或等于 35 ℃时，用户可以通过参与 35 ℃计划摇一摇游戏免费领取中杯“雪碧”汽水一杯。气温低于 35 ℃时，用户可以在墨迹天气端内参与通关游戏赢取中杯“雪碧”汽水一杯，如图 6-22 所示。

图 6-21　墨迹天气首页“每天一杯免费雪碧”的醒目字样

活动在回馈老客户的同时，也融入了老带新的环节，比如春城昆明夏季最高气温一般达不到 35 ℃，用户则可以通过把活动链接分享个好友的方式领取(见图 6-23)，从而提升 App 的传播度和下载量。

本次“35 ℃计划 2021”活动，截至 8 月 22 日，活动参与人数 2 亿多人次(见图 6-24)，墨迹 App 下载量也大幅提升，仅华为应用市场的总下载量就突破了 18 亿次(见图 6-25)。

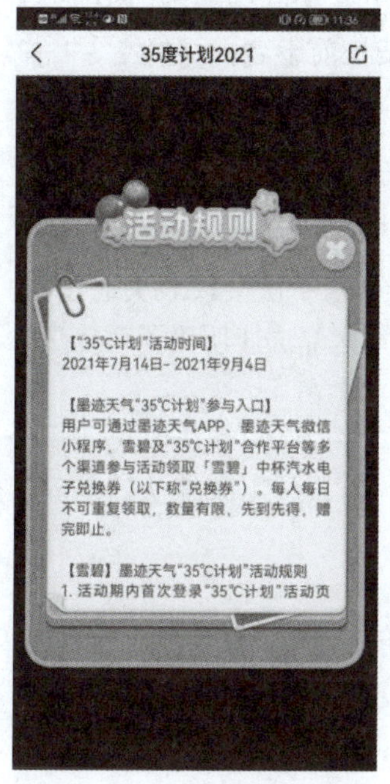

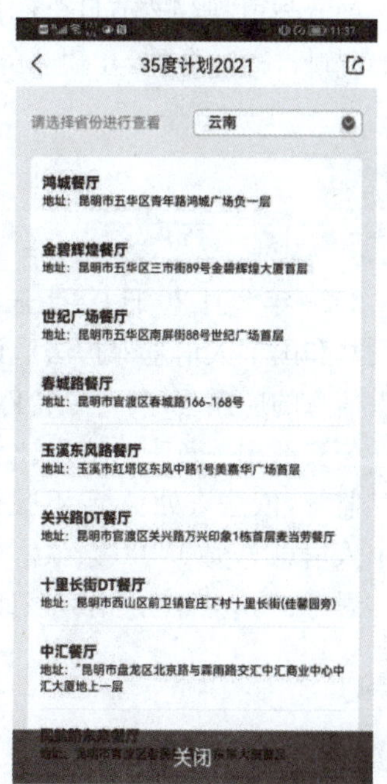

图 6-22 墨迹天气“35 ℃计划 2021”活动规则及兑换码

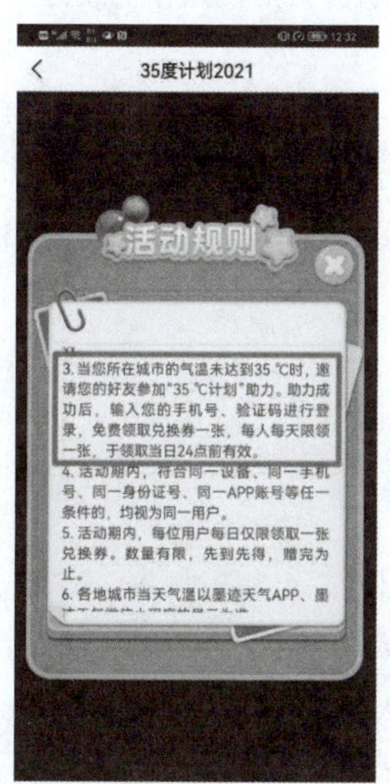

图 6-23 气温未达到 35 ℃的活动规则

图 6-24 活动参与人数众多

图 6-25 墨迹天气 App 下载量

6.2.4 参与综艺节目

参与综艺节目主要就是为了增加 App 的曝光率、提升知名度，激发综艺节目观众的下载欲望，以此带动 App 下载率的提升。一般娱乐类、生活消费类、游戏类 App 参与综艺节目的效果更突出。

App 与电视综艺节目合作推广的首次引爆点是 2013 年唱吧等 App 亮相湖南卫视《天天向上》节目，通过合作，几款 App 的下载量进入了 App Store 免费榜前十名。

素质园地

2021 年 8 月 20 日，第十三届全国人民代表大会常务委员会第三十次会议表决通过《中华人民共和国个人信息保护法》，该法于 2021 年 11 月 1 日起施行。这部法律明确了对违法处理个人信息的应用程序，责令暂停或者终止提供服务。

公安部相关负责人表示，全国公安机关始终注重移动应用程序（App）非法收集使用个人信息监管，依法查处 App 不履行公民个人信息安全保护义务行为，累计下架违法违规收集使用个人信息 App 1 100 余款。

思考：App 推广营销应该如何做到遵法、守法？

项目总结

本项目以几种营销的基本理论入手，介绍 App 营销的常见模式，以及提升 App 下载率的几种常用策略，旨在让学生了解和掌握 App 运营推广的常用方法，为日后的操作实践打下一定的理论基础。

习题与思考

一、单项选择题

1. 以下属于利用内容植入模式进行 App 营销的是（　　）。

A. 甲 App 双十一期间在应用商店投放广告

B. 乙 App 在游戏场景设计中融入国产新能源车的元素

C. 丙 App 通过场景再现提升用户的使用体验感

D. 丁 App 在首页界面添加某购物平台的链接

2.（　　）推动了传统电商从购物网站向移动互联网渠道转型。

A. 内容植入模式　　　　B. 广告模式

C. 用户参与模式　　　　D. 购物网站植入模式

3. App 运营者利用限时免费的营销策略提升下载量最早出现在（　　）。

A. 2003 年初　　　　B. 2008 年初

C. 2011 年初　　　　D. 2015 年初

4. App 事件营销的核心在于（　　）。

A. 制造话题　　　　B. 找到引爆点

C. 市场公关　　　　D. 建立品牌意识

5. 以下能够很好地提高用户留存率，不断地培养核心用户的模式是(　　)。

A. 签到奖励　　　　B. 积分奖励

C. 任务奖励　　　　D. 注册奖励

二、多项选择题

1. 以下属于 App 营销常见模式的有(　　)。

A. 内容植入模式　　　　B. 广告模式

C. 用户参与模式　　　　D. 购物网站植入模式

2. 以下能有效提升 App 下载率的营销策略包括(　　)。

A. 限免　　　　B. 事件营销

C. 回馈老客户　　　　D. 参与综艺节目

3. 用户参与营销模式主要应用(　　)类的 App 上。

A. 游戏　　　　B. 品牌应用

C. 政务　　　　D. 网站移植

4. 以下属于 App 事件营销特性的有(　　)。

A. 针对性　　　　B. 主动性

C. 不可控性　　　　D. 趣味性

5. App 运营者以实质性奖励回馈老客户的模式主要有(　　)。

A. 签到奖励　　　　B. 积分奖励

C. 任务奖励　　　　D. 注册奖励

三、简答题

1. 举例说明内容植入模式在 App 营销中的实际应用。

2. 列举你所了解的利用事件营销提升下载率的 App，并简要介绍事件经过。

实训项目

1. 项目背景

“一部手机游云南”是由云南省人民政府与腾讯公司联合打造的全域旅游智慧平台，由“一个中心、两个平台”构成，“一个中心”就是旅游大数据中心，为政府决策提供依据，“两个平台”就是为游客服务平台和政府监管服务平台。

“一部手机游云南”于 2018 年 10 月 1 日正式上线运行，实现了“一机在手，全程无忧”的目标，目前是全国最大的景区实时直播平台，全国景区地理信息最全、导游导览提供服务最多的平台，旅游投诉处理最快的平台。

“一部手机游云南”已经成为云南旅游产业转型升级的新引擎，云南数字经济发展的重要标志，中国智慧旅游的重要标杆。

2. 项目训练内容

以团队形式查阅相关资料，系统了解“一部手机游云南”App 的运营现状，选择一种营销模式进行“一部手机游云南”App 营销设计或介绍“一部手机游云南”App 运营推广中应用最成功的一种营销模式。

3. 项目训练要求

将分析结果在班级进行展示和汇报。

(1)全面了解“一部手机游云南”App 的运营现状(20 分)。

(2)团队对 App 几种营销模式及其应用基本掌握(20 分)。

(3)语言表述清晰、准确、团队合作力强(10 分)。

(4)能够根据不同的景区选择 App 营销的不同模式(20 分)。

(5)团队项目具有可实施性或案例具有典型借鉴意义(20 分)。

(6)团队自评(5 分);班级团队互评(5 分)。

模块3 实施新媒体营销

项目 7　直播选品策略

项目导学

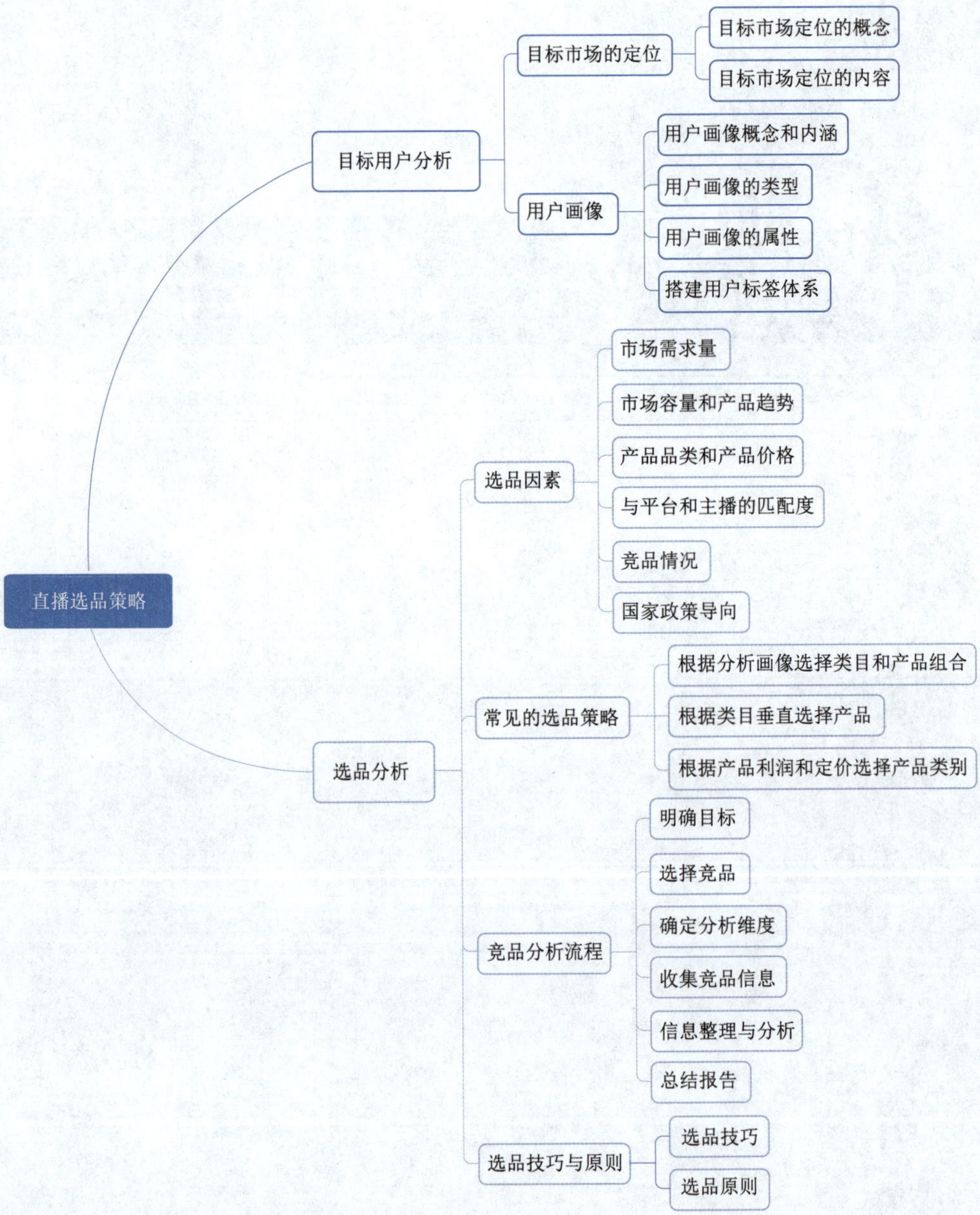

- 直播选品策略
  - 目标用户分析
    - 目标市场的定位
      - 目标市场定位的概念
      - 目标市场定位的内容
    - 用户画像
      - 用户画像概念和内涵
      - 用户画像的类型
      - 用户画像的属性
      - 搭建用户标签体系
  - 选品分析
    - 选品因素
      - 市场需求量
      - 市场容量和产品趋势
      - 产品品类和产品价格
      - 与平台和主播的匹配度
      - 竞品情况
      - 国家政策导向
    - 常见的选品策略
      - 根据分析画像选择类目和产品组合
      - 根据类目垂直选择产品
      - 根据产品利润和定价选择产品类别
    - 竞品分析流程
      - 明确目标
      - 选择竞品
      - 确定分析维度
      - 收集竞品信息
      - 信息整理与分析
      - 总结报告
    - 选品技巧与原则
      - 选品技巧
      - 选品原则

任务7.1 目标用户分析

任务描述

在互联网大数据时代，以庞大的用户数据为依托，构建出一整套完善的用户画像，借助其标签化、信息化、可视化的属性，是实现直播个性化推荐、精准营销强有力的基础。可见，深入了解用户画像的含义，掌握用户画像的搭建方法，显得尤其重要。

任务目标

(1)了解目标市场定位的概念和内容。

(2)理解用户画像的内涵、类型和属性。

(3)掌握搭建用户标签体系的方法。

知识链接

7.1.1 目标市场定位

1. 目标市场定位的概念

目标市场定位是指企业对目标消费者或目标消费者市场的选择。具体来说是企业根据竞争者现有产品在市场上所处的位置，针对顾客对该类产品某些特征或属性的重视程度，为本企业产品塑造与众不同的鲜明形象，并将这一形象生动地传递给顾客，从而使该产品在市场上确定适当的位置。

2. 目标市场定位的内容

一般而言，目标市场定位包括了产品定位、企业定位、竞争定位和消费者定位。确定目标市场定位通常分为以下步骤：①分析目标市场的现状，确认本企业潜在的竞争优势；②准确选择竞争优势，对目标市场初步定位；③显示独特的竞争优势和重新定位；④了解现有新媒体运营的商业模式；⑤选择直播平台。

任务案例7-1

某品牌主打东方彩妆，火遍全网

2017年某国货化妆品品牌成立，主打东方彩妆，以“东方彩妆，以花养妆”为品牌定位，传承东方美学。2018年度销售额直达11.3亿，估值达到10亿，居国货美妆榜第一。2020年销售额突破30个亿。某品牌是如何做到在短短几年内，从新锐品牌到国货顶流的呢？

某品牌在定位上选择的是古妆彩妆，与现在兴起的国货品牌形成强烈反差。在品牌名字上可以看出这个品牌的定位和卖点，某品牌中的花，是指“以花养妆”，西子取自苏东坡诗句“欲把西湖比西子，淡妆浓抹总相宜”。在设计上，每一个系列都围绕中国传统元素，是以古风为概念的产品。

某品牌深耕流量平台，实施内容营销，与众多明星及明星栏目合作，在互联网层面引起轰动效应，这让某品牌充分重视流量平台的内容营销。某品牌首次与某主播的直播合作，就让其销售量带来了火箭式的蹿升。2020 年某主播直播几乎贡献了某品牌 70%的销量，仅 618 成交就达到 1.5 亿。与此同时，某品牌也趁热打铁，在某书平台、某音短视频平台等直播、短视频平台不断进行营销资源的投入，以优质内容为用户种草。特别是围绕着各个美妆达人的测评文章的发布，一度成话题热点，迅速在各个社交平台深度发酵，提高了品牌认知度和可信度。

某品牌在线上的各个平台的投放，会根据平台调整规划不同的侧重点。例如，某站侧重于多领域的共振，在汉服、歌舞、彩妆等国风“粉丝”垂直渗透领域，搭载优质内容，传播品牌文化。某书平台中的某品牌 KOL，则注重体验、分享，多为一些对彩妆具备一定专业度和审美的美妆博主。从 2017 年开始，某品牌逐步打造私域流量池，将微信生态下的私域运营做成体系，用户到达并关注公众号后，会有一系列转化的策略。某品牌以用户为中心，从产品设计到后续的营销活动，都围绕用户展开，这样的用户社区沉淀了一大批于品牌共进退的核心“粉丝”群体。

7.1.2 用户画像

1. 用户画像的概念和内涵

用户画像是一个描述用户的工具，它是建立在一系列真实数据之上的，表现用户行为、动机和个人喜好的一种图形表述，它能为产品提供准确的用户角色信息，以便进行针对性的产品设计。用户画像“源于现实，高于现实”，这是因为用户画像是描述用户的数据，它是源于特定的业务需求对用户的形式化描述，同时用户画像也是通过挖掘、分析用户尽可能多的数据信息得到的。所以，用户画像可以看作“大数据＋洞察”的结合，是海量用户信息数据的标签化用户模型。

用户画像核心价值在于了解用户、猜测用户的潜在需求、精细化的定位人群特征、挖掘潜在的用户群体，如图 7-1 所示。

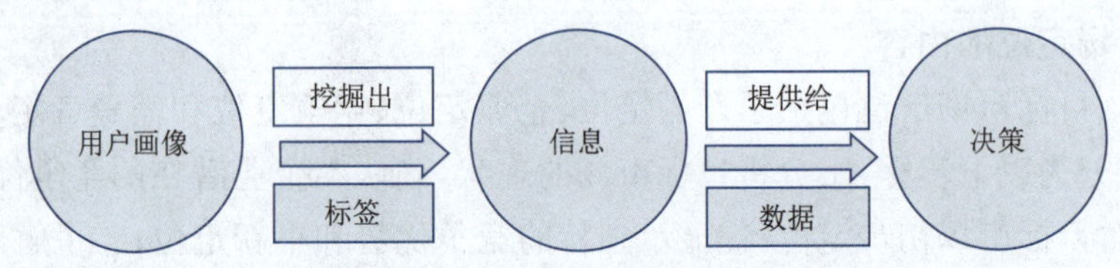

图 7-1　用户画像路径

2. 用户画像的类型

1)用户角色(user persona)

用户角色是基于产品对真实世界的观察，抽象出来的具有代表性的虚拟用户模型。用户角色模型主要用于新市场定位方面，所以它是一种定性研究，不考虑程度，作为产品上线前的预判人群，它可以辅助产品设计、研究用户的体验，是一种精练概括型模型。

2)用户画像(user portait)

用户画像又称用户资料或用户档案，是通过收集用户多维度的基础属性和行为属性的信息数据，来进行统计、分析的标签化体系搭建。它是基于世界中一类实体的一个描述方式，具有真实性、时效性、广泛覆盖性。用户画像模型主要用于产品上线后的数据统计和定量研究，它能精准刻画、精准营销，从而提高用户体验，见表 7-1。

表 7-1　用户画像类型

维度	用户角色	用户画像
性质	定性研究，不考虑程度	定量研究，精细刻画
使用时机	产品上线前，没有任何数据	产品上线后数据统计
描述程度	精练概括	精细描述、拆分
用途	辅助产品设计，研究用户体验	精准营销，提高用户体验

3. 用户画像的属性

在采集用户画像过程中，首先要明确需要采集的属性类型，继而构建用户标签体系（见图 7-2）。一般而言，用户画像的属性主要有基础属性、行为属性和平台价值属性。

1）基础属性

描述用户的一些基本特征，也是完全客观的用户资料，包括地域、性别、收入、年龄、受教育程度、手机号、用户 ID、行业特征、产品使用场景等。

2）行为属性

用户消费习惯（产品、品牌、支付方式等）、偏好、三观、圈层、文化、购买力、访问路径、关注范围等。

3）平台价值属性

用户关注的相关直播平台的类型、需求偏好（社交、生活、物质、工作等）、时间、行为（浏览、点赞、收藏、关注、咨询、分享、购买、流失等）、活跃程度等。

图 7-2　某音短视频平台的用户标签体系

4. 搭建用户标签体系

在厘清用户画像属性类型的基础上，对用户进行分类，将属于不同属性维度的用户进行归类，为用户添加标签。在搭建用户标签体系中通常应该包括固定属性、用户路径和用户场景，搭建用户标签体系的目的是做精细化运营，因此，搭建用户标签模型应该包括两个方面：自上而下的需求梳理和自下而上的体系构建。自上而下的需求梳理包括：运营的目标、运营的方案和人群的拆解。自下而上的体系构建包括实施标签搭建、模型标签搭建和用户群标签搭建三个部分。

从用户画像中，首先，需要划分出事实标签，就是只描述事实的，已经发生的概括性的标签，比如时间节点（什么时间）、行为数据（关注、购买了几次）等，这类标签的稳定性极高，不会随着业务指标的改变而发生大的变化；其次，要搭建模型标签，这类标签是综合多个维度产生的标签，业内比较通用的就是 RFM 模型的标签（消费时间、消费频率、消费金额），这类标签可以自由地修改切割方案，需要结合业务经验判断来完成；最后，要搭建客户群标签，这类标签更加贴合业务，并且有一定的时效性和周期性，更加贴合业务场景，这类标签基本不稳定，会随着业务的变化、运营策略的调整而新增或修改，比如高质量群体最近一次访问时间和消费意愿等，如图 7-3 所示。

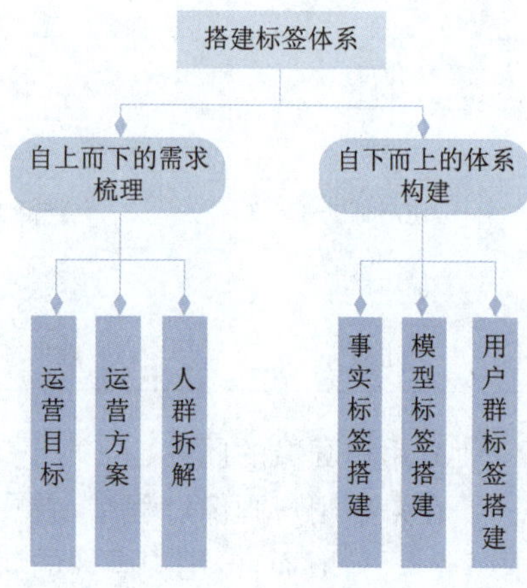

图 7-3　搭建用户标签体系路径

知识拓展 7-1

如何对用户标签进行科学分类

1. 按照来源分类

首先是按照标签的来源分类。主要分为以下的几类：

1）用户自己填写的数据生成的标签

这部分标签是用户在注册产品或者在各个模块自行填写的信息。一般包括：性别、生日、真实姓名、居住地、身份证号等。图 7-4 所示为某品牌的官网用手机号注册成功后进入的个人信息页面，可以看到各种信息的填写。

人口属性	自然属性	社会属性	地域属性					
用户行为	购买行为	流量行为	服务行为	社交行为	线下行为			
用户偏好	品类偏好	品牌偏好	渠道偏好	活动偏好	兴趣偏好	店铺偏好	内容偏好	其他偏好
用户价值	生命周期	勋章	RFM	贡献度	购买力	活跃度	账户信息	
信用属性	金融信用	交易风险	服务风险					
健康领域	疾病	特殊生命阶段	亚健康					

图 7-4　某品牌官网的个人信息页面

优缺点：这部分数据用来做标签，往往是最基础的。但存在的最大的问题是标签覆盖度过低，有意愿填写的用户常常比例不过半。而且对于部分敏感信息，例如身份证号、地址等，如果逼迫用户填写，用户经常会填写虚假信息。这对于后续标签画像而言，不太好用。

2）通过统计用户行为生成的统计标签

这类标签指标是最多的。比如可以根据订单表，统计用户的订单金额；可以根据搜索表，统计用户的搜索次数。

优缺点:这部分数据用来做标签,是比较客观的,用户的行为不会说谎。但存在的一个问题是,要对标签画像系统产生价值,需要较多的逻辑处理。例如,想给用户打一个"购买力高低"的标签,是统计最近7天的成交金额,还是最近30天的?是按照订单口径,还是金额口径?是大于1万算高,还是大于1 000算高?这里需要大量的逻辑。如果只是一个统计值,只能算是一个宽口径的半加工的标签,真正用起来的时候,存在一些障碍。

2.按照数据类型分类

1)单数值型标签

刚才上文提到的"用户最近7天购买金额""用户近1天浏览天数"等,这些标签都是按照一定的规则统计生成的,均是数值型标签。组成公式是:时间范围+行为方式+统计方式。

优缺点:按照不同的时间范围、不同的行为方式、不同的统计方式,可以组成大量的标签。数量虽多,但是价值密度很低。因此,在成熟的标签系统中,这类标签不会大量在计算,往往是用户创建了啥就用啥。优点是比较容易生成。

2)复选型枚举标签

复选型标签和单选型标签的区别就在于,一个用户可以有多个值。同样,复选型标签也是离散值,选项是可穷举的。例如,"用户的收货城市",用户可以有多个城市。

3)文本型标签

这类标签最大的特征是不连续且不可穷举。例如,"用户常用热搜词",每个用户都可以有自己的常用热搜词,但热搜词的数量是巨大的,不能像单选型标签或者复选型标签那样,几个、几十个选项,就能覆盖所有。

任务7.2 选品分析

任务描述

随着短视频直播带货的火热,直播电商已经成为我们生活中的消费形态,直播带货行业愈发讲究专业化和精细化,在直播电商领域,真正的核心竞争力在于选品,选品分析是运营的基础,贯穿于运营的始终。根据直播平台的数据和用户需求去选品组货,才能让产品自带流量,打造新媒体营销时代的爆款。

任务目标

(1)了解选品原则和选品技巧。

(2)理解选品因素。

(3)掌握选品策略。

知识链接

7.2.1 选品因素

选品在电商运营工作中是一个非常重要的环节，在电商平台中三分靠运营，七分靠选品，做好一场直播带货，“货”是根本也是最重要的。直播选品中有以下几个因素是影响直播运营效果的。

1. 市场需求量

选择市场需求量大的产品是选品的关键点。直播选品往往会依靠大数据整理出当季搜索量大、热度强的产品，再选择买家的搜索量大于目前竞争对手的数量的产品，这类型的产品就是自带流量的产品。

2. 市场容量和产品趋势

这个数据主要用于判断市场大小和发展趋势，分析产品的淡旺季，判断切入时间。如果容量不符合标准，或者整个行业态势呈下滑状态，就不适合做直播运营。市场容量大的产品一般具备以下几个特点：刚需性、品牌价值性、区域广泛性、人群适用普遍性。直播选品中选择市场容量大的产品可以作为直播的引流产品或者福利产品，增加直播带货的关注度。还需要注意产品的趋势，了解产品的趋势，卖家才能了解产品的火爆期，抓住流量风口，滤掉一些不符合当季需求的产品。

任务案例 7-2

鸭鸭羽绒服精细选品，在海拔 5 000 米的雪山上带货

“我们现在在海拔 5 000 米，零下 9 摄氏度的雪山上，在这里直播就是为了给大家实地展示，我们鸭鸭羽绒服的品质，到底抗不抗风，保不保暖！”

2021 年 8 月，不少用户一定刷到过主播在雪山带货羽绒服的直播间画面，而这样独特的带货方式就来自于品牌“YAYA 鸭鸭”。抱着对直播内容的好奇，众多观众点进直播间，鸭鸭品牌也凭着“雪山直播卖羽绒服”的话题冲上了某音短视频平台热搜榜。新奇有趣的创意和敢为人先的执行力快速出圈，使得该品牌吸引了一大波关注。从数据来看，平均每场直播都有上万人观看，“粉丝”们纷纷在弹幕中发表对运营团队有创意、对主播敢拼、对产品质量有信心等言论，一时间直播间用户对品牌的好感度直线上升。

作为成立几十年的国民品牌，鸭鸭一直是羽绒服饰的行家，某音短视频平台版数据显示，账号@鸭鸭羽绒服饰旗舰店，2021 年 8 月在某音短视频平台累计带货 GMV(gross merchandise volume 商品交易总额)超 7 500 万元，以反季节售卖羽绒服为主要阵线，累计 21 件产品销售额超 10 万元(包括百万元)。在直播间上架的产品中，以羽绒服为主、棉衣运动裤等服饰为辅的选品架构获得了直播间观众的一致好评。

品牌鸭鸭这一次的带货动作，在雪山上开播带货反季卖羽绒服实属一举多得：一方面厂家可以对新品进行预热，另一方面顾客可以提前囤货捡到便宜，给网友带来沉浸式的场景体验，激发了大量网友的热情围观，成功地解决了流量的问题。

最终借助鸭鸭品牌强大的供应链优势和品牌链接功能，促成了高效流量的转化。并且在初次获得了一定的流量影响力后，该账号不断发布直播片段，吸引了后续的精准流量，直播间热度不断发酵。

3. 产品品类和产品价格

产品品类和价格的制定直接影响到直播运营的效果，因此，在产品品类的选择中需要充分考虑搜索热度、竞品情况、平台推广等综合指标。商品的价格、品类在每一场直播中要控制在一定的比例，避免选品品类及客单价区间的单一化，要照顾到不同用户群体的需求，需要考虑受众消费群体（“粉丝”）的年龄、性别、消费能力、兴趣分布等因素，产品品类要分引流类、推荐类、成单类等。另外，产品品类和产品价格的制定并不是一成不变的，直播带货的时效性很强，在进行产品品类分析时要充分考虑上一场直播销售情况或一定时间内直播场次的平均运营数据，及时和产品方沟通，调整产品品类结构和产品价格。

4. 与平台和主播的匹配度

选择适合的平台和主播符合“粉丝”对账号的需求，更有助于提升产品转化。据不完全统计，全国在线直播平台数量超过200家，网络直播主力群体为“90后”“00后”，但直播的波及面越来越广泛，“70后”“80后”甚至“50后”“60后”的群体数量也在大幅度增加，目前的直播平台或应用从类别上可以大致分为三种：娱乐、游戏和电商购物，不同的平台受众群体并不完全一致，在选品上要注意产品本身的目标客户的产品定位，有效投放。在进行选品时，还要考虑视频内容要与主播账号定位垂直，系统才会根据垂直内容贴上精准标签，将视频推荐给更精准的“粉丝”群体。目前主播大致可以分为两类：一类为内容达人；一类为无属性达人。内容达人可以围绕账号定位来选择垂直领域的产品；无属性达人可以考虑“粉丝”需求来进行选品。

5. 竞品情况

竞品指竞争性产品，在直播选品中，竞品因素是一个非常重要的环节，充分分析和考虑竞品情况，才能确保选品的准确性和竞争力。竞品情况主要考虑以下几个方面：①产品，包括同类型产品（同款、同功能产品）、同参数产品（产品组合相同，定价区间相似）；②竞争情况，了解竞品的传播平台和主播推广情况，同时注重竞品的消费者反馈，竞品的销售情况将直接决定着选品的销量情况，注重消费者购物中的真实体验和感受的反馈，有助于直播中产品的推广重心；③市场情况和卖家实力，竞品近期的热度走势，尤其是90天内的浏览量、订单量，可以反映出推广情况、市场反应和市场需求。在一定程度上影射了同质化产品的需求量和市场容量，同时卖家的品牌定位、实力情况也是选品中需要注意的。

6. 国家政策导向

国家政策的导向性和对选品质量的规范化管理是直播带货长久良性发展的基石。自从2020年出台《网络直播营销行为规范》后，2021年3月中国广告协会正式发布了《网络直播营销选品规范》为直播选品、直播销售和售后环节提供指南。

知识拓展7-2

直播电商加速合规，引爆消费潜力

2021年上半年，随着各类扶持政策和监管规章出台，直播电商行业迎来发展新阶段。多平台主动完善治理规则、行业头部主播首推选品标准拥抱合规，为用户构建更安全、更放心的直播购物环境，推动着消费场景的转移和直播电商行业的渗透，从而推动行业的进一步健康有序发展，为国内消费的持续复苏提供动力。

（1）监管层面：逾20项法规和标准相继出台，推动监管框架逐步成型；七部门新规明确主体职责，为全面规范提供基础。

自2020年以来，国家多个监管部门在相关法律的基础上出台了超过20部针对直播电商的规范性文件。除此之外，各行业团体及企业纷纷出台自律规范，细化电商直播管理规则，形成了监管部门和行业协会的共治模式，推动着直播电商监管与合规框架体系的逐渐成形，如图 7-5所示。

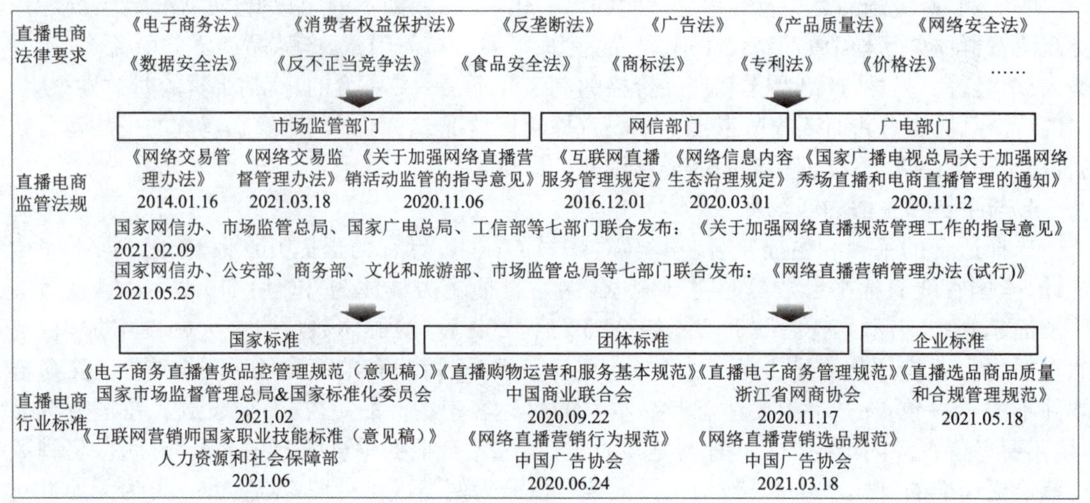

图 7-5 直播电商监管与合规框架体系

2021 年 4 月，国家网信办、公安部、商务部等七部门联合发布了《网络直播营销管理办法(试行)》，按照全面覆盖、分类监管的思路，将网络直播营销各类主体、各项要素纳入监管范围，明确细化了各参与主体的责任，对直播电商行业做出了全面具体的规范，如图 7-6 所示。

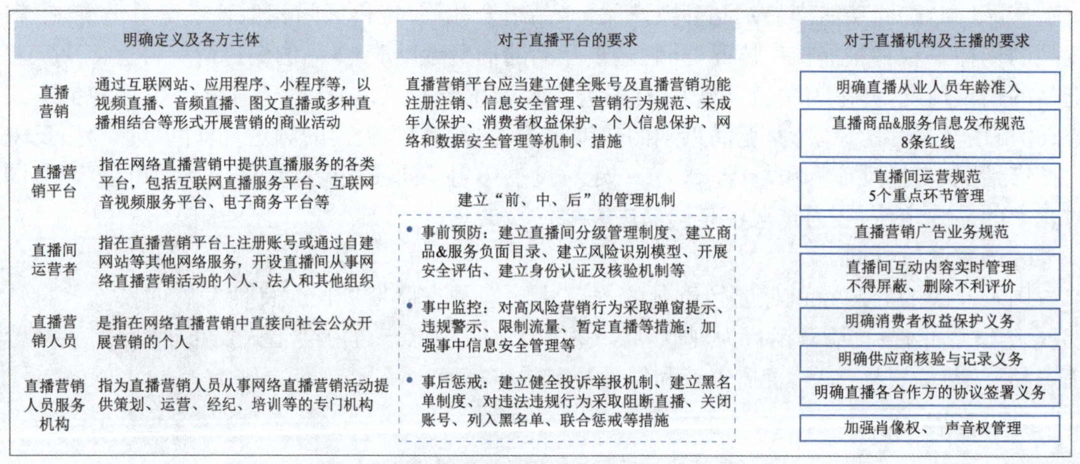

图 7-6 《网络直播营销管理办法(试行)》要点解读

(2)平台层面：积极升级平台规则，完善直播电商的治理体系。2021 年上半年，为了促进行业的健康发展，也为了进一步做大行业蛋糕、促进行业增长，各直播电商企业在平台规范化方面积极发力，基于各类监管法规更新与完善平台规则，推出管理规范、负面清单、处罚条例等细则来促进各方的合规经营。此外，部分平台也针对性地开展了虚假宣传、恶俗炒作等违规行为的专项治理活动，对相关的违规商家与主播进行了严厉的处罚，加速了整个生态的规范化进程，如图 7-7 所示。

淘宝直播　更新规则，开展多次专项治理

- 规则升级：2021年上半年，淘宝直播相继调整推出《关于主播发布淘宝直播平台限制推广商品的实施细则》、推出并试行《淘宝直播营销准入基础规则》、推出《淘宝直播珠宝饰品行业管理规范》等
- 专项治理：开展夸大&虚假宣传、软色情专项、知识产权侵权&盗播、保健医疗类不实信息、违规发布广告、珠宝玉石首饰行业治理等多个专项治理，并开启相关问题的常态化监管体系

京东直播　完善平台规则体系

- 2021年上半年，京东平台更新了《京东直播违规处罚条例》《特殊商品推广规范》等平台规则，推动着京东直播治理体系的成熟与完善

京东直播平台规则体系

直播管理规则	内容开放平台规则	直播封面规范
违规处罚条例	内容创作规范	禁播&限制类目开播规范
直播间创建规范	直播浮现权说明	直播频道素材要求

升级平台治理，明确带货达人的责任

- 抖音电商结合平台实际情况制定的《电商创作者管理总则》上线，并于2021年5月20日正式生效，其中对电商创作者（带货达人）的角色定位、准入资质、内容创作、行为规范，以及其在整个内容电商交易链路中的责任和义务，都以平台规则的形式给予了明确定义
- 抖音电商数据显示，相关管理规定上线后有781 76名带货达人因违规被平台判罚，其中百万粉丝以上的达人有2 223人

快手电商　发力商家管理，分离达人与货主

- 专项治理：先后开展了"打击恶俗炒作带货行为"专项治理行动、"珠宝玉石"类商品的专项治理、"以'盲盒'形式营销推广商品"的专项治理等
- 升级商家管理：2021年上半年，快手在商家管理方面有所升级，将货主和达人身份进行分离，要求货主身份做企业、个体工商户等更确切的信息认证；另外还对部分货的品类增加额外的质检和仓检方式

图 7-7　各电商平台推出的规则

(3)主播层面：头部机构严控直播品质，率先拥抱合规推动行业自律。2021 年上半年，为了增强"粉丝"黏性并且持续地为用户提供高品质的直播带货服务，主播及直播机构也在规范化与标准化等方面不断发力，尤其是头部主播及机构已率先开启了实践。比如拥有超级头部某主播的直播机构 5 月推出了行业内首个企业管理标准《直播选品商品质量和合规管理规范》，通过严控选品、质检、宣传、售后等环节的合规质量，来为用户提供安全可靠的购物体验，以身作则推动行业自律，如图 7-8 所示。

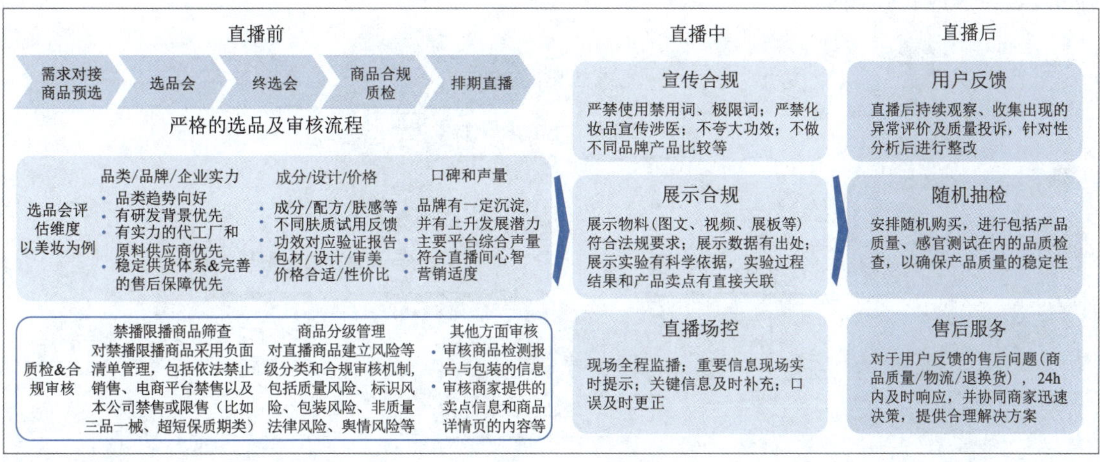

图 7-8　直播选品商品质量与合规管理流程——以美腕为例

直播电商在主播经营模式、内容形式、场景玩法、直播货品等多方面继续升级，打造更成熟的直播电商生态，引爆线上消费潜力，同时也推动着消费和零售产业链的升级，为国内消费的持续增长提供着动力。

7.2.2　常见的选品策略

多媒体运营中，常用的商品选品方案包括：(1)基于活动指标进行建模分析，比如常用的一些指标 CTR(点击率)、CVR(转化率)、IPV(商品详情页面浏览量)等，这种方式一般由平台方提供数据支持，在直播选品中作为一项指标参考；(2)基于特征：根据商品的类目、品牌、价格等

特征选品，这种选品在直播中比较常见；(3)基于用户的基础特征进行人群画像分析进行选品。随着多媒体运营的发展，我们需要更加个性化的商品选品方式，综合而言，直播选品策略大约包括以下三种，选择一些高匹配度、需求及时、产品特征明显的产品，利于直播带货。

1. 根据分析画像选择类目和产品组合

在 7.1.2 节中，我们对用户画像进行了详细讲述，人群画像数据来源结合人群的基本属性和行为属性。利用短视频直播数据分析工具，了解账号“粉丝”的基础画像，比如“粉丝”从哪里来、男生多还是女生多、年龄阶层、使用的是什么手机设备登录等信息，能够初步了解“粉丝”喜好、兴趣来源、消费能力，有助于在选品中直击用户痛点，打造爆款商品，开播运营能力的提高，如图 7-9 所示。

2. 根据类目垂直选择产品

类目是商品最重要的属性之一，例如，某音短视频平台，会用类目去做人群标签的对标计算，数据平台会根据该类目的成交需求指数来进行内容推送。每个类目里面都有爆品，在选品中需要查看高增长类目并寻找适合的内容和达人进行推荐，形成内容营销。因此实施这一策略不能简单地认为按照品类分析即可，要时时关注平台的商品品类数据、达人带货数据、直播商品数据等，也要注重类目之间的关联性，要考虑人群的标签垂直而不仅仅是类目的标签垂直。例如，卖女包，要考虑受众人群搭配配饰来作为引流款，承接款再转换到女包上。这一策略倾向于内容达人直播带货选品。内容营销的核心是一致性，即以图片、文字、动画、直播等介质传达相关内容，内容营销以其独特性、专业性深受目标群体关注，以内容进行营销，客户黏性度高，转化率强。内容达人是指在某一领域非常专业的人物，由于内容达人的本身自带“粉丝”流量，容易形成较强购买力。

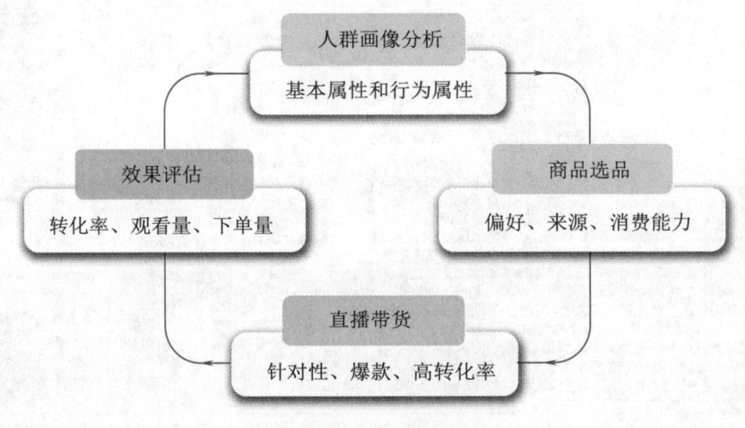

图 7-9　根据画像选品路径

垂直类目选品有很多优势，首先，可以提升主播对产品的专业度，可以更好地把握用户的痛点，产品之间的切合度也会很好，可以进行产品组合推广；其次，垂直类目选品可以让直播运营有一定的议价权，降低产品成本，提高利润率。

任务案例 7-3

某某精选的直播选品秘诀

抖音短视频平台账号“某某精选”一直深耕品牌专场直播，此前曾在 2021 年 1 月至 6 月的某音短视频平台服饰类穿搭达人榜中排名第三，稳健的销售成绩背后，与其经营布局息息相关。以某某精选在 2021 年 9 月 26 日的带货直播为例，据数据显示，这场直播的销售额为 1 104.1 万元，观看人次达到 31.4 万，直播中历史发言观众占比高达 91.4%；与此同时，从关注列表和视频推荐进入直播间的用户占比达 50%。结合上述数据可知，某某精选直播间的观众主要来自私域流量。

值得注意的是，在没有过多福袋引导直播间用户加入“粉丝”团的情况下，某某精选的“粉丝”团人数约占总“粉丝”数的 1/8。这进一步说明，留存用户拥有较高的忠诚度，进而能让其形成以留存用户为核心的独特打法。某某精选在品牌专场带货高端女装，吸引消费力强且需求较大的女性用户，构成其主要目标客户。

据飞瓜数据显示，某某精选直播间的用户对女装有较高的需求，且价格偏好在 500 元至 2 000元的区间。消费水平、换新频次相对较高，以及对服饰品质有要求的女性消费者，正是某某精选所需要的客户。

因此，某某精选持续开设品牌专场直播，还将开播时间定在“粉丝”活跃的时段，这不仅能匹配“粉丝”的购买需求，还能有效触达至广域的用户群体。不难看出，某某精选运用精细化运营的手段，充分激发用户的活跃度，能更深层影响用户的消费决策。某某精选直播间的商品由大量品牌服饰组成，通过多款式、全价位等多维因素，尽可能触达更多用户。比如，某某精选直播间同品牌服饰超百款单品，不仅款式丰富，且服饰售价低可至 100 元，高可达 8 000 元。

3. 根据产品利润和定价选择产品类别

直播货品的低价格和高利润主要来源在于对于供应链的控制，在进行选品时对于供应商的选择尤为关键，选品时一方面选择一些厂家直销产品，减少中间环节，提高商品利润额；另一方面选择具备高关注度的商品形成流量商品，利用商品品类组合创造利润空间。一般而言，选品的参考标准主要是需求大、质量好、价格低、利润高、售后少等要点。选品的价格和利润是决定后期直播效果的因素。因此，将选品分为以下几类，见表 7-2。选品常用表格见表 7-3。

表 7-2　选品分类

类别	详　情	目　的
引流款	直播售价低于用户心理预期价格	为立即成交，推动后端投放能够产生消耗及抢占小时榜
主推款	售价相对于竞品有价格优势，具有网红属性；获得达人带货背书	进一步拉高直播间在线人数和促使后端流量有消耗
利润款	商品售价相对较高，商品利润足够大	拉高直播间总体的成交总额，拉高直播间总体的投资回报率

表 7-3(1)　选品常用表格

序号	店铺名称	店铺类型	类目	商品名称	规格	直播库存	关键词	商品链接	成分	卖点

表 7-3(2)　选品常用表格

序号	产品名称	产品规格	日常价	直播价	券后到手价	产品优惠信息	库存数量	赠品数量

表 7-3(3)　选品常用表格

时　间	项目	项目详情	福利	销售目标(单)	目标营业额/(元)
20:00—20:30	服装上新	××连衣裙	拍下立减××元	300	5 000
	截图抽奖		抽奖送护手霜		
	日用品上新				

7.2.3　竞品分析流程

竞品分析就是对竞争对手的产品进行比较分析。做竞品分析时要明确目标、考虑输出成果。明确为什么要做竞品分析、为哪个产品做竞品分析，该产品目前处于哪个阶段，当前产品面临的主要问题与挑战是什么，想解决什么问题，竞品分析的目标是什么。在进行竞品分析时先把竞品做分类，初选再精选。竞品包括几种：①直接竞品，即产品功能相同且免租。一般而言，可以由客观和主观两方面构成。②间接竞品，即目标用户群体一致，但核心功能不完全一样，这类竞品为间接竞品。③潜在竞品，即和产品有一定关联，相关领域的衍生产品，从竞争对手或市场相关产品中，圈定一些需要考虑的角度。竞品分析重点在竞品数据结构搭建和竞品分析管理上。竞品分析有六个步骤。

1. 明确目标

明确目标市场、目标客户群体以及明确想要达成的市场目标。

2. 确定分析维度

根据竞品分析目标，确定要从哪些维度分析竞品。一般通过产品视角和用户视角来考虑。产品视角时从影响一个产品成败的因素进行分析，包括但不限于功能、用户体验设计、团队背景、技术、市场推广、战略定位、用户情况、盈利模式、布局规划等；用户视角时站在用户的角度，看用户在选择产品时会关注哪些方面，比如，价格、可获得性、网红性、性能、包装等。

3. 收集竞品信息

竞品信息来源可以包括官方公开资料、平台渠道数据等。

4. 信息整理与分析

对收集到的竞品信息进行整理和分析，再根据确定的分析维度用合适的方法来进行深入分析。

5. 总结报告

得到竞品分析的结论，得出竞品分析报告。

6. 编写竞品画布

为了更规范地做竞品分析，通常会把需要竞品分析的几个关键步骤固化纸上，这就是竞品画布。竞品画布可以对流程加以规范，以免出现重大疏漏，如图 7-10 所示。

竞品画布　您的产品名称：　　　　　　　　　　　　作者：

<table>
<tr><td>【1. 分析目标】为什么要做竞品分析？希望为产品带来什么帮助？您的产品所处阶段：
目前您的产品最大的问题与挑战：

竞品分析目标：</td><td>【5. 优势】与竞品相比，您的产品有哪些优点？
（提示：可以结合分析维度）</td><td>【6. 劣势】与竞品相比，您的产品有哪些缺点？</td></tr>
<tr><td>【2. 选择竞品】竞品名称，版本及选择理由</td><td rowspan="2">【7. 机会】您的产品有哪些外部机会？</td><td rowspan="2">【8. 威胁】您的产品有哪些外部威胁？</td></tr>
<tr><td rowspan="2">【3. 分析维度】从哪几个角度来分析竞品？如：功能，市场策略……
（提示：结合产品阶段与分析目标来确定分析维度）</td></tr>
<tr><td colspan="2" rowspan="2">【9. 建议与总结】通过竞品分析，对您的产品有什么建议？采取什么竞争策略？得出了哪些结论？
（提示：要考虑可操作性）</td></tr>
<tr><td>【4. 收集竞品信息】打算从那些渠道收集竞品信息？如：对竞品做功能拆解、做客户访谈、竞品官网、财报、知乎……</td></tr>
</table>

图 7-10　编写竞品画布

7.2.4　选品技巧与原则

1. 选品技巧

(1)选品前要进行详细的用户数据分析。数据越详尽分析的结果就越准确。选品数据分析包括“粉丝”喜好分析、优差评数据分析、退换货数据分析、销售数据分析、品类搜索热度分析等。

(2)选择性价比高的产品。在直播选品中，选出几款性价比高的产品作为引流产品，进行捆绑销售建立信任，同时还可以考虑选择一些福利产品，进行“粉丝”预热和答谢。

(3)用产品组合的思维来选品。在进行选品时，规划 20%的核心产品，用于获取高利润；10%的爆款产品，用以获取流量；70%的常态产品，用以互相配合，形成阶梯形销售模式，产生更多的订单。

2. 选品原则

(1)外观美观、轻便的产品。直播带货时一个即时展卖的场景，与传统电商不同，产品的外观会影响观感，产品不能过于笨重，不利于展示。

(2)选品质过硬的产品。太多售后问题，会影响主播的形象和人设，因此选择具有行业认证体系的产品利于产品的输出。

(3)选复购率高的产品。直播带货，“粉丝”群体相对稳定，所以产品的购买频次会影响收益和“粉丝”的活跃度，选择快消品和复购率高的产品，会有更好的效果。

素质园地

从华为跃升至世界 500 强企业 No. 61，到大疆占据全球无人机市场 70%份额；从回力小白鞋“登上”国际时装周，到故宫联名产品享誉全球……中国品牌正因质量与口碑齐飞，发出让世界惊叹的“国货之光”。这也让更多的国人将目光转向了性价比更高、品质同样过硬的国货品牌，老字号变得更亲民，新国货则成为时尚宠儿。

阿里研究院 2020 年 5 月 9 日发布的《2020 中国消费品牌发展报告》显示，2019 年中国人购物车里的商品有八成都是国货。对大多数国货而言，想要尽快崛起，需要找到时下最契合消费者购物心理的营销阵地。对消费者而言，他们更接受且惯于通过 KOL 推荐，建立对品牌认知，从而影响购物决策。与此同时，短视频平台及电商直播间近年来的高速增长，让越来越多国货商家看到直播带货的巨大威力，并纷纷尝试。

国货的兴起，一是源于中国经济越来越强大和发达，有经济作为巨大有力的支持和背景，新文化的崛起根基才更稳；二是国货品牌的创新和坚持，才使得“新国潮”在国内外拥有一席之地；三是国内电商平台的推波助澜，运用大胆的营销操作手法，增加了国货的曝光率。

请思考：“新国潮”的兴起，对于直播带货来说，带来了哪些机遇和挑战，面对新媒体运营的大浪潮，国货应该如何增加持久竞争力？请举例说明。

项目总结

本项目以直播选品的流程入手，分析了目标用户，重点讲述了用户画像的概念、内涵、类型和搭建标签用户的方法。通过选品因素的分析，了解选品的一些常见策略，帮助学习者了解竞品分析的流程和选品的原则及技巧，为后续直播营销的学习做好前期准备。

习题与思考

一、单项选择题

1. 下列不属于用户画像行为属性的是（　　）。

A. 用户消费习惯　　B. 购买的支付方式

C. 用户的收入情况　　D. 用户的访问路径

2. 某主播是一位宠物达人，某次直播主要是推荐一款宠物猫使用的饮水器，请根据选品情况，考虑以下哪种商品不应该在直播中推荐（　　）。

A. 某平台上热销的一款其他品牌的饮水器

B. 某款猫砂

C. 某款猫抓板

D. 某款猫粮

3. 直播售价低于用户心理预期价格，为推动后端投放抢占小时榜的商品，称为(　　)。

A. 主推款　　B. 利润款

C. 引流款　　D. 滞销尾货款

4. 用户角色的性质是一种(　　)研究。

A. 定量　　B. 定性

C. 既定量又定性　　D. 描述拆分性

5. 用户画像是一种(　　)模型。

A. 用户对维度信息数据收集

B. 产品上线后的数据

C. 基于产品对虚拟世界抽象的全方位真实用户

D 对真实世界观察抽象的具有代表性的虚拟用户

二、多项选择题

1. 用户画像属性包括(　　)。

A. 基础属性　　B. 行为属性

C. 平台属性　　D. 主播属性

2. 选品应该考虑(　　)。

A. 市场需求量　　B. 市场容量和产品趋势

C. 产品品类　　D. 竞品的情况

3. 在选品时，可根据(　　)。

A. 顾客画像选择类目　　B. 根据类目横向选择产品

C. 根据类目垂直选择产品　　D. 根据利润选择品类组合

4. 选品原则包括(　　)。

A. 选择性价比高的产品　　B. 选择品质较差，但价格比较低的产品

C. 选择复购率较高的产品　　D. 选品的颜值高，轻便的产品

5. 用户的平台属性包括(　　)。

A. 用户关注的直播平台类型　　B. 用户在平台的行为

C. 用户的访问路径　　D. 用户在平台的活跃程度

三、简答题

1. 请简述竞品分析的流程。

2. 请简述两种用户画像类型的功能和特点。

实训项目

1. 实训背景

2021 年中央一号文件《中共中央 国务院关于全面推进乡村振兴加快农业农村现代化的意见》发布，文件明确指出要加快推进农业现代化加快推进乡村振兴。2021 年农业农村部也连续第十一年推出了开展示范村“一村一品”的实施计划。如何立足本地资源赋能，突出特色产业，助力乡村振兴，成为社会关注的热点话题。

2. 实训内容

以你的家乡为调查背景，为家乡的特色农副产品赋能，进行选品分析，策划一场直播。

3. 项目训练要求

(1)提交一份以家乡特色农副产品为主题的直播策划书(30 分)。

(2)书写一份选品分析报告(40 分)。

(3)模拟完成一场直播带货(20 分)。

项目 8　进行直播营销

项目导学

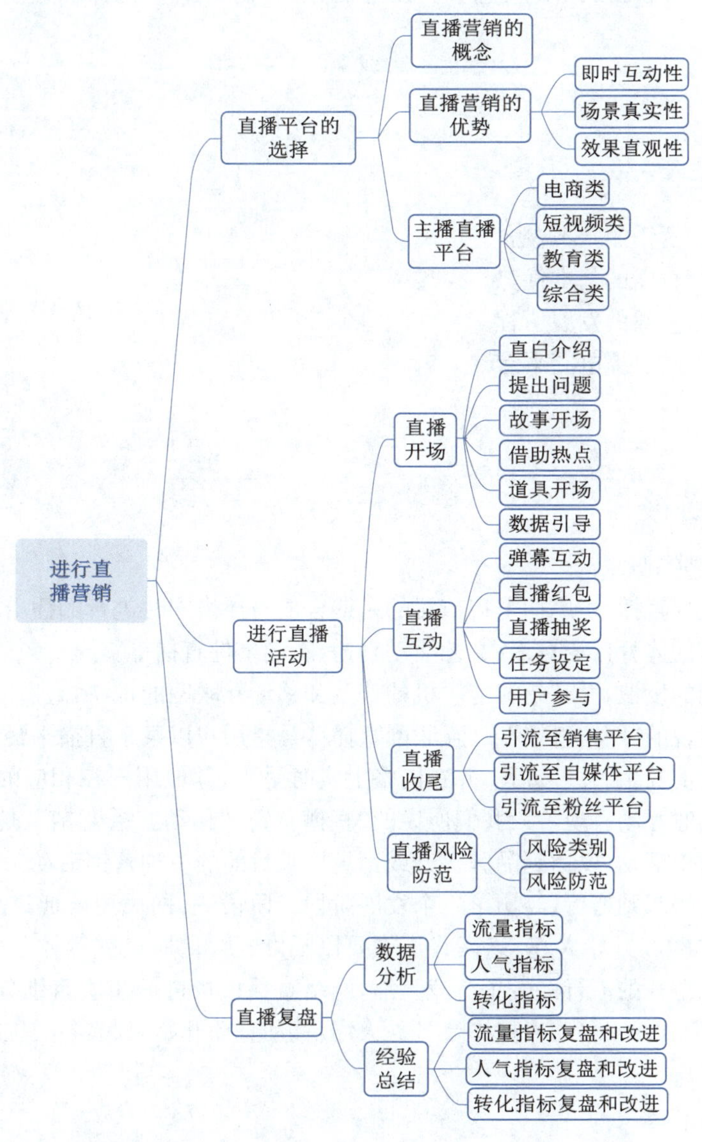

任务 8.1　直播平台的选择

任务描述

随着互联网的普及和网络通信技术的发展,国内直播行业展现出多元化的业态模式。网络直播从产生之日起,就以平民化、个性化的特点进入大众视野,从最初单一的体育直播、新闻事件直播、游戏直播,到现在涉及各个行业领域的综艺节目、电商导购等直播活动层出不穷,直播营销在未来将呈现爆发式增长态势。在本任务,我们将来一起了解直播营销及主流直播平台。

任务目标

(1)理解直播营销的基本概念。

(2)掌握营销直播的基本优势。

(3)了解网络直播的发展历程。

(4)了解常见的直播电商平台。

知识链接

8.1.1　直播营销的概念

传统意义上的直播,指广播电视节目的后期合成与播出同时进行的播出方式,如以电视或广播平台为载体的体育比赛直播、文艺活动直播、新闻事件直播等。

随着互联网的发展,尤其是智能手机的普及和移动互联网的推广,直播的概念有了新的衍生。现在我们所说的"网络直播"或"互联网直播",是指用户以某个直播平台为载体,利用摄像头记录某些事件的发生、发展进程,并在网络上实时呈现,其他用户在相应的直播平台上能直接观看并进行实时互动。现阶段我们所说的"直播营销""移动直播营销",是指企业以直播平台为载体进行营销活动,以达到品牌提升或销量增长目的的一种营销活动。

网络直播从兴起到盛行,经历了三个发展阶段。阶段一:网民主要通过计算机上网,直播从各平台推出的秀场开始兴起,该模式下主要以唱歌、跳舞、脱口秀等才艺表演为主,聊天为辅;阶段二:网络游戏的流行催生了游戏直播,网络直播市场进一步垂直细分;阶段三:随着智能终端设备的普及,新兴移动直播平台日益火爆,移动直播开始兴起,各类主播、电商导购等不断涌现。

知识链接 8-1

自 2015 年网络直播正式得到普及并进入大众视野,行业经历了资本的涌入和白热化竞争,到 2017 年竞争格局逐步形成,用户沉淀后规模扩大的速度有所放缓。而随着行业逐渐成熟，全民直播的热潮也逐渐消退，真正优质的PGC（全称为professional generated content，即专业生产内容，由传统广电业者按照几乎与电视节目无异的方式进行制作，但在内容的传播层面，却必须按照互联网的传播特性进行调整）和PUGC（全称为professional user generated content，即专业用户生产内容，指在直播行业中将PGC和UGC结合起来的生产模式）内容被保留并成为主流。各平台开始关注如何利用直播的优势和特征进行产品和品牌营销，从而通过流量盈利。网络直播行业发展各阶段的特征如图8-1所示。

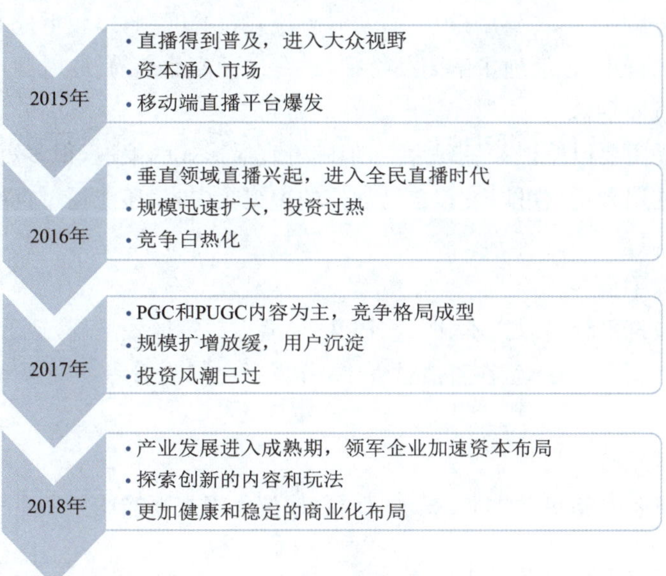

图8-1 网业直播行业发展各阶段特征

8.1.2 直播营销的优势

直播营销已进入大众视野，并渗透到生活的方方面面。作为一种新兴的网络营销手段，直播营销主要有三方面优势：

1. 即时互动性

直播具有良好的互动性，在直播过程中，主播在呈现内容的同时，用户也可以参与互动。直播间的节奏可能会跟随用户的反映作出调整，以达到主播与用户、品牌方与用户、用户与用户之间的深度互动。

2. 场景真实性

在传统的营销活动中，商品的宣传广告都是提前制作好的，用户可能会对其真实性产生怀疑，且对商品有疑问时，往往不能得到及时的解答。而在直播营销中，不仅可以展现商品的生产环境和过程，展示商品的试用、试吃、试玩等过程，还能通过互动及时解答用户的疑问，让用户能充分了解商品，提高用户购买欲。

3. 营销效果直观性

在直播间内进行营销，因为大部分看直播的用户都是对所推荐产品感兴趣的，很容易产生用户争相下单购买的氛围，而这种氛围也进一步刺激了用户对商品的购买。同时，直播团队和品牌方也可以实时观测到销售数据，了解到直播的效果，便于对本次直播营销进行复盘和改进。

8.1.3 主流直播平台

直播平台是直播电商产业链的核心，它为直播提供了内容输入和输出的渠道。根据直播平台的主营内容来划分，可将直播平台分为电商类直播平台、短视频类直播平台、教育类直播平台和综合类直播平台。

1. 电商类直播平台

电商类直播平台是以为用户提供商品营销和购买渠道为主的平台。此类平台有较强的营销性质，商家可通过直播形式与用户互动、实时解说并解答问题，以较低成本吸引顾客，而用户也可通过直播更加直观、全面地了解商品特征，最终进行商品交易。

2. 短视频类直播平台

短视频类直播主要以短视频呈现为主，但随着直播形式的发展，很多短视频平台也开通了直播功能。平台使用者不仅可以发布自己创作的短视频内容，还能通过直播展示生活日常、好物推荐、销售商品等。

3. 教育类直播平台

传统的在线教育平台多以文本、图片、PPT、录播视频等形式呈现，缺乏互动和反馈。而教育类直播平台弥补了这一缺陷，在直播过程中，分享者可与观看者实时互动，对所提问题及时进行讲解。

4. 综合类直播平台

综合类直播平台是指包含生活、娱乐、教育、旅游等多类直播的平台，用户在该类平台上可选择的直播范围较广。

任务案例 8-2

直播营销案例：某汽车品牌新品音乐秀

1. 营销背景

为了烘托新款车辆上市气氛，某汽车品牌“敢作敢为”音乐秀在西双版纳傣秀剧场开演。面对激烈的市场竞争，该品牌推出了改变巨大的全新车款，“敢作敢为”也是他们希望传递的产品精神。该车款的目标客户是25～35岁青年人，这部分人追求的不是简单的兴奋和满足，而是追求自己内心世界的理想生活方式。傣秀剧场仅可容纳1 000人左右，而这次以音乐为承载的新车发布，在线上获得了最大程度的关注，也充分传达了品牌态度。

2. 营销目标

该活动的营销目标是让本次发布和以往有所不同，要让该车型在充分曝光的同时，宣传“敢作敢为”的品牌理念；同时希望获得超过500万次以上的曝光量，并收集2 000条以上的销售线索。

3. 策划与创意

以音乐秀为载体，携手诠释“Live Real”的代表歌手，通过全渠道直播和在线实时互动，实现了超越时空界限的新车创新发布会，让该车型的上市成为热点。

在发布会前一周，主办方通过视频与音乐平台寻找对音乐秀感兴趣的年轻用户。在直播当天，主办方通过社交、音乐、视频、VR平台共同组成直播生态链，在直播时通过丰富的互动形式实现线上线下全面互动。

4. 策划和执行过程

在发布会前一周，主办方开始预热。根据音乐秀的内容特征，寻找对音乐秀感兴趣的年轻用户；运用歌词海报制定、车型推送欣赏、直播预约等方式实现最大限度的预热和曝光。在预热期间，超过 100 万人参与了歌词海报的制作和好友互动，数百万人进行了直播预约。

在发布会当天，主办方通过多个平台进行直播，以满足用户对音乐秀体验的多元化需求。在某社交平台，主办方在发布会前 15 min 开始释放朋友圈广告并直接链接到直播内容；在音乐平台，主办方利用闪屏、焦点图等优势资源吸引用户；在某视频平台，主办方在演唱会前对预约客户进行直播提醒；此外，本次活动还启动了身临其境的 360° 直播，用户可通过 VR 眼镜感受沉浸式直播体验。

丰富的互动形式也在直播过程中得到体现，用户可以通过投票为喜欢的歌手加油，也可通过弹幕与其他用户交换意见，并决定了该车型在现场发布会最终的亮相形式。

5. 活动效果

通过本次活动，有超过 1 050 万用户在线观看直播，其中有 4 000 万次互动，人均停留时间超过 34 min，有超过 22 366 人进行了试驾预约。

由于本次发布会效果良好，方式新颖，引起了电视与社交媒体广泛的自主传播与讨论。

请结合以上案例分析：与传统营销方式相比，该品牌线上营销活动有哪些优势？

任务 8.2 进行直播活动

任务描述

从 20 世纪末，就有大量网民“泡”在各大论坛或聊天室里，参与文字直播；截至 2016 年，观看网络直播用户已达到 2 亿人，各类直播平台超过 300 家；直至现在，网络直播行业发展趋于成熟，用户沉淀，商业化布局更加稳定。本小节将带领大家了解如何开始一场直播及其关键要素。

任务目标

(1)理解开展直播活动的整体思路。

(2)掌握直播活动流程。

(3)了解直播活动中的风险及防范措施。

知识链接

8.2.1 直播活动的开场形式

直播开场是主播留给用户的第一印象，也是用户决定是否留在直播间的关键要素，一个好的直播开场，需具备以下五点要素：①引发用户兴趣。主播需利用语言、个人装扮、道具等，充分调动用户观看直播的兴趣，如对新进入直播间的用户进行点名欢迎、及时回答用户提问等。②引导观众推荐。前期宣传及平台流量只能带来有限的用户，主播需在开场时，主动引导用户邀请自己的朋友、亲人等加入直播间，维持直播间热度。③带入直播场景。因观看直播用户的所处环境不同，主播需利用开场，及时将用户带入直播所需的场景。④渗透营销目的。在开场时，主播可通过企业广告语、产品名称、销售口号、企业品牌象征物、产品销售链接等，让用户熟悉并接受将要进行营销的产品。⑤平台资源支持。各大直播平台通常会配备运营人员，对资源位置进行监控和设置，如看点推荐、新人主播、首页轮转图，主播可利用平台资源迅速积累人气并引导用户互动。

在直播开场时，有以下六种具体的开场方式：

1. 直白介绍

在开场时，主播可通过自我介绍、主办方简介、直播内容概述等方式，让用户能快速了解直播的主要内容。也可通过对抽奖、送礼物、发红包等奖励环节的预告，促进用户留存。

2. 提出问题

通过提问题开场，可以很好地提高用户的参与度和互动性。主播可以通过提问题了解用户的基本情况、对本次直播的期待、偏爱等，也可通过问题，对本次直播内容进行预热和引导。

3. 故事开场

人们都喜欢听故事，直播间的用户也不例外。主播可以通过一个开场故事，对用户进行引导，让用户能进入直播所设定的场景，利于接下来环节的开展。

4. 借助热点

随着互联网的普及和对人们日常生活的渗透，用户对近期的热点、热词等会有较高的兴趣。主播可在开场时通过对热点的讨论，拉近用户距离，烘托直播间的热闹气氛。

5. 道具开场

主播可借助道具来辅助开场，如直播产品、企业吉祥物、企业标志及场景工具等。场景工具可根据直播内容而定，如进行运动产品营销直播，主播可用瑜伽垫、球类等作为场景工具。

6. 数据引导

数据最为直观，且最具说服力。主播可将直播内容的关键数据提炼出来，在开场时进行展示以提高观看用户的兴趣。如在进行护肤品直播时，可引入相关研究数据或市场调查数据。但在引用数据时，必须确保数据真实可靠，避免出现错误数据导致误导消费者、降低用户对直播间信任度等问题。

8.2.2 直播互动的玩法

相较于传统的电视直播，网络直播的互动环节让用户更有参与感，主播也能根据用户观看直播时的弹幕反馈，及时对直播节奏、内容、方式等进行适度调整。常见的主播互动玩法包括弹幕互动、直播红包、直播抽奖、任务设定和用户参与。

1. 弹幕互动

弹幕指的是在网络上观看视频时弹出的评论性字幕，这些评论可被观看直播的所有用户看到。弹幕不仅是用户和主播间的沟通，也是用户之间的交流。目前直播弹幕可分为两类：一类是用户和主播间的互动，如在进行零食直播时，用户评论道“这个零食辣吗?”“零食里有没有谷物类致敏源”，对于此类弹幕，主播应及时作出回应；另一类是用户与用户间的评论，如“我赞同楼上的观点”“哈哈哈，你的评论绝了”，对于此类弹幕，主播无须进行回应或处理。但遇到一些涉及不文明用语、谩骂、带有严重负面情绪的弹幕时，主播应主动应对解决。

2. 直播红包

在直播间利用第三方平台给用户发红包，可以提高用户在直播间的留存度，也利于维持直播间热度。直播红包不仅是对用户的回馈和奖励，也能让用户更频繁地在直播间进行互动。一般情况下，主播发红包的步骤如下：

1)约定时间

主播需提前对直播间发红包的时间进行预告，如“今晚 9 点红包来袭”“再过 10 分钟我们就要发红包了，快快邀请好友一起抢红包”。预告直播红包，可以让用户提前安排好时间，也能提升直播间人气和热度。

2)平台选择

除了在直播平台发红包，主播也可以选择在微博、支付宝等平台发红包，选择不同的平台进行红包发放，可为站位平台引流，让直播效果进一步发酵。

3)发放红包

主播应在约定的时间准时进行红包发放，可通过倒数等方式增加发放红包时直播间的氛围。

3. 直播抽奖

直播抽奖是能有效调动观众气氛的互动工具，具有成本低、可操控、用户参与感强的特点。不同直播平台有不同的抽奖方式，而直播间也可自行对抽奖方式进行设定。如主播可让用户在直播间打出某宣传标语，通过截屏的方式进行抽奖。

4. 任务设定

主播可在直播间发布“任务”，在指定的时间，共同完成指定的行为。如在进行健身相关产品直播时，主播可鼓励用户在一个月内进行运动健身，并在指定时间内到社交平台“晒照”“交作业”。通过让用户完成任务，可以增加直播间的影响力，也能让用户更有参与度和归属感。

5. 用户参与

主播可邀请用户对接下来的直播方式、内容等进行设计，在增加用户参与度的同时，也能对直播内容和形式进行创新。

8.2.3　直播收尾

以分享日常生活的直播没有太多的产品营销目的，主播主要以展示自身才华、分享生活点滴、积累“粉丝”人气为主，此类直播对收尾设计没有过多要求；但企业或商业直播需以结果为导向，通过直播促进产品销售、提升品牌知名度，此类直播需利用直播收尾，快速转化流量。

直播现场的活动效果取决于直播开场和直播过程中，直播间的人气热度、互动次数、弹幕反馈等，而直播结束后的活动效果取决于直播收尾过程中，主播是否能对用户进行有效引导。

直播活动结束时，直播间关闭，流量瞬时清空。而实现直播间流量转化的关键一步，是将直播间用户引流至销售平台、自媒体平台和“粉丝”平台三个方向。

1. 引流至销售平台

主播在直播结束时将用户引流至销售平台，目的是引导用户进入网店，促进产品交易达成。通常能在直播间留到最后的用户，对直播内容都比较感兴趣，也较为喜欢主播的直播方式；对于此类用户，主播在结束时可以充当销售顾问的角色，对产品购买进行适度的引导。

通常在直播结束时，直播可告诉用户一段“暗语”，用户通过“暗语”购买指定商品，即可获得销售折扣或赠品小样。但在进行销售引导时，切记不可生硬植入广告，需站在用户立场上考虑，本次直播所推荐的商品是否适合直播间用户；同时，需要对推荐产品的质量、渠道等进行严格把关，牢牢守住用户对直播间的信任度。

2. 引流至自媒体平台

将用户引流至自媒体平台，其实就是引导用户关注主播或企业的自媒体账号。在直播结束时，主播可将自媒体账号和关注方式告诉用户，让感兴趣的用户能对后续的直播、产品信息、企业动态等保持关注。

例如，主播在直播结束时可以说：“咱们这次直播就要结束啦，非常感谢大家的陪伴，今天我们讲到的××产品，大家可以通过关注我们的××公众号获得更多信息，进行微博或朋友圈转发的，还能领到 20 元优惠券。同时，咱们后续的直播时间也会在公众号上公布，请大家多多关注，我们下次直播再见！”通过直播结束时对用户的引导，可以促进产品销售，提升直播热度，促进“粉丝”留存。

3. 引流至“粉丝”平台

将用户引流至“粉丝”平台，就是在直播结束时，告诉用户加入“粉丝”平台的方式，邀请用户报名。想加入“粉丝”平台的用户，一般在直播中参与度高，对主播也有较高的认可度；对于此类用户，通过邀请进入“粉丝”平台，主播在直播结束后通过运营该群，就能将群内用户转化为忠实“粉丝”。

在进行“粉丝”平台引导时，也可利用红包、小礼物等增加用户进群概率。比如，在结束时可以说：“本次直播就结束了，如果喜欢咱们直播间的，可以添加我们微信群小助手，她会拉你进入我们直播间‘粉丝’群。主播会在群里和大家互动，有问题也可以在群里直接问主播，另外，‘粉丝’群每周五都会有红包、产品折扣券等多多福利，大家赶快进群领取哦！”

8.2.4 直播电商的风险防范

直播电商以其互动性、直观性、趣味性等特点，呈现井喷式增长，而在直播过程中，直播售假、质量问题、售后无保障等问题让很多直播间“翻车”，也让公众对直播行业的发展打上了一个大大的问号。

经济学中一般将风险定义为“事件或经济结果的不确定性”或“发送危险、损失、损伤或其他不利结果的概率和程度”，如果某种行为具有不确定性，则该行为就存在风险。直播电商风险是指在直播环境下，某种损失发生的可能性。由于直播有双向强互动和群体效应的特点，使得直播电商的风险程度高于传统媒体。

1. 直播电商的风险类别

直播电商行业快速发展，在这个过程中，直播电商平台、主播、品牌商都在不同程度上面临着法律、内容、产品、售后、供应链等方面的风险。直播电商主要面临的风险可归纳为以下几类：

1)法律风险

直播电商存在的法律风险主要有版权问题和隐私侵权。对于版权问题，《中华人民共和国著作权法》第十条规定，著作权人享有署名的权利；第二十四条规定即便在合理使用的情况下，可以不经著作权人许可，不向其支付报酬，但应当指明作者姓名或者名称，并且不得侵犯著作权人依照本法享有的其他权利；第三十八条规定，使用他人作品演出，表演者应当取得著作权人许可，并支付报酬。而在直播过程中，音乐版权的侵权较为常见，很多主播在直播中会演唱或翻唱一些音乐作品，但不会对音乐作品及作者署名，这存在一定的侵权隐患。另一类法律风险是隐私侵权，它是指利用网络直播不合理地获取、公开他人姓名、肖像等个人信息和感情生活等信息，或者通过网络直播扰乱他人安宁。主播在公共领域或隐私场所进行直播，未经权利人许可，将权利人肖像、家居场景、生活细节等对外公布均属于一种违法、违规行为。

2)内容风险

在直播活动中，存在着直播内容同质化、广告泛滥、内容低俗等问题，这些都会让直播活动触及道德及法律的红线。2016 年，新浪、百度、搜狐等 20 多家直播平台联手共同发布了《北京网络直播行业自律公约》，承诺网络直播间必须标识水印，内容存储时间不少于 15 天备查，主播需实名认证，审核人员 24 小时在平台上对直播内容进行审核。除此以外，直播间用户所发布的弹幕也需进行严格管理，一旦发现利用弹幕肆意发布低俗内容，直播间审核人可直接禁止其发言。

3)产品风险

产品的价格和质量是消费者选择产品的两个重要因素，降价销售能很大程度地刺激消费，但也容易导致商品价格风险和商品质量风险。

商品价格风险是指在直播活动中，部分主播为了凸显直播间折扣力度大，存在虚构“原价”的问题；而我国国家发展和改革委员会所发布的《禁止价格欺诈行为的规定》中，“原价”是指经营者在本次促销活动前七日内在本交易场所成交，有交易票据的最低交易价格；如果前七日内没有交易，以本次促销活动前最后一次交易价格作为原价。

商品质量风险是指在直播活动中，销售质量不达标的商品，导致消费者利益受损。商品质量包括外在质量和内在质量；外在质量是指商品的造型、工艺、色彩等，内在质量是指商品的性能、使用安全性等。部分主播用“亲测好用”“空瓶展示”等噱头兜售商品，很大程度上刺激了消费，但产品质量却不能保证，导致劣质产品和欺诈销售成为阻碍直播电商健康发展的典型问题。

4)售后风险

在低价促销的直播中，消费者容易在短时间内冲动购物，从而带来了因产品质量、外观、尺码等因素造成退换货的售后问题。品牌方和直播团队需要有便捷、高效的处理流程，来确保消费者获得良好的购物体验。尤其对于水果蔬菜、海鲜、肉类等非标产品，更加考验品牌方和直播团队的售后服务能力。

5)供应链风险

直播供应链一般可划分为：品牌定位—定款—定数量—定价—直播—发货—售后。如果品牌方不能为消费者提供及时的产品供应，会让消费体验大打折扣，而快速的产品供应，是对生产能力、发货能力、物流速度、售后保障的全方位要求。在直播活动前，直播团队需进行销售预测并与品牌方沟通，如果高估直播销量，大量库存会造成巨大的资金压力，造成供应链风险。

2. 直播电商的风险防范措施

随着直播电商渗透到我们生活的各个方面，我们在享受其带来的便捷和高性价比的同时，也承担着因信息不对称、法律法规不完善所带来的风险。想要直播电商持续健康发展，离不开直播平台、直播团队、品牌方、消费者、监管机构等多方主体的共同努力。

对于消费者，在直播购物的过程中需注意以下几点：(1)购买商品前注意保留相关证据，如商品价格折扣截屏、弹幕留言互动截屏；(2)理性购物、按需购买；(3)如果自身权益受到侵害，应采取积极的维权方式，及时与商家协商，或申请平台介入处理。

对于直播团队，在进行直播风险防范时，可从以下几点进行直播前准备：(1)提前策划演练，在直播前对直播各环节进行推演和模拟，熟悉直播内容，避免说错产品名称、报错价格、混淆产品型号等低级错误；(2)严格把控产品质量，直播团队需具备足够的产品鉴别能力，选品时充分了解企业背景、产品品质、生产方式、产品供应链等相关信息，进行直播推销时需全面展示说明产品真实情况；(3)确保软硬件设施运行正常，在直播前，直播团队应对相关软硬件进行测试和排查，避免在直播过程中出现软硬件使用不熟练、流量太大导致服务器瘫痪等问题。

对于直播平台，除了严格履行法律法规规定的相关平台义务，还应：(1)打击直播过程中虚假广告，加强对主播及直播内容监管；(2)严格审查直播团队和品牌方相关资质；(3)提高技术水平和支付工具安全性，强化安全交易管理；(4)完善消费者、直播团队、品牌方的沟通渠道，健全纠纷解决办法和机制。

对于品牌方，需做到：(1)保证产品质量达标，全面、真实、准确地披露产品或服务相关信息，完善售后服务体系；(2)关注直播销售情况，加强与直播团队沟通，避免出现因库存不足而违约交货的情况；(3)销售的商品或服务应符合国家法律、法规相关规定，应当符合保障人身、财产安全和环境保护的要求。

任务案例 8-3

某主播销售假燕窝

某电商平台主播被指售卖燕窝为糖水一事备受关注。2020 年 11 月 27 日，该主播通过官方微博发布一篇声明，表示经检测直播间销售的燕窝确实存在夸大宣传——燕窝成分不足每碗 2 克，对此其表示道歉，并向购买燕窝的消费者承诺“退一赔三”，共赔付 6 198.4 万元。

2020 年 11 月 4 日，一位网友公开质疑该主播徒弟的直播间售卖的燕窝是糖水。视频中，该网友用勺子在一杯打开了的燕窝里搅拌了几下，燕窝便瞬间变成水。主播方迅速做出回应，亲自验证所售燕窝并非虚假。直播间内，主播打开一罐新的燕窝，将产品过滤出一勺透明固体，称这就是燕窝，绝对没有售假。随后，燕窝品牌所属公司也发布了律师声明，称发售的燕窝是经过各项环节的质检流程，不存在质量问题。在做实验加律师声明一套组合拳下，主播团队销售假燕窝的事情也很快平息。

但出人意料的是，没过几天，这件事又迎来了一个大反转。此款燕窝再被打假。2020 年 11 月 19 日，“职业打假人”发布一份检测报告，并配文称，经过检测，该主播售卖的燕窝风味饮料就是糖水。根据相关规定，燕窝中的蛋白质含量标准要求在 30%～50%之间，显然该主播所售燕窝是不符合标准的。另外，“职业打假人”还补充道，该“燕窝”的唾液酸含量仅有 1.4/万，价值人民币 0.07 元，连带包装费、加工费，成本不超过 1 块钱。

对此，主播团队回应质检报告时，在声明中表示：公司只负责推广，不涉及任何采购销售行为。事件发生后，已第一时间将产品送检，待结果回传后公证并公布给广大网友。如果消费者对产品有任何不满，可以向该品牌的网上旗舰店申请退货退款。对于这份声明，部分网友并不买账。

2020 年 11 月 27 日，该主播在其个人微博发文回应，提出先行赔付方案，召回直播间销售的全部燕窝产品、承担退一赔三责任，共销售 57 820 单，销售金额 1 549.6 万元，共需先退赔 6 198.4万元，先解决问题。声明显示，经检测，该品牌燕窝产品在直播间推广销售时，确实存在夸大宣传，燕窝成分不足每碗 2 克。

该主播表示，此事件中，主播团队在选品、质检方面因为对燕窝行业相关专业知识储备不够，未能甄别出品牌方提供的产品信息，存在夸大宣传的内容，存在疏漏，以及冲动回复，引发舆论风波，对此再次向广大消费者和社会各界诚挚道歉。

请结合以上案例分析：

1. 在“某主播销售假燕窝”事件中，涉及哪些方面的风险？

2. 请分别站在消费者、直播团队、直播平台和品牌方的角度，谈谈该如何避免此类事件的产生？

任务 8.3　直播复盘

任务描述

数据分析是直播运营中不可缺少的一部分，想要优化直播活动效果，提高直播带货的转化率，主播团队、直播平台、企业方都需要学会深耕数据。不同的企业和主播对于直播效果的评价指标有所不同，但基本指标大致相同。通常来说，我们可以从流量指标、人气指标和转化指标三个方向，来对直播效果进行复盘。

任务目标

（1）了解直播活动的效果评估过程。

（2）掌握直播活动的三个评估指标：流量指标、人气指标、转化指标。

（3）学会对直播活动进行复盘和改进。

知识链接

8.3.1　数据分析

不同的电商直播平台有不同的数据指标，但基本的评估指标可分为：流量指标、人气指标和转化指标。一部分直播运营数据可以直接从直播平台后台获得，另一部分数据则需要进一步的计算获得。

1. 流量指标：在线人数

流量指标对应的是直播间的在线人数，在线人数是指同时在线观看直播间的用户数量。在线人数是体现直播间流量的核心指标，通过在线人数，可以了解直播效果、主播受欢迎程度、直播内容吸引度等多个方面。

在线人数要从两组数据展开分析，即在线人数变化曲线和在线人数的稳定程度。

1)在线人数变化曲线——展现直播间的内容质量

在一场直播活动中,在线人数的变化可以最直观地反映出直播内容的质量。人数变化曲线会出现波峰和波谷;波峰代表直播间出现的人气峰值,产生的原因可能为平台引流、直播福利时间、特定产品或内容播出等;波谷代表直播间出现人气低谷,产生的原因可能为直播内容枯燥、时点过早或过晚、其他事件影响等。

2)在线人数的稳定程度——体现直播间的用户黏性

当主播开展多次直播活动后,稳定的在线人数代表着用户对直播间的黏性。稳定的在线人数说明直播内容既能留住大部分老用户,又能吸引新用户的关注。对于主播团队来说,只有持续地把新用户转化为直播老用户,才能进行"粉丝"积累,继而开展后续的直播;对于商家和直播平台来说,稳定的在线人数是衡量是否能与该直播团队保持合作的重要参考指标。

其他衡量流量指标有:总 PV(page view),指总的页面浏览量或点击量,每个用户访问直播间一次均被记录一次 PV,用户对同一页面多次访问,访问量累计;总 UV(unique visitor),指访问直播间的总人数,在同一天内,用户进入直播间最多被记录一次 UV;"粉丝"UV 占比,是指"粉丝"人数与 UV 人数之比,这个数据表示直播过程中"粉丝"占观看总人数的比例,若该比例较高,说明本次直播主题和"粉丝"的偏好匹配,若比例较低,主播团队需考虑该如何做好"粉丝"管理和运营。

2. 人气指标:互动数量

人气指标对应的是直播间的互动数量,互动是指用户在直播间评论区发起评论或参与直播间设置的话题。互动数量是直播间活跃度的核心指标,互动数量越多、人气指标越高,代表用户参与度越高,直播间内容吸引度越强。

互动数量可以从老用户互动量和新用户互动量两个方面分析。当老用户能持续地观看直播,且每场直播都能与直播保持互动,那说明该老用户已成为直播间"粉丝",老用户的互动量增加说明了直播间的直播质量稳中向好。对于新用户的互动量,其反映了新用户进入直播间后,对直播内容产生兴趣并参与其中,新用户的互动量决定了直播间能将多少新用户转化为老用户,或进一步成为与直播间黏度更高的"粉丝"。

3. 转化指标:成交单数

转化指标对应的是直播活动带来的产品或服务成交单数,较高的成交单数,表示直播内容实现了电商直播的销售目的。结合流量指标和人气指标,可以从以下两方面对转化指标进行分析:

1)成交单数与在线人数

我们可以将直播间的精准程度用成交单数与在线人数的比值来衡量,即直播用户精准程度=成交单数/在线人数×100%。精准程度越低,说明直播间难以将直播流量转化为销售量;精准程度越高,说明直播间能很好地将流量变现。一般来说,每场直播精准程度数值都低于3%为低精准程度。

2)成交单数与互动数量

直播间的内容策划质量可以用成交单数和评论数量的比值来衡量,即直播内容策划质量=成交单数/评论数量×100%。得到的比值越低,说明内容策划质量越低,反映了即使用户已经进行了参与互动,仍然没有下单,主播团队需对直播内容呈现进行改进;反之,比值越高,说明内容策划质量越高,直播间的营销策略切实可行。

任务案例 8-4

某品牌创始人的直播首秀

2020 年 8 月 16 日晚间，某品牌创始人、董事长兼 CEO 在某直播平台首秀，2 小时成交额便突破“亿元”，截至 17 日早上 9 点，该首秀成交总额已达到 2.1 亿元，观看人数达到 5 053 万，这也创下了该直播带货的记录。该品牌“粉丝”众多，庞大的在线人数是这场直播首秀成功的保障和前提。

8.3.2 经验总结

在对直播活动的流量指标、人气指标和转化指标进行整理分析后，我们也需从三方面对直播活动进行复盘和改进。

1. 流量指标的复盘和改进

流量指标不佳的原因主要是在线人数少和在线人数不稳定。一般情况下，在线人数少于 100 人的判定为在线人数少，可采用的改进措施有：(1)调整主播语言及内容呈现方式；(2)加强对新用户的关注，增加用户参与度，提高用户留存；(3)改善直播间环境，突出直播重点；(4)适当增加直播间福利，如定时抽奖、发红包、抽幸运用户等。

对于在线人数不稳定，改进措施有：(1)固定开播时间，让直播间用户养成观看习惯；(2)运营直播“粉丝”群，让直播团队人员引导用户加入“粉丝”群，利于保持老用户的黏合度，同时也能拓展新用户；(3)进行直播预告和宣传，扩大直播影响范围和力度。纵观头部主播的在线人数统计，几乎都可以找到一定的规律性。稳定的在线人数，就源于对节奏的把控，也是专业主播和业余主播的最大区别。如何把控节奏，关键在于脚本。越新的主播，需要越细的脚本，最好能精确到每分钟。老手主播，注意好话题脚本就可以了。

不同的直播平台提高在线人数的方式略有不同，下面以某平台直播为例，给大家展示如何提高在线人数。

(1)直播的观看人数会影响直播的排名，商家应采用加强播出前宣传、直播期间送福利、发放优惠券等方式，吸引用户在直播期间进行产品购买，观看人数增加会提升直播间排名，而较高的直播间排名，又能吸引更多新用户。

(2)名气较小的主播，可以选择直播少的时段增加人气，冲上排名，再利用排名优势吸引更多新用户。

(3)在直播期间，引导卖家去网店收藏或购买宝贝，直播间内对产品有疑问的弹幕应及时进行回应，但切记不能为了提高销量而进行虚假宣传。

2. 人气指标的复盘和改进

人气指标表现不佳的原因为新用户和老用户互动量低。当新用户互动量低时，可以从以下几方面进行改善：(1)当新用户进入直播间时表示关注和欢迎，强化直播间运营人员的互动引导，让新用户能尽快加入直播互动；(2)及时告知直播间互动玩法，避免新用户不知道如何参与互动的情况出现；(3)创新直播互动玩法，加强互动趣味性，提高新用户互动积极性。当老用户持续收看直播，但互动很少时，直播团队应：(1)主播应熟悉老用户名称，拉进主播与用户之间距离，直播期间主动引导老用户参与互动；(2)运营人员可充当老用户，引导评论互动，提升直播间气氛；(3)调整老用户引流模式，避免让过多不喜欢评论互动的用户进入“粉丝”社群，加重“粉丝”群管理难度；(4)可根据老用户的互动频率授予老用户更高等级，如将“粉丝”划分为青铜、白银、黄金、钻石等，可在一定程度上提升“粉丝”归属感。

3. 转化指标的复盘和改进

转化指标可由成交率和退货率两个具体数值来衡量：

1)成交率

成交率的计算公式为：成交率＝产品上架后的成交单量/当时段直播间人数×100%。当成交率低时，反映出直播选品和直播间用户匹配度不高，一般来说，当成交率小于10%时，视为低成交率，直播团队应调整选品策略或方向。

提高成交率的方法有：(1)调整选品策略，通过分析直播间的用户数据，调整直播间选品的种类、价格、质量层次等；(2)调整商品价格，可通过调整产品价格组合，进行差异化定价；(3)调整营销策略，促进用户在直播期间对产品的购买量。

2)退货率

退货率的计算公式为：退货率＝退货单数/成交单数×100%。在直播营销过程中，因用户决策时间较短，容易出现冲动购物的情况。一般来说，企业方的目标是将非质量问题的退货率控制在20%以内，高退货率会导致商家库存积压，不利于企业资金流转。

降低退货率的方式有：(1)调整直播用语，在进行直播营销时，要做到实事求是，避免因过度引导导致退货；(2)调整选品策略，直播团队需知晓直播间用户的消费需求和偏好，新手主播应从自己的账号定位出发，选择与账号定位相关的产品；(3)注重购物体验，优化用户购买时的客服服务以及售后服务；(4)注意价格保护，避免让用户在收货时感觉自己"买亏了"，还可以调整产品组合策略来进行差异化定价，促进交易达成。

任务案例8-5

某头部主播直播深度剖析

某头部主播是一个极具代表性的主播，他的直播有很多过人之处，接下来就让我们看看他直播的独家秘籍。

1.塑造专家形象

在直播时，该头部主播不仅仅推荐特定的产品，而是会讲解相关的化妆、护肤方面的知识。"美妆领域的专家"，是他精心打造的直播人设。

2.保持亢奋的直播状态

在直播过程中，他能一直保持着亢奋的状态，全程语速快、音量高、情绪饱满，让"粉丝"隔着屏幕都能感受到他的热情，从而被直播内容快速吸引。

3.直播语言极具感染力

他有很多标志性的直播用语，如"买它、买它、买它""所有女生""这个颜色也太好看了吧!"。这些语言不仅容易刺激用户的消费欲望，也提升了他的影响力。此外，直播用语通俗易懂。在讲解产品成分或功效时，他一般不会使用专业用语，而是用通俗易懂的语言进行讲解。比如："如果你皮肤很敏感，遇到换季或者换护肤品，皮肤就开始长痘、蜕皮、泛红，但你又不知道该用什么护肤品时，就来买这套水乳吧。"

4.放大价格优势

在介绍商品时，他会先报出在线上旗舰店或线下专柜的价格，再说出在直播间的价格，很多时候还会配合"买赠"来提升用户的购买欲。

5.营造紧迫感

该主播擅长引导和控制销售节奏，他一般会将商品分3～4次上架，每次销售完后再进行补货,还会对最后的库存商品数量进行倒数,如:“还剩最后2 000组,1 000组,500组,没了,全部库存没了”,以此来营造直播间商品供不应求的气氛。

6. 借助各类道具做辅助

该主播在直播过程中,会使用各类道具让自己的讲解更加便于理解。比如让助手展示如何领取优惠券、直接展示产品使用步骤、分析折扣力度时用展板辅助讲解。

7. 讲解方式多样化

在直播过程中,经常使用的讲解方式有现场试用(多用于护肤品和化妆品)、展示商品细节(零食试吃、设备试用)、趣味实验、讲故事等。

8. 正直的态度

该主播会站在“粉丝”的立场上来推荐产品,让用户理性消费、按需购买,在推荐产品时,会说明该产品适合哪一类人。比如在推荐贵妇面霜时,会直接说:“这个是推荐给现在经济能力比较好的姐妹们买的,千万不要为了买这个面霜,而去吃泡面省钱哦!还有很多平价的产品可以选择”。

9. 轻松、愉快的直播氛围

在该主播直播间中,除了主播,还有两个非常重要的角色:他的助手及宠物狗。直播助手会对商品内容进行补充、提供数据支撑,还经常和主播聊天斗嘴;而他的宠物狗会在直播间“拜拜”、吃东西等,这些都增加了直播的趣味性,也让“粉丝”的互动量大大提升。

10. 定式化的直播内容

该主播晚上的直播时间基本是固定的,在每场直播开始前的十来分钟,他都会对本次直播的商品进行预告,让用户知道本场直播中会不会有自己感兴趣的商品。如果直播中有热门产品,一般会约定在特定时间进行直播,如21:00、22:00,以方便用户进行观看购买。

11. 多平台发布,扩大传播效果

该主播在各平台均注册账号,通过多平台发布内容,持续提升自身影响力,扩大受众范围。

结合以上案例分析:如果你要开展一场直播,可以从该主播的成功经验中借鉴些什么?

素质园地

2021年“6·18”线上消费迎来新变化

2021年“6·18”开场10分钟,某电商平台支付交易笔数同比增长超100%;另一电商平台首小时成交额同比增长100%;某品牌全网销售额两分钟突破1亿元;某品牌全网总销售额32分钟突破10亿元……2021年“6·18”再次用亮眼的数据印证了国内市场潜力大、韧性强、后劲足的良好势头。

2021年以来,随着中国经济持续恢复,线上消费成为正向拉动经济增长的重要力量。国家统计局近日发布的数据显示,2021年1至5月,全国网上零售额48 239亿元,同比增长24.7%,明显快于社会消费品零售总额增速。

拼购、满减、红包、秒杀、优惠券……每逢电商购物节,商家的促销措施总是引发关注。随着国家加大对平台经济反垄断力度,2021年的年中购物节期间,“二选一”等不正当竞争现象总体减少,多个平台纷纷简化促销规则,将重心放到关注用户消费品质上,行业竞争更加聚焦关键技术、经营模式与效率的提升。某电商平台推出了现金红包、优惠券、首购礼金等多种优惠活动，承诺九成热销商品享有保价服务，热门地区可达到小时级送货；同时支持线下实体店铺、供应商实现数字化转型，提升运营效率。某平台降低了商家参与门槛，鼓励更多新品牌进入；推出的预售、超级红包、补贴金、会员满减优惠券等促销规则更加简明。某平台打造“六一宝宝节”，用一场“开心直播夜”引发共情消费。某平台主推省钱月卡和无门槛通用券，活动期间商品价格在平时优惠基础上继续打折，其中农产品销售火爆。

2021 年 5 月底，国家网信办、公安部、商务部等七部门联合发布《网络直播营销管理办法（试行）》。此次购物节，直播带货行业迎来“首考”，多个平台企业采取了包括建立完善规则体系、全面管控入驻门槛、强化商品品质保障等措施。除了继续邀请明星、商家负责人等走进直播间，还搭配多种优惠活动。通过兴趣电商形式，让更多消费者发现、购买到自己感兴趣的商品；后者推出品质购物节，并上线“小店信任卡”，内含消费者购物保障、平台优惠券和商家提供给消费者的系列体验保障，包含假一赔十、七天无理由退货等权益。

对于消费市场的未来发展，中消协在《报告》中提出三点建议：

首先，从严格监管、智慧监管的效能提升着力。一方面，向常态监管要守正成果，靠科技手段求创新效能。坚持底线思维，依法从严查处。执法行动“牙尖齿利”，营销行为才能“循规蹈矩”。另一方面，要处理好发展和规范的关系，既要拿出应有担当、果断处置违规企业，让其体会到“切肤之痛”，又需包容审慎，于细微处扶正祛邪，从端倪里正本清源，让制度的善意光辉与严苛锋芒同频共射。

其次，无论平台还是品牌，既要持续渠道拓展与流量提升，更要着力打通用户需求入口与线上线下渠道；既要通过流量互动丰富入口，延伸线上线下体验，更要坚定“以消费者为中心”理念，让有温度的新模式实现对有意愿的“新”用户的唤醒，让有诚意的新规则赢得有潜力的“老”网民的认同。

最后，法律法规的修订与完善要有的放矢；消费者教育与引导既要讲求时效，又要让受众喜闻乐见。总的目标就是既能武装执法者、鼓舞监督者，又能警示经营者、消费者。相关主体积极履职尽责、超前谋划。

专家表示，随着对电商行业的监管力度不断加大，多个平台企业更加积极改善商家服务。在新发展格局下，平台应进一步发挥自身优势，创新实现需求引领供给、供给促进消费，为畅通国民经济循环发挥更大作用。

思考：1.《网络直播营销管理办法（试行）》的发布说明了什么？

2. 请谈谈在直播电商行业日益成熟、各方面监管逐渐加强的背景下，直播电商该如何发展？

项目总结

2015 年直播电商兴起，到如今以直播为载体的内容营销全面爆发，直播已经成为各个企业或品牌商开展营销活动的重要手段，而“人人皆可直播”也成为常态。现在所说的直播营销，是指企业以直播平台为载体进行营销活动，达到品牌提升或销量增长的目的。根据直播平台的主营内容不同，可以把直播平台分为电商类直播平台、短视频类直播平台、教育类直播平台和综合类直播平台。

在直播活动中，可以通过直白介绍、提出问题、故事开场、借助热点、道具开场和数据引导六种主要方式进行直播开场，通过弹幕、直播红包、直播抽奖、任务设定和用户参与等方式与用户进行互动，在直播结束时，主播应将用户引流至销售平台、自媒体平台和“粉丝”平台三个方向，以实现直播效用最大化。直播结束后，应从流量指标、人气指标和转化指标三个方面，对直播效果进行复盘，并对后续直播活动进行创新、优化和升级。

近年来，直播电商呈现井喷式发展，直播电商风险也伴随而来。可将直播电商面临的风险归纳为法律风险、内容风险、产品风险、售后风险、供应链风险，为降低直播电商行业所面临的风险，需要直播平台、直播团队、品牌方、消费者和监管机构等多方主体的共同努力。

习题与思考

一、单项选择题

1. 为用户提供商品营销和购买渠道为主的平台属于(　　)。

A. 短视频类直播平台　　B. 电商类直播平台
C. 教育类直播平台　　D. 综合类直播平台

2. 在直播活动中，对某歌曲进行改编翻唱，但并未对音乐作品及作者署名，该行为会导致直播活动面临(　　)。

A. 道德风险　　B. 产品风险　　C. 内容风险　　D. 法律风险

3. 成交单数对应的指标是(　　)。

A. 流量指标　　B. 人气指标　　C. 热度指标　　D. 转化指标

4. 当直播间用户互动量低时，主播不应(　　)。

A. 对新进入直播间的用户表示关注和欢迎
B. 继续进行直播，等用户遇到感兴趣的话题再进行互动
C. 运营人员充当用户，调动直播间气氛
D. 创新直播互动玩法，增加互动趣味性

5. 当直播间在数人数较为稳定时，说明(　　)。

A. 直播间转换指标高　　B. 直播间转换指标低
C. 直播间用户黏性高　　D. 直播间用户黏性低

二、多项选择题

1. 直播开场可以选用的方式有(　　)。

A. 直白介绍　　B. 借助热点　　C. 提问互动　　D. 道具开场

2. 直播电商主要面临的风险有(　　)。

A. 市场风险　　B. 法律风险　　C. 内容风险　　D. 产品风险

3. 评估直播活动效果的指标有(　　)。

A. 人气指标　　B. 风险指标　　C. 流量指标　　D. 转化指标

4. 转化指标可以通过(　　)进行衡量。

A. 成交率　　B. 利润率

C. 退货率　　　　　　　　　　D. 直播用户精准程度

5. 在直播购物时，消费者可采取的风险防范措施有（　　）。

A. 理性购物、按需购买

B. 相信人气主播，不去小流量直播间购物

C. 购买商品时，注意保留如价格折扣截屏等相关信息

D. 如果自身权利受到侵害，应积极维权

三、简答题

1. 什么是直播营销及其优势？

2. 直播电商面临的主要风险有哪些？

3. 面对直播电商所存在的风险，直播团队该如何应对风险？

实训项目

选择任意直播平台进行一场直播，并在直播结束后，对本次直播的效果进行综合评估，给出复盘改进意见。

实训要求：

(1)根据直播内容，选择合适的直播平台(5 分)；

(2)直播间或直播场景布置效果良好，与直播主题相符(10 分)；

(3)通过充分的直播预热、精彩的直播开场、丰富的内容准备、多样的直播互动等方式，争取将直播间在线人数增加到 500 人以上(40 分)；

(4)直播过程中，语言表达清晰准确，直播团队配合默契(15 分)；

(5)对直播效果进行复盘，并提出改进建议(20 分)；

(6)团队自评(5 分)，班级团队互评(5 分)。

项目 9　开展社群营销

项目导学

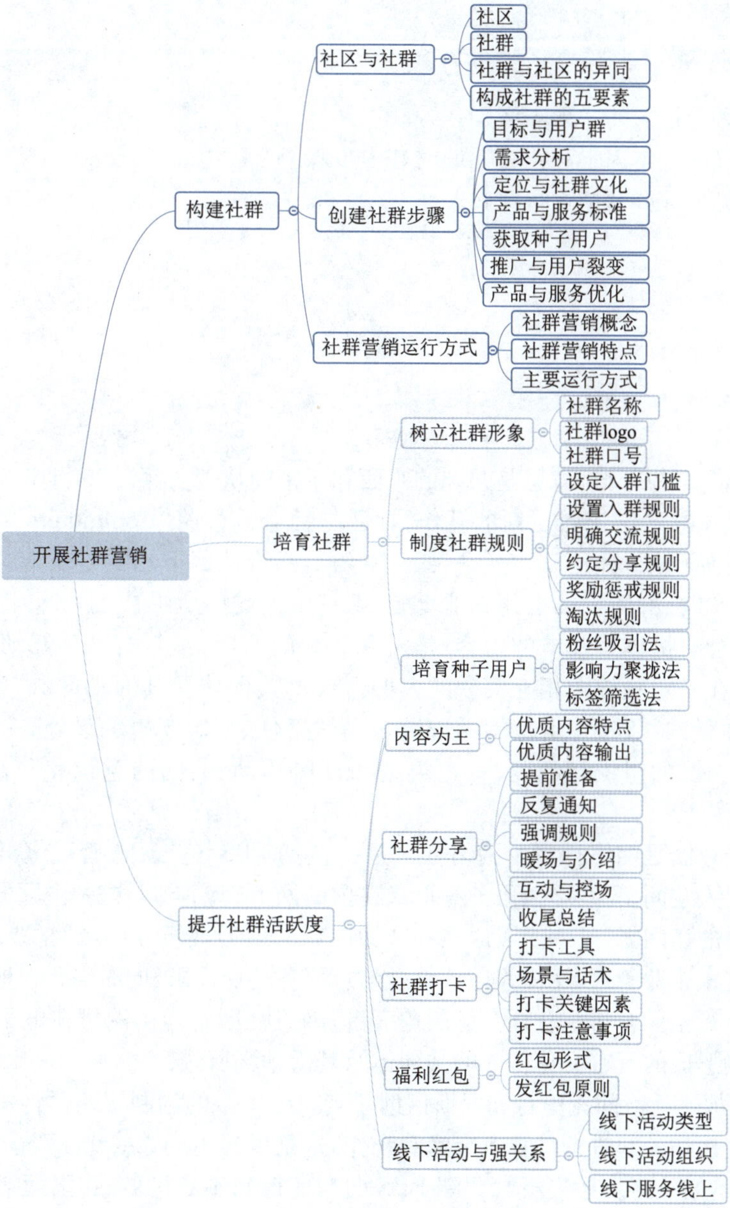

- 开展社群营销
  - 构建社群
    - 社区与社群
      - 社区
      - 社群
      - 社群与社区的异同
      - 构成社群的五要素
    - 创建社群步骤
      - 目标与用户群
      - 需求分析
      - 定位与社群文化
      - 产品与服务标准
      - 获取种子用户
      - 推广与用户裂变
      - 产品与服务优化
    - 社群营销运行方式
      - 社群营销概念
      - 社群营销特点
      - 主要运行方式
  - 培育社群
    - 树立社群形象
      - 社群名称
      - 社群logo
      - 社群口号
    - 制度社群规则
      - 设定入群门槛
      - 设置入群规则
      - 明确交流规则
      - 约定分享规则
      - 奖励惩戒规则
      - 淘汰规则
    - 培育种子用户
      - 粉丝吸引法
      - 影响力聚拢法
      - 标签筛选法
  - 提升社群活跃度
    - 内容为王
      - 优质内容特点
      - 优质内容输出
    - 社群分享
      - 提前准备
      - 反复通知
      - 强调规则
      - 暖场与介绍
      - 互动与控场
      - 收尾总结
    - 社群打卡
      - 打卡工具
      - 场景与话术
      - 打卡关键因素
      - 打卡注意事项
    - 福利红包
      - 红包形式
      - 发红包原则
    - 线下活动与强关系
      - 线下活动类型
      - 线下活动组织
      - 线下服务线上

任务 9.1 构建一个社群

任务描述

随着移动互联网的发展，以人际间情感连接、沟通信任为基础的网络社群应运而生。蕴含巨大能量的社群营销将逐渐占据移动电子商务的中心，并将给现代市场营销带来深刻而全方位的变革。

任务目标

(1)了解社区与社群的联系与区别。

(2)熟悉社群的基本因素和构建社群的基本步骤。

(3)熟悉常见的社群营销运行模式。

知识链接

9.1.1 社区与社群

1. 社区

"社区"一词源于拉丁语，意思是共同的东西和亲密的伙伴关系。20 世纪 30 年代初，费孝通先生在翻译德国社会学家滕尼斯的著作《社区与社会》时，将"Community"翻译为社区，后来被许多学者开始引用，并逐渐流传下来。社会学家给社区下出的定义有 140 多种，普遍认为社区是若干社会群体或社会组织聚集在某一个领域里所形成的一个生活上相互关联的大集体，是社会有机体最基本的内容，是宏观社会的缩影；是具有某种互动关系的和共同文化维系力的，在一定领域内相互关联的人群形成的共同体及其活动区域。社区主要构成要素包括一定数量的人口、一定范围的地域与自然条件、一定规模的设施、一定特征的文化与价值观、一定类型的组织与制度、一定类型的社区活动、共同的意识和利益、较密切的社会交往等。

本文所指的社区是网络社区。网络社区是指包括 BBS/论坛、贴吧、公众号、个人知识发布、群组讨论、个人空间、无线增值服务等形式在内的网上交流空间，同一主题的网络社区集中了具有共同兴趣的访问者，是一个以成熟社区为内容的大型规模性局域网，涉及金融经贸、大型会展、高档办公、企业管理、文体娱乐等综合信息服务功能需求，同时与所在地的信息平台在电子商务领域进行全面合作。从社会学的角度看，网络社区是指由网民在电子网络空间进行频繁的社会互动形成的具有文化认同的共同体及其活动场所。

1978 年，芝加哥地区的克里森和罗斯借助于当时刚上市的调制解调器将家里的两台苹果Ⅱ通过电话线连接在一起进行计算机交流和合作，这是世界上的第一个 BBS。2010—2013 年间，在互联网技术的飞速发展之下，PC 端 BBS 的功能得到不断扩展，我国网络社区达到鼎盛期；2014年开始走下坡路，知名的凤凰论坛、网易论坛、搜狐论坛、环球论坛、中华网论坛、驴妈妈论坛等相继宣布停止服务，天涯社区、西祠胡同、凯迪社区、猫扑吧等老牌综合型网络社区在移动互联网时代的影响力也是日薄西山，在苦苦挣扎的同时寻求移动端转型。

与传统PC端综合型BBS命运不同，移动端的综合类社区逐渐向社群转变。360社区、豆瓣、人人网、大众点评、果壳网等仍有不错表现。母婴育儿类的有妈妈帮、宝宝树等，女性类的有辣妈帮、她社区、瑞丽网、美柚等，问答类的有产品经理、知乎等，淘宝、京东、网易考拉海购等电商平台社区营销也是风生水起。

和传统社区一样，构建网络社区也需要具备一些基本因素。一定数量的社区人口指网站的有效用户数，现实社区中的人口容量是有限的，而网络社区中的人口数量几乎是无限的；一定范围的地域空间指的是网站的域名、网站的空间，以及到达这个空间的带宽；一定规模的社区设施是指网站的功能和服务，包括独立的个人空间、公共的活动和娱乐场所（如论坛、游戏等）、需要各种服务（如商城、生活资讯、分类信息、在线咨询等）；一定类型的社区活动在网络社区上表现为成员记录自己的感情和生活，发起和参与各种讨论，参与各种主题的活动，通过各种方法表达看法、观点、个性诉求等；一定特征的社区文化指的是由于网络社区的功能、结构、人群的组成、组织者的理念和倡导等方面的差异，通过人们在社区活动中长期积累和沉淀而形成具有社区文化和社区价值认同。

任务案例9-1

豆瓣社区

豆瓣表面上看是一个评论（书评、影评、乐评）网站，但实际上它却提供了书目推荐和以共同兴趣交友等多种服务功能，它更像一个集Blog、交友、小组、收藏于一体的新型社区网络。

如果说门户类网站，还是以“物”为第一要素，一些社会类网站，则把“人”提到了第一要素，那么，豆瓣，则是第一个把“人”和“物”放在同等重要地位的网站。

豆瓣社区的特点有三个方面。

一是简约素雅的界面风格，来自flickr，包括它的分享概念；

二是电子商务方面，借鉴了亚马逊（Amazon），比如用户评论和推荐；

三是社会网络（SNS）的一些元素，把人和人的社会关系真实地搬到网上，不过一般的社会网络是没有媒介的，而豆瓣用相同兴趣作为媒介。

2. 社群

社群起源于社区，又不同于社区。自1987年以来，社会学者陆续提出社群的含义：可被解释为地区性的社区，用来表示一个有相互关系的网络，是一种特殊的社会关系，包含社群精神或社群情感；社群是具有一定社会关系、一定地域、共同生活的人群，特有的文化、情感和心理的认同感群体；社群是一个群，它具有社交关系链，是基于一个点、需求和爱好将大家聚合在一起，有稳定的群体结构和较一致的群体意识，成员有一致的行为规范、持续的网络互动关系，成员间分工协作，具有相同而明确的目标和行动的能力。

互联网的普及，尤其是移动互联网时代，扩大了社群和社区的区别，社群强调精神层面的心理距离，社区注重现实中的空间上的距离，诸如美丽说、正和岛、趁早、逻辑思维、米聊、哈雷车友会、大熊会、百度贴吧、秋叶PPT、十点读书、樊登读书会、吴晓波书友会、凯叔讲故事、大V店，一大批社群应运而生。我国学者认为互联网技术的出现使得社群实现了社交功能的重叠，电子商务的崛起、支付革命、网络资源共享，社群实现了信息、服务、内容和商品的连接，在此基础上叠加了营销、经济、情感以及促进个体成员发展的功能。移动互联网的出现推动了社群功能的不断延伸，社群市场经济价值被放大。

3. 社群与社区的区别和联系

从字面上来说，社群和社区中都有“社”，说明它们都是人聚集而成的产物，有一定的社会形态。不同之处在于一个是“群”，一个是“区”。社群满足的是人们寻找归属感的欲望，更加注重的是人与人在虚拟空间中的联系；社区满足的是人们寻找舒适感的欲望，更加注重的是人与人在物理空间中的联系，如图 9-1 所示。

相比社区，身处社群的人们之间产生了交叉的关系连接和深入的情感连接。

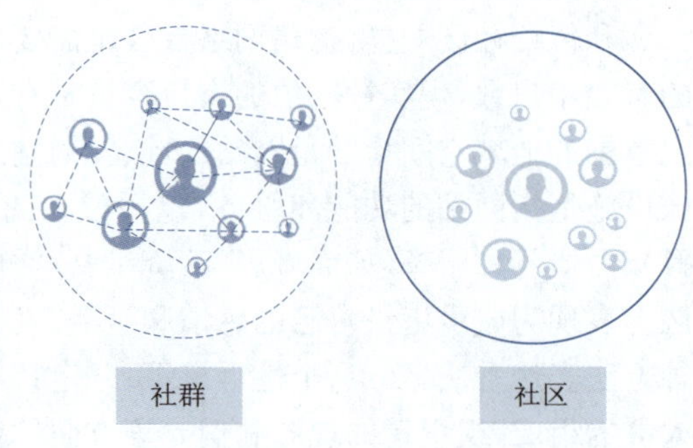

图 9-1　社群与社区

交叉的关系连接指的是人与人之间一种深度的了解和交流。例如，如果两个人是好朋友，相互就会有对方的手机号、微信、QQ 号、邮箱等联系方式。借助这些联系方式，即使他们彼此分开，两个人之间的连接也不会轻易消失。

社群中的人们之间除了会在社群中产生社交关系，在社群之外也存在着各种各样的连接。某个群友能感觉到另一个群友的存在，是因为那个人会经常出现在他的社交圈和生活圈中，如看到那个人在 QQ 空间里留下的脚印，在朋友圈里的点赞，在群里的一句发言……虽然两个人没有直接的交流，但也能感觉到那个人的存在。有的群往往只是设置了一名管理员，每天发发红包或文章，成员之间的连接度很低，这样的群是不能称之为社群的。

深入的情感连接就是要加深成员之间的情感，这就需要社群中的成员互相了解对方的爱好与行为。例如，有些线下俱乐部中的成员彼此认识，并经常互动，那么这个俱乐部就是一个社群；而有的俱乐部只是让会员享受一些积分福利，会员与会员之间没有形成任何连接，这样的俱乐部就不是社群。在一个社区内，如果成员之间积极联系，形成了连接，大家经常在一起进行活动，也可以称之为社群，这是一种基于地理区位形成的社群；有的人在网络上有很多关系不错的朋友，大家会在群里聊天互动，互相影响，还会组织一些线上或线下活动来加深感情，这其实也是社群。

4. 构成社群的五要素

国内的主流观点认为一个真正的社群必须包含同好(interest)、结构(structure)、输出(output)、运营(operate)、复制(copy)共五个要素，如图 9-2 所示。

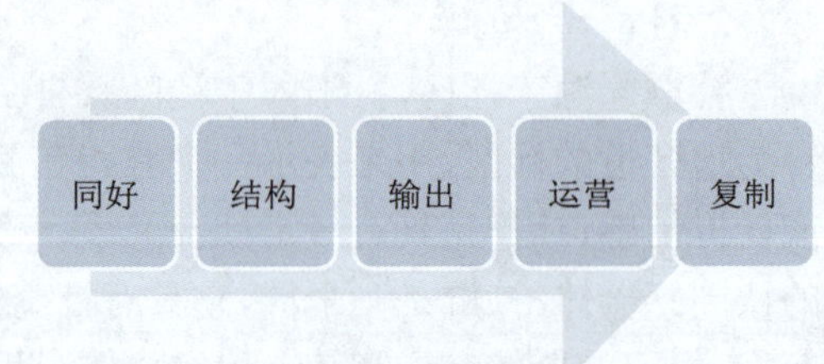

图 9-2　构成社群的五要素

1)同好

它决定了社群的成立基础。“同好”是对某种事物的共同认可或行为。其可以基于某一个产品，如小米手机、华为计算机。

2)结构

它决定了社群的存活。这需要对社群的结构进行有效的规划，结构包括组成成员、交流平台、加入原则、管理规范。

3)输出

它决定了社群的价值。社群有了同好和结构也不一定能保持社群的生命,还需要不断输出优质内容。优质内容的产生可能来源于社群主,也可能来源于群成员。社群需要为群员提供稳定的服务输出,群员只有获得输出价值,才愿意长期留在社群里。

4)运营

它决定了社群的生命周期。这需要通过运营建立"四感",即仪式感、参与感、组织感和归属感。

5)复制

它决定了社群的规模。在复制多个平行社群前,经营者需要构建好组织,组建好核心群,形成社群的亚文化。

知识扩展 9-1

凯叔讲故事社群的五要素

"凯叔讲故事"微信公众号通过持续运营,已成为母婴类、生活类顶级公众账号,"粉丝"破千万。

在账号起步阶段,凯叔讲故事微信订阅号创始人经常会在孩子睡觉前,为孩子讲故事,但由于出差原因不能及时为孩子讲故事,他便通过录播的形式录制了一些故事,最初把音频发在了孩子幼儿园的家长群里面,得到了广大家长的喜爱,后来他把音频故事发在了"凯叔讲故事"公众账号中,直到"凯叔讲故事""粉丝"达到一定规模后,为孩子讲故事便不再是一个简单的故事。

"凯叔讲故事"后续对音频产品做了调整升级,从讲故事延展到古诗词和四大名著、内容先讲给自己孩子听,孩子听得懂后再发布,后期通过改编《西游记》《三国演义》故事成为音频作品开始付费音频模式,通过公众号逐步开始盈利。随着影响力的不断增加,"凯叔讲故事"产品线不断丰富,其创始人逐步与出版社、动画片制作方、视频宣发渠道展开合作,出版漫画绘本和动画片等产品。

随着用户人群的增加,"凯叔讲故事"知名度日益提升,目前"凯叔讲故事"已有"凯叔讲故事"App,在其公众号自定义菜单,主要分为讲给孩子听的"听故事"板块,和消费者为父母孩子的"优选商城"板块。针对孩子和父母课程方面,经过持续的课程开发,课程内容已经十分丰富;在优选商城方面,主要针对父母和孩子人群,提供定制化或优质产品的推荐,这属于社群商业化中重要的部分。2016 年 7 月"凯叔优选商城"上线,并坚持以"只为孩子做的优选"为理念;2017 年 4 月,"凯叔讲故事"启动了"城市合伙人"计划,不但销售凯叔造物实体产品,还打造出"实体店售卖虚拟产品"的新模式;《凯叔・讲历史》《凯叔・诗词来了》《凯叔・声律启蒙》《凯叔・生气图书馆》《凯叔・口袋神探》等 IP 产品先后上线。

案例分析:

(1)同好。"凯叔讲故事"公众号"粉丝"及社群成员大多数为家有孩子的父母,其共同的目标就是给孩子优质的教育、有意义的学习内容等,这一共性加强了"粉丝"之间的关系,通过"凯叔讲故事"形成母婴类社群。

(2)结构。社群规模的扩大及影响力的扩散离不开"凯叔讲故事"的产品设计,以免费内容吸引更多潜在消费者,以付费内容为消费者持续提供优质的内容。

(3)输出。"凯叔讲故事"通过线上讲故事与父母孩子沟通互动,创办漫画大赛等活动,旨在保持大家对于社群的活跃度,共同输出成长成果,有利于增强社群成员之间的共识,加强凝聚力。

(4)运营。通过长时间持续的运营,“凯叔讲故事”已推出了手机 App,在内容产品上除了针对孩子的音频故事,还开发出了针对父母的各种课程,在商业化方面,通过与企业合作进行社群商业化的探索,持续优质内容的更新,使“凯叔讲故事”以一个健康的模式前进。

(5)复制。标准化是复制的基础,标准化后的社群模式以及内容产品,一方面有利于避免社群成员庞大后重复走过往的错误,另一方面标准化的内容产品要求有利于快速丰富平台内容,并有利于保持内容产品的质量。

9.1.2 创建社群的步骤

由于社群的目标定位与用户群的差异,结构和运营的区别,创建社群的步骤少则五六步,多则九步,本文将分七个步骤描述如何构建一个社群,如图 9-3 所示。

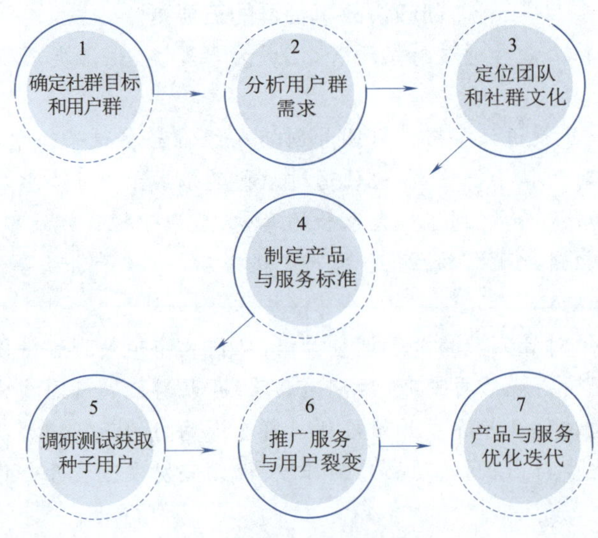

图 9-3 创建社群的步骤

1. 确定社群目标和用户群

社群要明确建群的细分目的,笼统的目的等于没有目的。针对做哪些产品或服务、哪些人的社群、达到什么社群目的要清晰明确可达成,即社群画像要清晰。在消费升级和移动互联网的推波助澜下,商业逻辑发生了变化,传统是先有产品服务后有用户,但现在可以先有用户后生产产品服务,根据用户画像以最快的速度推出最小化可行的产品。因此,为实现社群目的、产品服务、目标用户群的有效链接,对目标用户群的定位和细分必不可少,处于同一细分市场的用户群才能称为目标用户群,才具有转化价值。

2. 分析用户群需求

在物品过剩、认知盈余的移动互联网时代,产品功能已远不能满足用户诉求,产品必须具备人格化的特征,必须肩负起用户展示自我、与外界互动的使命,甚至产品或服务要惊艳到让用户引以为傲,逢人就赞不绝口主动分享、推荐,让用户具备自传播的动力和标签。作为一个社群创立者必须知道用户群需要的是什么,解决需要的过程中会遇到什么样的问题、痛点是什么、这些问题能否细化、能否有可能的解决方案、有没有同性质同层次同产品服务的其他社群以及竞争对手具体的做法。

3. 定位团队和社群文化

社群的群主或社群师一定要是目标明确的实践者、挫折的忍受者、机会的把握者、资源的整合者、良好的沟通者。除此之外，要明确社群的运营就是自己和团队真正想干、能干成的事情，具备必要的物质和精神准备，持续洞察反思和持续学习的能力。社群的运营需要才能互补、责任共担、志同道合、愿意为共同社群目标而奋斗价值观的人组成的团队，团队的分工合作能为社群的持续发展起到降低管理风险、提升服务水平的作用，决定了社群满足需求的高度、产品宽度和服务的深度。文化是社群的灵魂，文化体系回答了构建社群的目的是什么，社群存在的价值是什么。对文化的认同是一切关系的开始，创造共同的认知和价值后，追随是必然的行为。社群只有源源不断地带给群成员归属感和优越感，成员才会留下来，并自发传播社群文化。优秀社群的基础在于：让对的人在一起做对的事。就是共同的目标或共同的任务。有了共同的任务、持续的活动，社群才有活力，也才可持续。共同目标和价值观可以增加成员之间的情感连接，让弱关系升级为强关系，社群目标不仅可以激发人们的潜能，也是吸引新成员加入的关键要素。

4. 制定产品与服务标准

产品与服务才是推动群成员关系的媒介和群成员需求的根本，产品与服务是1，社群是0，产品与服务真正能给用户带来持续的价值，如果产品与服务不好或者不能有针对性解决社群用户的需求，社群就很难做好。社群产品与服务要标准化、社群解决方案要流程化。如果一个产品与服务不够标准，注定是无法扩大市场的，在市场上的竞争力不够，价格上没有优势；如果社群提供的需求解决方案不是流程化的，社群运营的转化就可能是低效率，高成本的。

5. 调研测试获取种子用户

目标用户群确定，用户需求分析明确，产品服务已标准化，解决方案已流程化，紧接着是市场调研测试与反馈。市场调研测试最关键的是测验产品服务与目标用户需求是否能精准匹配，如何快速精准匹配到更多目标用户和目标用户的需求。通常的做法是先在一个小的用户社群里面进行测试、验证，请他们提供建议和反馈，然后把产品服务的样式或初步标准测出来，之后围绕测试的结果把服务标准化，并进行修缮。小的用户社群就是种子用户，他们在消费了你的产品服务之后，能形成很高的黏度，甚至会凭借自身的影响力去宣传吸引更多的目标用户。这个小的用户群一开始只能靠创始人的人际关系资源定向邀请，这些人名气不一定大，但在细分领域有绝对话语权和影响力，还有一定的语言表达力。这些人在社群运营中起到至关重要的作用，甚至决定着社群运营成败的关键，所以在挑选测试和反馈对象的时候要谨慎，质量比数量更重要，要挑选有利于帮助社群培养产品服务氛围和忠诚度的用户或意见领袖。

任务案例9-2

150定律——理想朋友圈的规模

150定律(rule of 150)，即著名的“邓巴数”，由英国牛津大学的人类学家罗宾·邓巴(Robin Dunbar)在20世纪90年代提出。该定律根据猿猴的智力与社交网络推断出，人类智力将允许人类拥有稳定社交网络的人数是148人，四舍五入约是150人。该定律指出，人的大脑新皮层大小有限，提供的认知能力只能使一个人维持与大约150个人稳定的人际关系，这一数字是人们拥有的、与自己有私人关系的朋友数量的上限。每一个人身后，大致有150名亲朋好友。

在邓巴的研究中，他提到150人是由以下人员组成的：5个亲密的朋友；15个好朋友（包括5个亲密的朋友）；50个朋友（包括15个好朋友）；150个熟人（包含全部分类），如图9-4所示。

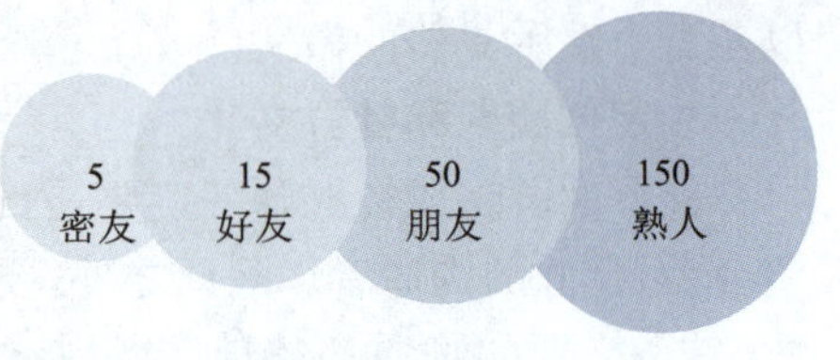

图9-4 邓巴数

6. 推广服务与用户裂变

社群从第一批群成员开始，社群的机制就要正常运转起来，价值输出是留住用户的最重要手段。积极利用群内已有成员，尤其是种子用户的社交圈制定裂变机制，实现群成员在数量上的飞跃，实现社群层由种子用户向中坚用户、大众用户扩张。社群裂变并不是由社群领袖主导，而是依靠社群内的核心成员主动发起，成员与成员之间的链接或者活动的参与能够建立信任并增加关系的价值，高频互动能强化成员彼此的链接，增加成员的归属感。不断为社群成员进行商业利益的输出与供给也能够引导他们为社群持续裂变贡献价值。在此基础上，还要最大化的实现成员线上线下链接、反复强调社群规则和目标并建立淘汰机制、整合社群整体价值实现价值转换。社群的发展壮大离不开裂变，裂变的前提是社群已经形成一套成形的亚文化体系和运营机制。目前很多推广服务与用户裂变内容聚焦在新产品体验或邀请铁杆会员参观工厂、观摩生产流程等。据统计小米平均每个月举办21场活动，米粉节、同城会等，足见高频次活动对社群发展的重要性。

7. 产品与服务优化迭代

任何产品服务都是有生命周期的。几乎所有的互联网产品都在实现版本或应用升级，这说明互联网的产品服务是不断优化迭代的。随着用户量的激增和使用频次的增加，交流互动网纵深发展，社群就会出现新的需求点或需求点的进一步细分，需要结合用户需求增加新的案例、卖点等，不断地丰富内容、丰富服务，实现价值输出的升级换代，并不断赋予社群新的价值。最终通过社群成就一个品牌，从认知到行为，从文化符号到仪式展演，由内而外全方位提升成员的专业认知，为社群建立品牌护城河，使社群品牌成为一种文化价值的承载物和表达体，然后通过品牌延伸来构建社群生态圈。

知识扩展9-2

“霸蛮社”的自我革命

“霸蛮社”（原伏牛堂）是由北京大学12级法学院硕士校友张天一创立的社群。张天一是“90后”大学生创业代表人物，十一届北京市青联委员，福布斯亚洲2017年30位30岁以下青年企业家之一。

最初张天一在创立伏牛堂米粉店的时候，只是在北京环球金融中心的地下一层租了一个小店，虽然房租很便宜但没有人流量，之前的店基本上开一家死一家。为了解决生存和流量问题，张天一找了几十个朋友、同学在微博上搜人，抓种子用户。最后大家通过微博找来了两千个微博用户——在北京的湖南人，他们是张天一常德牛肉米粉直接的消费者，也是微博的活跃用户，有一定的意见表达能力和意愿，加上张天一是优秀的品牌故事推手，北京伏牛堂湖南米粉店很快在网络爆红，积累了大量的微博微信“粉丝”，完成了所谓的新品牌冷启动。

伏牛堂由于互联网尝到了甜头，给微信“粉丝”群起名为霸蛮社，而且把社群里的人分成了多个兴趣小组，比如篮球小组、跑步小组、摄影小组，组织者都是某一个特别活跃的“粉丝”。随着社群数量的几何级数扩张，张天一开始认真琢磨，觉得社群不应只看数量，更应该关注质量。为了保证社群质量，伏牛堂通过门店数据调研找到复购率高和对品牌有充分认可度的用户，砍掉了一部分“僵尸”用户，剩下20万人，重点运营了三五百人的“铁粉”。张天一同时认为，用户首先是你产品的购买者和体验者，第二也可能是你的员工，能帮你参与到某一份业务上来，第三基于兴趣还会成为业务整个流程的参与者。

9.1.3　社群营销的运行方式

1. 社群营销的概念

社群营销是指利用某种载体来聚集人气，通过产品和服务满足具有共同兴趣爱好群体的需求而产生的商业形态。所谓的载体，就是各种平台，如微信、微博、论坛，甚至是线下的社区，都是社群营销的载体。社群营销即以人为中心，也就是说要注重消费者，以消费者的心理、行为、兴趣为出发点来进行营销。在自媒体时代，面对越来越理性与成熟的消费者心理、越来越碎片化的触媒行为、人们的兴趣越来越多样化的现状，如何在第一时间抓住消费者的眼球，让消费者更加省时省力地参与到品牌营销互动中来，是社群营销方式的前提。

2. 社群营销的特点

移动互联网的到来，带来了营销的变革。如今，无论是PC端还是移动端，社群营销都占据着主导地位。从一定程度上来说，社群是最好的营销载体。社群营销的特点主要表现在以下几个方面：

1)弱中心化

社群营销是一种扁平化网状结构，人们可以一对多、多对多地实现互动，进行传播，并不是只有一个组织人或一个富有话语权的人，而是每个人都能说，使得传播主体由单一走向多重，由集中走向分散，如图9-5所示。

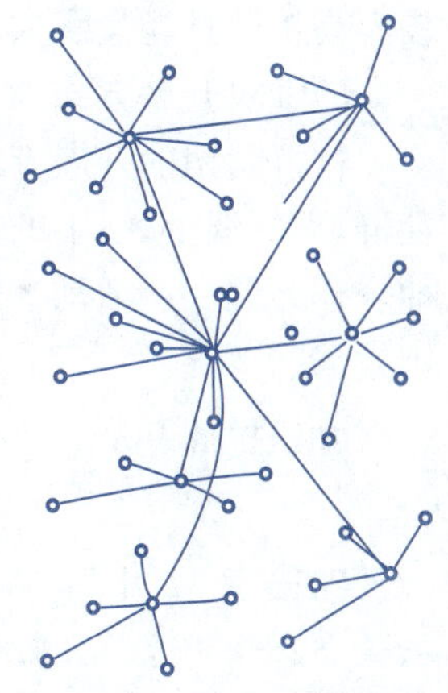

图9-5　弱中心化

2)多向互动性

社群营销是通过社群成员之间的互动交流，信息和数据平等互换，使每一个成员都能成为信息的发起者，同时又成为传播者和分享者，这种多向的互动性，能为企业营销创造了良好的机会。

3)具有情感优势

社群成员都是基于共同的爱好、兴趣而聚集在一起的，彼此间很容易建立起情感关联。社群成员能够产生点对点的情感共鸣，还能协同产生叠加能量，从而合力创造出涌现价值，使企业从中受益。

4)自行运转

社群营销在一定程度上可以自我运作、创造、分享，甚至是进行各种产品和价值的生产与再生产。在这个过程中，社群成员的参与度和创造力能催生出多种有关企业产品的创新理念或完善企业产品、服务功能的建议，使得企业交易成本大幅度下降。

5)呈现碎片化

社群的资源性和多样性特点，使得社群在定位上也呈现出多样化、信息发布方式松散的特点，这就意味着社群在产品设计、内容、服务上呈现碎片化的趋势。虽然碎片化会使社群缺乏统一性，为企业的社群营销带来很多的不确定因素，但只要企业善于挖掘、整理，就能从中挖掘出社群的价值。

3. 社群营销的运行方式

移动互联网时代，大家都在谈论社群营销，企业也想抓住社群的优势发展业务。然而具体如何进行操作，对企业来说有一定的难度。做好社群营销需要注意：

1）意见领袖是动力

社群虽然不像“粉丝”经济那样依赖个人，但它依旧需要一个意见领袖，这个领袖最好是某一领域的专家或者权威人士，这样才能推动社群成员之间的互动、交流，树立起社群成员的信任感，从而传递价值。

2）优质的服务是吸引力

通过社群营销可以提供实体产品或某种服务，来满足社群个体的需求。在社群中最普遍的行为就是提供服务，比如招收会员、得到某种服务、进入某个群得到某位专家提供的咨询服务等，能吸引不少人群的注意。

3）优质的产品是关键

无论是在工业时代，还是在移动互联网时代，产品都是销售的核心。如今做社群营销的关键依旧是产品，如果没有一个有创意、有卖点、能解决消费者痛点的产品，再好的营销也得不到消费者的青睐。

4）宣传一定要到位

有了好的产品之后，以什么样的方式展现出来显得尤为重要，在移动互联网时代，社群营销是最好的选择。社群成员之间的口碑传播，就像一条锁链一样，一环套一环，信任感较强，比较容易扩散且能量巨大。

5）选对开展方式

社群营销的开展方式是多种多样的，但一定要因地制宜、因群制宜。比如，企业自己建立社群，做好线上、线下的交流活动；与目标客户合作，支持或赞助社群进行活动；与部分社群领袖合作开展一些活动。总之，企业必须在开展社群营销方面多下功夫，才能达到良好的社群营销效果。

知识扩展 9-3

影响力大的知识社群——与众不同的“罗辑思维”

2012 年 12 月 21 日，知识型视频脱口秀“罗辑思维”正式上线播出。在同一天，该节目的同名微信公众号开通。从上线至今，“罗辑思维”积累了大量“粉丝”，由一款互联网自媒体视频产品逐步成长为当前影响力最大的互联网知识社群之一。“罗辑思维”运营成功的原因值得人们探讨。

1. 脱颖而出的魅力

“罗辑思维”的脱颖而出展现出知识的魅力、理性的力量。作为一档独特的知识性自媒体脱口秀节目，“罗辑思维”细分受众为知识分子中的志同道合者，在节目中不以娱乐猎奇为卖点，更注重发掘主题蕴含的理性力量和价值判断。

2. 与众不同的选题

在节目选题上，“罗辑思维”的落脚点是强烈的理想启蒙和现实关怀。“罗辑思维”的节目涵盖了政治、经济、历史、社会、民生以及互联网等众多领域。如“罗辑思维”中“和你赛跑的不是人”生动地表达了对互联网的见解，“疯狂的投资”则涉及经济问题。

3. 节目注重趣味性与线下互动性

为了提高节目的趣味性，罗振宇会使用一些诙谐的语言，自嘲性的调侃话语加上丰富的面部表情，给人一种轻松愉悦之感。线下的互动更能激发人与人之间的联合，“罗辑思维”就曾举办过不少线下活动，比如“爱与抱抱”游戏等。

4.精准定位与习惯培养

“罗辑思维”有着精准定位、品牌经营的分众传播理念，用户主要是85后“爱读书的人”，这群人有共同的价值观、爱好，热爱知识类产品。在大形势下，一档节目不仅要有明确的受众定位，还应该细分受众，以小众带动实现口碑传播。“罗辑思维”的成功，正是由于它从创办之初就实行了“分众传播”的发展理念，明确了目标受众群。“罗辑思维”的会员需要付费，培养会员共同的习惯，可以进一步固化“自己人效应”。比如，“罗辑思维”固定每天早上6点多发送60秒的语音消息培养用户阅读习惯。

5.“罗辑思维”的口号

“罗辑思维”的口号是：有种、有趣、有料。节目的风格也的确如此，体现出节目的魅力，而这正是它吸引人的原因。

6.“死磕到底”的精神

“逻辑思维”以“死磕到底”的精神打造高品质节目，通过富有魅力的讲述，传达了现代人对知识的向往。如今，“罗辑思维”不单单是一个脱口秀、一个自媒体，还是一个有灵魂的知识社群。共同价值追求的精神纽带是它从众多节目中脱颖而出的根本原因。并不是每个企业家、创业者都拥有“死磕到底”的精神。正因为有了这样一种精神，“罗辑思维”才能制作出精彩的视频节目。

任务9.2 培育社群

任务描述

社群形象是社群营销门面，是社群是否具有吸引力的基础。无规矩不成方圆，社群要建立各种规章制度有利于社群运营取得良好的成效，有利于种子用户的培育和社群的裂变。

任务目标

(1)熟悉树立社群形象的必备要素。

(2)掌握社群规则的构成，能制定社群规则。

(3)熟悉常见培育种子用户的方法。

知识链接

9.2.1 树立社群形象

良好的社群形象有利于社群的口碑传播，一个优质的社群要能在用户脑海里留下深刻印象。任何人的微信、微博账号都有三个必备要素：昵称、头像、个性签名。社群也不例外，昵称对应的是社群名称，头像对应的是 logo，个性签名对应的是社群口号，要在线上建立虚拟形象，三个要素缺一不可。

1. 社群名称

社群名称是对于社群的发展极其重要，尽可能要定位精准、适于传播、名称简单明了，最好不要出现生僻字，也不能频繁更名。好的社群名称让人一看就明白定位是什么，能反映核心诉求和共同目标，且让人印象深刻。用户更愿意在社群中找到归属感和满足感，更有意愿加入志同道合的社群，社群的定位决定了社群取名的方向，名称不能完全跟定位无关。在社群名称的构建中，适于传播非常关键，这样既能建立社群品牌故事和品牌文化，又能满足社群用户交流和分享的需求，成为共同认同的品牌要素。有趣、奇特的名称本身就有极强的传播属性，当名称都成了用户的议论焦点，传播就会变得很简单。社群名称尽量要简单好记，朗朗上口，这样传播的难度就会低很多。

一般来说，社群命名可以从社群的核心源头延伸名称，即社群的名称与社群的核心源头存在密切的关系，例如，从灵魂人物延伸社群名称，如"大熊会""罗友会"等。从目标用户出发，社群的目标用户是谁，就将社群命名为与目标用户群体相关的名称，例如，"十点读书会"以目标群体的行为爱好命名，"橙子学院"以目标群体所追求的"成长，长成自己的样子"理念命名。采用核心源头＋目标用户命名，例如，"秋叶 PPT"等自带流量，定位精确，群目标和名称简单清晰。

2. 社群 logo

人每天处理的信息其实有不少是图片信息，logo 就像人的长相一样，能让用户形成完整印象，把名字和人对上号。在社群有一定规模，要开始做裂变的时候，logo 起到的作用就很大了，社群裂变出了全国各地的分社群，活动、宣传要大量用到 logo，让人觉得正规且有仪式感、组织感、归属感。logo 还可以延伸到统一的服装、统一的道具、手牌、卡片、纪念品等，社群在做线下活动的时候使用这些带有 logo 的物品，更能给人留下深刻的印象。

3. 社群口号

无论企业还是社群，口号是必不可少的，小米的"为发烧而生"，"罗辑思维"的"有种、有趣、有料"，得到"知识就在得到"，知乎"有问题，就会有答案"，喜马拉雅"每一天的精神食粮"，女性社群趁早"按照自己的意愿过一生"，伏牛堂创办的社群霸蛮社"不为乌合不从众"都是如此。口号能够体现社群的精神内涵，好的口号甚至比社群名称更有传播力。它代表着社群的价值观，能够聚集有共性的人群，社群口号其实是社群定位最直接的体现，它能深深地进入用户的记忆里。需要注意的一点是，社群口号不能设得太长，不能太宽泛，要结合社群的特点和人群。随着社群的发展，在适当的时候还要及时进行调整。

任务案例 9-3

正和岛

正和岛是企业家及创业者专属的、以供需适配为核心价值的互联网创新服务平台。通过线上线下相结合的方式，致力于打造一个自上而下、从虚拟到现实的诚信体系，为会员提供缔结信任、个人成长及商业机会。所有资讯均由岛上的企业家和专家学者、意见领袖们相互推荐、相互点评、共同分享，采取严格的实名制、会员制、收费制、邀请制。

"正和"在博弈论里是相对"零和"与"负和"而言的，意思是博弈各方通过合作可以创造更大的价值,共享"合作剩余",各方所得都大于单打独斗的结果,即所谓的互利共赢。正和岛所要倡导构建的,正是这样一种良性商业生态。它的三大价值观是:

1. 缔结信任

通过正和岛理念与标准让"对的人"在一起,并让在一起的人彼此更加信任。

2. 解决问题

通过正和岛三大系列产品解决企业家的真问题,帮助企业家个人及其企业实现可持续成长。

3. 合作共赢

通过正和岛让基于信任与各自优势的企业家之间实现多样化的商业合作。

9.2.2 制定社群规则

建立群规则能够有效地约束群成员的行为,提高社群的质量。在成立社群之初,创立者或营运人员就要对社群规划有一个清晰的认识,才能设定出真正适合自己社群的规则。社群的规则有很多,不同的规则具有不同的作用。

1. 设定入群门槛

社群的成立离不开加人,但不是加入的人越多就越好。设置加入规则,过滤并淘汰不适合的人,提高社群的质量,进群门槛的高低决定了社群质量的高低。如果设置一定的入群门槛,成员们自然会重视社群的存在,因为他们知道加入社群是有条件的,是自己通过达成条件而获得资格入的群。有门槛能让社群成员有仪式感,有仪式感就能让社群成员有归属感,有归属感就能让社群成员自然而然的相互贡献价值,所以设置社群门槛对社群的建设与运营是百益而无一害的。虽然这样的规则设定会使社群成员添加速度变缓,但越是这样的社群其成员流失率在后期的实际运营中反而越低。反之不设置门槛,使新成员不断涌入,不仅单个成员素质无法保证,甚至可能出现劣质成员挤掉优质成员的现象。

一般来说,设置社群门槛的方法可分为:

1)付费制

付费制度是最常见、最普遍的一种方法,也是社群盈利的一种方式。愿意付费人群的人肯定是认可社群的,当他们加入社群后,由于之前付出了费用,所以会更加珍惜。至于如何合理地设置付费金额,需要根据社群的价值而定。社群的价值越高,越可以设置相对较高的费用。

2)邀请制

用户想要加入社群,必须由现有的群成员邀请推荐。新人在申请加入时,需要提交邀请人的 ID,经社群管理员审核后方可通过。由现有成员推荐,该成员对推荐进来的新成员比较了解,符合社群的用户群体,也能节约筛选的时间和成本。早期的知乎也实行邀请制,从根源上奠定了知乎的基调,并且让知乎迅速成为话题产品。受邀加入知乎的用户谨言慎行,创造了一批高质量的内容,知乎进而得以迅速发展壮大。

3)任务制

任务制就是完成社群制定的某项任务就可以加入社群。这种方式虽然无须付费,但是也需要一定的付出。至于任务的设置,可以很简单,也可以很复杂。

2. 设置入群规则

新成员入群之后,需向其说明入群规则,这也是给群成员仪式感最好的方法之一。设置入群规则需要解决三个问题:本群是一个什么样的群、我们要做什么、群成员自我介绍。

1)本群是一个什么样的群

不管是微信群、QQ群还是论坛社区，要想让群组织显得井井有条，都需要做好基本资料的设置和视觉化的统一化，给群成员一种正式感和规范感。社群发展到一定规模后会发生复制、裂变，进而产生一系列子群，为了保持各个群组的一致性，各个群的头像、名称、资料最好设置成统一格式，如“社群名＋序号”“社群名＋归属地＋序号”等。社群成员统一命名格式，如“姓名＋城市＋职业”“归属地＋姓名＋联系方式”“归属地＋类型＋序号”等，既简单又便于识别和管理。

2)我们要做什么

一个优秀的社群，要让每一个群成员在入群时知道这个群是做什么的，并且要让群成员将群的作用牢记在心。社群管理者可以通过群公告或入群须知告知群成员人群后的相关事宜。一般来说，社群公告主要包括：群欢迎语，这个群是做什么的，整体的社群运营安排，鼓励的行为和禁止的规定等。

3)群成员自我介绍

让新加入的成员按照模板进行自我介绍，可以帮助新人快速降低陌生感，迅速建立社交关系。要求社群成员做自我介绍时要考虑社群规模，人数太多的社群不宜要求每个人都做自我介绍。自我介绍模板主要包括：姓名、微信号或QQ号、职业与标签、加入社群的原因和收获等。

3. 明确交流规则

除了入群规则之外，社群要切实考虑社群成员的身份、生活规律、工作性质、社群价值等，制定出真正有意义的交流规则，促进群成员之间的有效沟通。防止一些不利于社群发展的事情，避免社群内出现粗俗、违法以及刷屏等不良行为。每个社群内的成员特性不同，设置的内容也不同，但是通常情况下群成员的交流规则的设定主要包括：设定专门的交流分享时间、其他时间禁言，不发布违法乱纪、未经证实的谣言等信息，未经管理员允许不得擅自发布广告信息，要学会聆听、不得故意打断他人讲话，群内成员不得出现刷屏行为，禁止与他人争论时用语言暴力或人身攻击，不得频繁讨论与本群无关的话题，可以质疑别人的观点但要以理服人，每次发言不得少于一定字数等。

4. 约定分享规则

每一个成员进入社群都希望自己能够从社群中获得价值，例如游戏玩家群，成员们进入社群一定希望社群可以解锁更多的游戏玩法和技巧。因此，社群内如果能定期分享资源，能够保证持续性的内容输出，可以有效提高社群质量，还可以大幅提高成员的活跃性和积极性。社群分享主要分为：

1)群主或管理员的定期分享

这是比较常见的一种分享方式，通常群主会和成员统一一个分享时间，然后分享一些知识、技巧以及经验。大部分愿意进群的成员都是冲着群主来的，所以希望群主可以分享更多实际、有用的内容。

2)邀请嘉宾分享

这是目前比较流行的一种分享方式，邀请的嘉宾也是行业内比较知名的人士。这样在大幅提高社群成员的积极性、增强社群的活跃度的同时，还能吸引嘉宾的众多“粉丝”来积极参与。

3)群内成员分享

群成员的分享比较简单，通常就是要求群内成员轮流做分享，这样的分享可以最大限度地提高成员的参与感，让社群保持高活跃度。但在实际的社群运营中，这样的分享方式运用比较少，主要是因为社群内的成员较多，分享管理比较难。但对于一些人数较少的社群，这样的分享还是比较适合的。

5. 奖励与惩戒规则

奖励与惩罚是管理与运营社群过程中必不可少的手段。设置合理的奖励与惩罚机制有利于提升社群的活跃度，维护社群的良好秩序，为社群成员创造健康的交流学习环境。奖励机制有多种，如群成员自发打赏、赠送产品、产品试用奖励，红包奖励、评定荣誉称号、颁发荣誉奖章。只要群成员为社群的产品、服务或者社群管理模式贡献了有效的建议，对社群发展有益，就应该获得鼓励或奖励。

对于不遵守社群规则的群成员，常用的惩戒方式包括：小窗提示、单独警告、短暂禁言警告、群内公开惩罚、直接踢群。

6. 淘汰规则

对于一般的社群来说，通常社群内成员数量众多，且质量参差不齐，这样会严重影响对社群的管理，也会影响社群运营的效果，所以群主需要设定清晰的、可量化的淘汰标准并实施淘汰，以保持社群的高质量性。设定社群的淘汰规则可以考虑：

1)限制社群人数

提前为社群限制好成员数量，并定期对成员进行清理筛选，将群内长期潜水、参与度低、没有价值的成员剔除。

2)惩罚淘汰

惩罚淘汰主要是针对群内一些不遵守规则、影响社群正常秩序、对他人造成恶劣影响的成员。例如，发布垃圾广告，在长期或频繁在群内谈论一些与主题无关的话题等。一旦有成员出现这样的情况，就需要对其进行惩罚，达到一定次数后就可以考虑剔除出群。

3)贡献淘汰

社群的最终目的在于营销获利，如果成员不能提供贡献，即没有消费想法，那么这类成员即便在群里保持高活跃度，意义也不大。所以制定淘汰规则时，可以考虑成员的贡献程度和开发价值。

任务案例9-4

HUFU. CLUB的社群成员奖励与淘汰办法

化妆品产业俱乐部。俱乐部聚焦化妆品的产品开发，整合日化行业上下游资源。为更好地管理社群，价值分享，让学习氛围得以延续，提升社群价值，HUFU. CLUB对社群成员进行奖励与淘汰如下：

对社群活跃者，为群友解答问题、资源介绍，提升活跃度的进行奖励。

奖励办法：

(1)HUFU. CLUB平台内的资源推广，提供网站、社群、公众号、资源推荐等。

(2)每月会选两名活跃者，送网站广告位一个月。

(3)优先提供千聊等平台进行知识讲解及推荐。

(4)有机会获得其他实物奖励。

对不积极社群成员进行淘汰。

淘汰办法：

(1)400以上人数，每月淘汰4人。300人数，每月淘汰3人，依此类推。

(2)执行日期及评判标准由各群群主权衡。

(3)被淘汰者可以和群主沟通，再次加入。

9.2.3 培育种子用户

从0到1的难度远远大于从1到N，在前期得到种子用户的质量以及从中获得的价值，是整个社群运营的关键。种子用户不等于初始用户，种子用户的质量比数量更重要。优秀的种子用户，不仅会经常使用产品，还会活跃于产品社群，经常发表言论，带动其他用户讨论和互动，最重要的是他们能够为产品开发者提供中肯的意见和建议，都助产品不断提升性能和功能，具有主人翁精神的用户。常见的培育种子用户的方法有：

1.“粉丝”吸引法

社群在一开始找人其实很难，没有人气的群是没人愿意加入的。最开始的方式一般是邀请自己的朋友、朋友的朋友等先进来帮忙撑场面，有了基础的量再慢慢通过活动或分享等吸引更多的人加入。从老用户以及原有“粉丝”中挑选，这也是容易实现的方式，多留意那些喜欢你的产品、多次购买并推荐给朋友的用户。经常转发你的帖子或者每次都来与你互动的成员，是需要在平常的接待过程中及时发现，在沟通或回访客户的过程中，不只是谈产品，更要沟通感情，深度聆听客户的需求与反馈。与用户真诚的交流产品的使用体验，对每一个种子用户的参与、意见和建议表示感激。“粉丝”难免在一些角度上不够客观，一些有想法、能提意见的“粉丝”，他们的存在可以完善社群运营机制，也是应该考虑吸收的种子用户。

2. 影响力聚拢法

一般来讲，只要有“同好”，就有社群建立的基础，是适合建群的。在“同好”的基础上，如果能够有一个带有一定影响力的领袖振臂一呼，那么组建最初的社群就相对容易。通常来说，在某一领域拥有影响力的个人和组织，更易建立起垂直领域的社群。很多企业建立社群尝试的失败，就是因为群里面没有灵魂人物，一个普通员工建立100个群，顶多是100个微社区，除非这个人真正具有了影响力。

3. 标签筛选法

互联网上有大量可以聚集某一特征人群的场景，比如通过线上一场某主题的分享吸引，对在某一人物微博下热评的“粉丝”逐个邀约，寻找某特定风格网站的用户……找好自己的定位，寻找这些场景，通过互动连接他们，第一批成员聚集起来或许会花一点时间，但基础打好了，之后的运营是事半功倍的。比如，新浪微博通过微博标签筛选出微博高校教师，组建一个微博高校教师微博群，引导大家互相认识、交流投稿、送“粉丝”头条，就是通过标签挖掘汇集的。

知识扩展 9-4

让用户有深入的参与感——小米运营第一批种子用户

在做小米手机系统(MIUI)时，创始人下达了一个指标——不花钱将MIUI做到100万用户。于是，主管MIUI的负责人黎万强只能通过论坛做口碑，精心挑选了100位超级用户，参与MIUI的设计、研发、反馈等。通过以下几种主要做法，借助这100人的口碑传播，MIUI迅速得以推广。

1.及时回帖并反馈

小米创始人会每天带头花一个小时回复微博上的评论，所有工程师也要按时回复论坛上的帖子。据统计，小米论坛每天有实质内容的帖子大约有8 000条，平均每个工程师每天要回复150个帖子。在每一个帖子后面，都会有一个状态，显示这个建议被采纳的程度以及解决问题的工程师ID，这给了用户被重视的感觉。

2. 同城会线下互动

和其他论坛纯线上的交流不同，小米有一个强大的线下活动平台“同城会”。小米官方则每两周都会在不同的城市举办“小米同城会”，根据后台分析哪个城市的用户多少来决定同城会举办的顺序，用户在论坛上登出宣传海报后报名参加，每次活动邀请30～50个用户到现场与工程师做当面交流。这极大地增加了用户的黏性和参与感。

3. 用户就是朋友

小米积极与米粉交朋友——这是小米的企业文化，也是一种全员行为，为此小米赋予了一线员工很大的权力。比如，在用户投诉的时候，客服有权根据自己的判断，自行赠送贴膜或小配件。小米也非常重视人性服务。据说曾经有用户打来电话说自己买小米是为了送客户，客户拿到手机还要去自己贴膜很麻烦。收到反馈之后，小米客服贴心地在配送订单上加注了送贴膜服务。

4. 赋予用户权利

小米赋予用户权利，成立了“荣誉开发组”，通过用户申请和管理员审批的方式产生，论坛创建最早、资格最老的资深核心用户组，其职责是参与和见证MIUI的开发和测试工作。荣誉开发组有权利第一时间拿到和开发组同步的内测版本，参与最新版本的测试和问题反馈工作，给全站发烧友提供更稳定、给力的MIUI。虽然这种方式存在一定风险，但给了用户极大的荣誉感和认同感，让他们投入更大的激情参与产品的升级。

任务9.3　提升社群活跃度

任务描述

现实中很多社群刚组建不久就丧失活力，陷入死寂，甚至名存实亡。要想提升社群的活跃度，延长社群的生命周期并且实现盈利，需要通过一定的方式、掌握一定的技巧。

任务目标

(1)熟悉提升社群活跃度的常见方式。

(2)掌握提升社群活跃度的常见技巧。

(3)能通过提升社群活跃度的方式和技巧进行案例分析。

知识链接

9.3.1　优质内容为王

移动互联网的发展并没有改变人的本性，改变的只是人们的阅读习惯和行为，内容就始终是品牌运营的核心。再好的商业模式，如果没有充实的内容，始终是空中楼阁。在互联网信息爆炸的时代，内容为王依旧不过时，社群营销的内容不但要精简，而且要紧跟用户需要。因此，创造可以让成员真正留下来的优质内容，是社群保持活跃度必不可少的环节。

1. 优质内容特点

优质的内容，不仅包括内容所论述的观点、倡导的价值、分析的角度，也包括内容的呈现形式。优质的社群内容要能引起社群成员的注意、要能达到沟通互动的效果，还要具有如下特点：

1)内容清晰，引人注目

在移动互联网时代，各种信息满天飞，只有简单直接的讲解，用户才能够理解并产生共鸣。

2)高质量的传播内容

制作精良且有一定趣味性、言之有物的内容，这样的内容才是用户想看的。

3)有真情实感的内容

向客户传播的信息一定是用心写的，让客户能感受到内容制作者的诚意。

4)内容呈现多样性

传播的内容如果是通篇文字，则客户普遍不会太感兴趣，而用漫画、音频、视频、图片、文字等多角度富媒体呈现，则更能吸引人。

2. 优质内容持续输出

好的用户因为内容而聚集，好的内容因为分享而传播，好的社群因为传播而裂变。要想持续的输出优质内容，必须做到以下几点：

1)了解受众群的需求

所谓优质有价值的内容，并不是照搬网上热门内容，更不是通过刷屏博取关注，而是要精准地触及目标群体的需求。成员之所以会加入某个社群，是因为他觉得这个社群能够满足自己某方面的需求，为自己提供有价值的内容。

在正式打造社群持续输出内容之前，要对成员的需求进行调查和分析。可以在社群中发起投票，看看成员们最关注哪些主题，然后对这些主题的内容进行重点挖掘。同时，要关注成员的留言，根据成员的建议进行主题调整。唯有让每个成员都感到社群推送的内容是有价值、有意义的，社群才会有存在的基础。

2)打造社群内容创作团队

对于规模较大的社群来说，持续地输出内容是一项庞大的工作，一个人或者一个意见领袖是很难做到优质内容持续输出的，因此可以创建一支团队进行专业内容的创作。团队的成员不一定只是社群运营团队的成员，可以是意见领袖，也可以是有见地、有知识、活跃的社群成员，但无一例外，他们都对社群内容创作积极主动，有强烈的利他精神、主人翁意识、分享意愿。这样既能减轻社群运营者创作内容的工作量，又能调动社群成员参与创作的积极性，如“樊登读书会”开展了长期征稿活动，既激发了成员的创作热情，又能增加丰富的原创内容。

3)社群运营者呈现有价值的内容

除了维护社群的正常运转，社群管理员还应该具备推荐、引导的能力。一个社群每天产生的话题和有效内容有很多，想让成员看到所有的内容显然是不现实的。社群管理员就必须要培养辨识和筛选内容的能力，从众多话题和内容中甄选出最符合社群气质、最能体现社群内在价值的内容。有价值的内容不是鸡汤文，而是要能对成员起到教育、引导、娱乐或告知等作用，能够快速理解并容易产生共鸣，具备真情实感，能够让阅读者感受到内容筛选者的诚意。

任务案例 9-5

秋叶 PPT——内容输出直击需求痛点

PPT(PowerPoint)是一种常用的展示工具，作为 Office 基础软件之一，大部分人对其了解一二，但真正能做到逻辑清晰、展示美观的人则少之又少。职场人有不少机会接触到优秀的 PPT，可要自己研究并做出卓越的 PPT 还是有难度的，这就需要一份有效的技能学习指导，而网易云课堂的《和秋叶一起学 PPT》正解决了职场人学习的难题，课程最大的特点是内容详尽、实操性很强。课程不仅解答了 PPT 怎么做、如何做的问题，还介绍了怎样操作最快最规范，怎样构思最具创意。学员能获取大量习题强化练习，在线递交作业，并由老师指点改进。他们学到的不只是 PPT 技巧，还有结构化思维模式，能全面提升职场能力。课程一经推出，迅速引爆网络，2015 年 7 月 7 日，十点读书会联合秋叶面向全国发起 PPT 训练营活动。这是当时最大规模的一次 PPT 集体学习，仅三天时间该计划报名帖阅读量 12 万，最终确定 4 500 人进入训练营。7 月 10 日，十点读书会在新浪微博发起"PPT 训练营"话题，次日即拥有超百万的话题阅读量，此后每天有几千营员在微博上进行 PPT 训练打卡。导师携手助教团进驻 10 个营员群，零距离悉心指导，秒问秒答。这说明内容输出只要能解决实际需求的痛点，社群就可能保持高活跃度。

9.3.2 社群分享

社群分享是提高社群活跃度最有效的方式之一。对于社群来说，最可怕的就是出现大多数人沉默的现象。这样的氛围一旦形成，社群将会走回传统老路——整个社群以意见领袖为中心，其他成员只是社群意见领袖的追随者，他们只会在意见领袖发表观点、分享观点时随声附和。一旦社群形成这种氛围，社群的活跃度自然会降低。社群更多的是由普通成员组成的，每一个成员进入社群都希望自己能够从社群中获得价值，虽然他们不一定有专业的知识储备和专业的观点，但要让尽可能多的人参与分享、互动与学习，才让社群呈现出活跃的气氛和蓬勃发展的态势。

从分享人的角度来看，社群分享主要可分为群主或管理员的定期分享、邀请嘉宾分享、群内成员分享三类。不管是哪种分享，要组织成功都不容易。要做一次成功的分享，需要考虑如下环节：

1. 提前准备

干货分享模式要邀约分享者，并请分享者就话题准备素材，特别要强调分享者应该分享对大家有启发的内容，不能借着分享只想做自己的广告；话题分享模式要准备话题，并就话题是否会引发大家讨论进行小范围评估，大家也可以提交不同的话题，由话题主持人选择。

2. 提前反复通知

如果确定了分享时间，就应该提前 2～3 天在群里多次发布群消息或群公告，提醒群成员按时参加，否则会有很多人因为各种原因错过活动通知。每天宣传的主题要尽量不相同，不要一天就全都说完，可以一天传播一个重点，减轻用户的审美疲劳，同时达到突出所有重点的效果。对于一些重要的分享，除了群内反复通知外，还可以把群分享名称临时改为"今晚××点，××分享"，并通过发红包、活跃社群等方式，确保信息传达到位，个别事项甚至需专门单推通知到个人。

3. 强调规则

每次在群分享前都会有新朋友入群,他们往往不清楚分享规则,在不合适时机插话,影响嘉宾分享,所以在每次分享开场前都需要提示规则。QQ 群、钉钉群可以在分享规则时临时禁言,避免规则提示被很快刷掉。如果是微信群要反复提醒,对于发表不合适言论、扰乱分享秩序的人,要及时清除出群。

4. 暖场与介绍

在正式分享前,应该提前打开群禁言,或者在 QQ 群、微信群中导入一些轻松话题,引导群成员上线进入交流氛围,一般一个群上线的人越多,消息滚动越快,会吸引越多人参与。如果是干货分享模式,在分享者出场前需要有一个主持人介绍分享者的专长、经历、资历等,让群成员迅速进入正式的倾听状态。

5. 诱导互动与控场

不管是哪种分享模式都有可能出现冷场的情况,所以分享者或者话题主持人要提前设置互动诱导点,要适当留点时间和耐心等群成员表达观点。缺乏互动时,要有专人热场,带动进入分享或讨论气氛;如果在分享过程中有人乱发观点,或提出和主题无关的话题等,主持人要及时主动私聊提示这些人服从分享秩序。

6. 收尾总结

分享结束后,要引导大家就分享做一个总结,鼓励他们去微博、微信朋友圈分享自己的心得体会,这种分享是互联网社群运营和裂变的关键。社群运营者还可以对重点内容整理成文稿鼓励群成员分享出去,加大分享的影响力,同时加深用户参与的记忆,对积极参与和分享的群成员应及时给予精神鼓励和物质奖励。

9.3.3 社群打卡

为了提高社群活跃度,增加群成员的黏性,让他们形成一种固定的行为模式,社群打卡必不可少。社群打卡意味着一种承诺,是对很多人的一个公开宣誓和承诺,这比实际生活中宣称接受他人监督更贴近心灵深处,作用更大;社群打卡也代表一种态度,代表这件事的重要程度,代表执行的认真程度;社群打卡有助于养成好习惯、克服坏习惯,有一种仪式感、参与感、组织感;社群打卡能帮助社群运营者了解群成员多社群的关注程度,也能从一定程度上快速筛选群成员。读书社群可以是笔记打卡、健身社群可以是运动打卡等。

1. 社群打卡工具

社群运营中打卡的工具很多,打卡目的不一样,使用的工具也就不一样,作用和特点也各有不同。常用的社群打卡工具有:

1)小打卡

它是一款免费的微信小程序,它做好每一天的计划,有计划地养成好习惯,记录下每天成长的笔记,成为一个备忘录。其功能包括小日常、小习惯、学习打卡、目标打卡、每日一图、习惯补签等,提供强大的数据统计服务,活跃着数百万个兴趣圈子,涵盖知识分享、运动健身、学习培训、习惯培养等多种签到打卡场景。

2)鲸打卡

鲸打卡是小程序+教育行业督学营销解决方案服务提供商,专注为教育机构、自媒体、社群部署等,能帮助客户管理班级、提高学员续费、转介绍率等,其督学系统、营销系统、AI 系统特别受用户欢迎。主要客户有学而思在线、猿辅导、沪江网校、秋叶 PPT、编程猫、美吉姆、有道精品课、作业帮等教育机构,以及凯叔讲故事、选择自己、简书、樊登读书会、行动派、拆书帮等知识付费新媒体大号。

3)聊天狗

聊天狗是微信群管家,作为社群管理工具,不光是能起到群组管理的功效,也可以在群里面设置签到打卡任务。在设置签到规则时,可以设置签到关键词和签到积分。对于签到的成员可采用积分奖励、兑换奖品等方式进行激励;群主可以看到群成员签到记录以及群签到统计数据。

2. 社群打卡场景与维护语言

如何设定细小的场景,如何制定合理的语言,然后让社群运营者每个人都掌握一套标准的场景语言很重要,主要是因为语言本身提供的价值很大,而且能够体现标准化的效果。以下是部分场景语言示例:

1)早新闻早问候语言

之所以要社群日常运营的早运营和早签到,是因为每个人都需要依赖信息生活着,信息像空气、水、阳光一样,已经成为我们生活的必备条件,早新闻提供的就是求知欲的满足。当群主每天坚持发了这种早新闻后,社群运营助理一般也要在群里面同时发一句话衬托气氛的话,比如说,“我发现群新闻里面第几条讲得很不错,很适合我,感谢群主的辛勤付出、辛勤劳动”。其他工作人员、活跃分子也要纷纷跟上。“我发现对我个人的启发很大……”这是标准的语言组织方式,实际运营中可以围绕这样的方式做一个延伸和扩展。

2)周末情感语言

社群维护周末也要进行,比如可以这样编辑发送:“美好的周末要与大家相伴才完美,繁忙的工作告一段落,利用这个周末释放自己的心情,与好友去逛逛街、与家人谈谈心、吃顿美食、做个运动,用更好的心情迎接下一周。”“最近天气多变,请注意您的身体健康,愿初春的暖阳伴您度过一个轻松愉快的周末!”

3)活动邀请语言

群活动的话术要有一定的号召力,且要说清楚活动的主要细节。比如:“大家好!大家的福利来了!看这里!看这里!看这里!2022 年 4 月 5 日本群内将进行“全家福”照片评比活动,想要参与的家庭,在群里报名哦!所有报名的家庭 4 月 5 日在自己微信朋友圈发布自己的全家福,当天 18:00 活动截止,截止后大家将自己全家福点赞情况截屏发送到本群,由群主进行最终统计(点赞量+员工投票数=得出最终票数),评选出前三名‘最美全家福’家庭,我们将为这三个家庭送上礼品!赶紧报名吧!北京时间 22:00 截止报名。”

4)公布社群获奖语言

社群活动获奖公布的时刻一般是社群成员最期待的时刻,可以分两段说。第一段可以这样说:“激动人心的时刻来了,本着公平公正公开的原则,2021 年 4 月 5 日‘最美全家福’活动的最终结果即将公布,在这个活动里我们看到了很多有爱的家庭,也看到了大家最真诚的笑容,有的全家福虽然没有被评选上,但相信这段记忆和这张照片将成为你们最美好的记忆。”

引起大家的讨论或催促后,第二段可以这样:“本群宣布:第一名××;第二名××;第三名××;恭喜你们,我们将送出的奖品是××××;请准备好微信群截图到营业网点领取。本次活动到此结束,期待下一次活动您的参与!”

3. 社群打卡因素

决定了群成员是否参与打卡活动有两个关键因素：

1)打卡的周期长度

一般打卡活动以7～30天为宜，如果时间太短达不到效果和相应的目的，如果时间太长群成员容易疲倦、不容易坚持。

2)参与活动的门槛

做打卡活动时，需要设置一定的门槛。例如，交付一定额度的押金，连续打卡若干天后退回；一修读书的每日打卡承诺为打卡49天，学费全退并且会送2本实体书。这种门槛设置有利于筛选精准用户，也是一种督促方式和一种诱惑，可以调动群成员打卡的积极性。

4. 社群打卡注意事项

1)首次打卡一定要简单

第一次社群成员的打卡数绝对是最高的，新鲜感是最强的，之后的积极性逐步递减。所以第一次的打卡是最重要的，要设置得简单且确保每个人都知道这个打卡消息，吸引尽可能多的群成员参与。

2)制定打卡示范

每次打卡活动都给出一个详细的打卡示范。比如我们每天要提交英语口语练习作品，可以提供一段以"姓名＋日期＋口语练习作品＋核心要求"为形式的打卡模板，大家照着发就可以了。这样会大量减少群成员的思考时间，提高规范性并降低参与门槛。

3)预见疲倦期并提前做好相应准备

如果设置7天的打卡活动，疲倦期往往出现在第3或者第4天，这时群成员就开始有点不能、不想打卡了。社群运营者要在平时的激励上，及时鼓励。比如在第3天晚上群通知："今晚打卡的人可以参加21点的群抽奖活动。""各位亲爱的伙伴，再坚持4次打卡你就能拿到全勤奖了，加油啊！"还可以在群内公布打卡排名或高质量的打卡榜样，激励其他人坚持并认真打卡。

任务案例 9-6

小米的社群营销秘密

小米不花一分钱广告费，一个新品牌手机一年卖100万部，依靠传统销售渠道真是不敢想象。小米能实现目标，主要是借力社会化媒体进行内容营销，这也是社群营销的关键所在。

小米的快速崛起，离不开其社群营销。主要做法包括：

第一，聚集"粉丝"。小米主要通过三个方式聚集"粉丝"：利用微博获取新用户；利用论坛维护用户活跃度；利用微信做客服。

第二，增强参与感。开发MIUI时，让"米粉"参与其中，提出建议和要求，由工程师改进，极大地增强了用户的主人翁感。

第三，增加自我认同感。小米通过爆米花论坛、米粉节、同城会等活动，让用户固化"我是主角"的感受。

第四，全员客服。小米从领导到员工都是客服，都与"粉丝"持续对话，时刻解决问题。

9.3.4 福利红包

红包是建立在直接利益之上的，是弱吸引力，但红包对于社群建设有很大的作用，是测试群活跃度最基本的方式，巧妙地利用红包可以提高社群成员的活跃度，持续进行一段时间后，可以让群成员习惯性地关注社群。

1. 红包形式要结合社群定位

发放红包的形式多种多样，社群应该结合自己的定位，找到最合适的红包发放形式。

1)节日红包

每逢重大节日，如春节、“五一”小长假、中秋、“十一”黄金周等都是发放红包的良好时机。因为在节假日期间，大部分人心情较为放松，此时发放节日红包能快速刺激大家的互动热情，让大家活跃起来。这种方式能让社群成员感觉到被关怀，能提高社群成员的归属感，也能带动社群成员相互问候，增加成员之间的友谊。

2)随机定向红包

如果社群成员为社群做出了极大的贡献，这时可以发送一个定向红包表示奖励，让其感受到社群对他的感谢和重视，增强其对社群的归属感，从而刺激继续为社群贡献的积极性。例如，“秋叶 PPT”举办的“群殴 PPT”活动，秋叶团队除了会对成员提交的 PPT 作品做出点评之外，对于优秀的作品，团队会给他们发放奖金。这样体现了社群的人文关怀，还能让成员感到自己的付出会有回报，增强成员对社群的忠诚度。

3)虚拟的资产红包

红包不一定是现金，还可以是优惠券、礼品券、抵现红包等。对于游戏类社群来说，最吸引成员的无疑是虚拟的资产红包，如游戏装备、游戏攻略、游戏币等。当成员达到某个级别或完成某个游戏任务后，即可凭借截图，在社群中领取相应的资产红包，并可以直接用于游戏之中。

4)其他形式

诸如入群红包、广告红包、分享红包、任务红包、禁言红包、打赏红包等不同的社群红包玩法都能从一定形式上活跃社群的氛围，增强社群成员的黏性。

2. 发放红包的原则

如果要通过红包刺激社群活跃度，增强成员的黏性和参与度，提升品牌形象，做好以下细节必不可少：

1)发放红包目的要明确

不要毫无目的地发红包，而要目的明确、指向清晰。例如，节假日红包应配合相应的节日气氛，在发红包时写上一句祝福语，让成员感受到红包的情感分量，而不是简单地点击获取；而奖励性的红包，可以写上几句鼓励人心的话，激发成员的荣誉感和自豪感，让其始终保持积极向上的热情。将情感要素植入到对应的红包中，社群成员会更加依赖社群。

2)多平台联动

让多个平台联动起来，形成优势互补的信息传播网，能最大限度地提升社群的活跃度。规模较大、“粉丝”较多的社群借助微博平台开展发红包活动可以形成话题效应；而对于规模较小的社群来说，需要借助多平台联动配合让发红包活动催高话题热度。例如，以微信群为主的社群，要在发红包活动开始之前通过微信公众号提示成员发红包的具体时间、参加活动的方式。独特新颖的红包活动能吸引社群成员转发至朋友圈，这样可以让红包活动达到广泛传播的目的，加深社群成员的印象，起到促进社群裂变的作用。

3)发放时机要合适

社群中发放红包的时机有所讲究，时间并不是固定的、一成不变的，但是不同场景下发红包，如果时间选择不当，不仅让红包石沉大海，还会影响社群成员的正常工作与休息，比如深夜发红包、工作时间发红包。实践表明，最佳的社群互动和红包发放时间一般是 20:00—21:00。这个时间段社群成员可以以最悠闲的状态领取红包，并愿意参加社群互动。

知识扩展 9-5

活跃社群的有趣红包玩法举例

①拼手气红包＋手气最佳/最差得再发红包或实物奖励(金额随意)。

②拼手气红包＋自己抢到最佳的翻倍奖励(金额随意)。

③拼手气红包＋速度最快多少秒抢完/最后一个抢到有奖励(限定时间)。

④第一个给群主转账一块钱红包的奖励 6.66 元，吸引群员加群主微信。

⑤看谁一次邀请的人多，奖励一定金额红包(截图为证)。

⑥根据当地的特色和景点，如武汉长江上有几座桥，最快抢答的有奖励。

⑦谁正在带小孩写作业，谁还在电脑前加班，自拍上图有红包，引起群内宝爸宝妈共鸣，同时引入话题。

⑧设置一元秒杀，比如一款商品原价二十元，群主发红包最先抢到的，付一元就可以得到。

⑨猜对产地有奖励，如阿克苏苹果产地，为后期产品营销制造话题。

⑩发红包切记要以不违背国家法律法规为前提。

9.3.5 线下活动建立强关系

社群如果能创造成员之间的社交关系交叉覆盖，让社群成员之间有足够的了解和认同形成多维连接，就能形成社群的强关系。某社会化营销专家指出："如果生意建立在关系的基础之上，那么就把关系当作一笔重要的生意来做，强关系成就品牌，信任是购买的主要驱动力。"人与人之间建立信任最有效的方法不是线上聊天，而是见面。社群成员之间要形成多维度交叉联系，举办线下活动，让成员进行面对面的交流势在必行。线下活动有助于强化社群成员之间的关系，可以打破彼此隔阂、促进交流，提升社群成员之间的信任度。

1. 线下活动类型

线下活动的类型一般包括以下几种：

1)社群成员生日会

社群可以在每个月中抽出一天的时间，为当月过生日的成员举办一个生日会。这样既能为大家创造每个月聚集在一起进行交流的机会，也可以让过生日的成员感受到社群的人文关怀。

2)节假日前后的聚会

社群可以在一些重要的节假日，如中秋、元旦、元宵节前后，举办一些小规模的聚会。尤其是对于一线城市来说，这种节日聚会更能增强社群成员的归属感。

3)地区的"分舵聚会"

如果社群成员分布的范围较广且分散，可以借助"分舵聚会"的方式，让在同一个区域范围内的成员有线下交流的机会。例如小米的"同城会"，在同一个城市里的"米粉"们经常会发起不同的小型线下活动。小米品牌会为同城会提供相应的海报、条幅及周边道具，甚至还会邀请"米粉"到"小米之家"进行分享交流，因此这些成员自然成为小米坚定的拥护者。

4)外围社群成员聚会

举办线下活动聚会，并非仅限于本社群。如果某位社群成员加入了两个或多个不同的社群，或者本社群的管理员与其他社群的管理员相熟，那么就联合多个社群举办跨界聚会，尤其是具有互补性的社群，通过跨界聚会有利于丰富社群文化。例如，财经新闻解读群和投资理财群就拥有共同的标签——经济、理财。当这两个社群聚在一起时，既能让社群讨论的话题更丰富，还可以让社群的边界得到拓展，甚至吸引新的社群成员加入。

2. 线下活动的组织

举办线下活动是让社群保持高效运营的必要手段，但很多社群在组织线下活动时会出现报名者寥寥无几，活动效果甚微的现象。策划一场高质量的线下活动，一般至少要围绕以下六个问题的结果来开展。

(1)为什么要开展此次活动？——活动目的

(2)参与活动的人是谁？——活动受众

(3)活动要做些什么？——活动主题和内容

(4)活动在哪儿举行？——活动地点

(5)如何告知大家活动的消息？——活动宣传推广

(6)活动应该怎么去做？——活动流程安排

3. 线下活动带动线上传播

一次成功的社群线下活动的结束并不是终点，线下活动的影响力、辐射范围有限，所以必须要整合线下活动内容，将其放到互联网平台上形成线上二次传播。这样能够以点带面吸引更多人参加线下活动，也会刺激线下活动的话题在线上多次多渠道传播，吸引更多的人关注社群，实现社群裂变。

(1)通过对线下活动的描述吸引线上报名。活动处于报名阶段时，在对公众传达活动举办目的、活动性质、活动内容等的过程中，需要做到准确又有吸引力，这样才能提高线上的报名率和传播质量。

(2)通过对线下活动的内容呈现吸引线上转发传播。活动处于开展阶段时，好的内容通过全民直播能够迅速引爆线上传播。在这个过程中，可以用一些非官方形式进行引导，做好示范，让大家知道如何去传播活动、传播哪些内容，从源头上对成员传播的信息做出筛选和导向，例如，引导成员在朋友圈中转发活动内容。

(3)通过对线下活动的总结建立线上的口碑和影响力。线下活动结束后，对活动进行真实的还原，输出有质量的活动总结，能够引发线上多次传播，也能引发社群成员对下一次活动产生新的期待和关注。分享在线上的活动总结内容，要客观而真诚，不要过度宣传，因为真诚能吸引用户，让社群显得更具人格化，也更能让人接受。

知识扩展9-6

“帆书”社群裂变

“帆书”(原樊登读书)是一个基于移动互联网的学习型社群。它是倡导“全民阅读”的先行者，解决了当代人读书的三大痛点：①没有时间读书；②读书效率比较低；③选书太困难。与其他一些读书会不同，会员加入该读书会需支付年费365元。目前是全国最大的付费阅读社群，会员超过1 000万人，付费会员高达60万余人，年度收入达亿元之巨，在全国成立了145家市级分会，还成立新加坡、美国亚特兰大、加拿大多伦多等海外分会。

通过分析，不难摸清樊登读书会裂变发展的模式。第一，依靠名人效应和专业品质带来的口碑传播；第二，他们在内容付费行业首创了“二级分销”社群裂变模式——先把忠实度高、社会资源广的老会员加盟为城市代理；第三，每会都建有微信群，每周举办线下读书沙龙，进一步提升会员的参与度，激发口碑传播。

素质园地

目前，全社会都在倡导要加强读书学习，把学习作为一种追求、一种爱好、一种健康的生活方式，做到好学乐学。十点读书抓住社会需求，建立了以读书为入口的学习型社群，其价值观是用户至上、拼搏进取、拥抱变化、追求卓越，其使命是用文化给更多人带来温暖和力量。

十点读书以分享为出发点，最开始在微博分享书摘及策划一些赠书活动，以此积累了原始的“粉丝”。当出现微信公众号后，公众号很好地解决了微博上不方便分享长文章和深入阅读体验差的问题，于是开始运营公众号，“粉丝”以之前微博的“粉丝”为基础，接着朋友圈转发，通过优质的文章推送，不断地提高“粉丝”的增加量。发现社群成员交流的需求后，开通微社区，社群成员可以在上面进行交流与分享，这个过程提高了社群的活跃度也给平台提供了很多优质的内容；“粉丝”在分享中也会给社群增加新的“粉丝”。推出了很多栏目，比如电台，定期邀请嘉宾分享，这大大提高了社群的关注度，也逐渐打造出了一个新媒体传播矩阵。招募线下各城市的读书会的会员和班长，组织线下读书会，让社群落地；认真处理群员的回复留言，多与群员互动；让群员参与到社群的管理和平台内容的建设；策划一些赠书的活动。十点读书是社群营销成功的典范。

思考：十点读书为什么是社群营销成功的典范？

项目总结

本项目从构建社群入手，重点讲解了建立社群的基本步骤，如何培训一个社群并提高社群活跃度等，旨在通过介绍社群营销的基本理论，帮助学习者独立分析社群运营的相关问题，并能在社群营销实践中借鉴百家之长。

习题与思考

一、单项选择题

1. 社群营销是一种扁平化网状结构，人们实现可以一对多、多对多地互动，每个人都能说，传播主体由单一走向多重。这说明社群营销具有（　　）的特点。

A. 去中心化　　B. 中心化　　C. 自行运转　　D. 碎片化

2. 早期的知乎实行（　　）设置社群门槛。

A. 开放制　　B. 付费制　　C. 任务制　　D. 邀请制

3. 移动互联网的发展并没有改变人的本性，改变的只是人们的阅读习惯和行为，（　　）就始终是品牌运营的核心。

A. 优质内容　　B. 需求痛点　　C. 社群打卡　　D. 福利红包

4. 一般认为社群互动和红包发放的最佳时间是（　　）。

A. 5：00—6：00　　B. 13：00—14：00

C. 20：00—21：00　　D. 23：00 以后

5. 某社会化营销专家指出:“如果生意建立在关系的基础之上,那么就把关系当作一笔重要的生意来做,(　　)成就品牌,信任是购买的主要驱动力。”

A. 弱关系　　B. 强关系　　C. 线下活动　　D. 线上活动

二、多项选择题

1. 社群通过运营可以建立(　　),延长社群的生命周期。

A. 仪式感　　B. 参与感　　C. 组织感　　D. 归属感

2. 树立社群形象需要考虑(　　)。

A. 社群名称　　B. 社群 logo　　C. 社群口号　　D. 社群起源

3. 常见的培育种子用户的方法包括(　　)。

A. “粉丝”吸引法　　B. 影响力聚拢法　　C. 标签筛选法　　D. 利益驱使法

4. 从分享人的角度来看,社群分享主要可分为(　　)。

A. 群主或管理员分享　　B. 合作伙伴分享

C. 群内成员分享　　D. 邀请嘉宾分享

5. (　　)两个关键因素决定了群成员是否参与社群打卡。

A. 打卡的方式　　B. 打卡的周期长度　　C. 打卡的工具　　D. 参与活动的门槛

三、简答题

1. 创建社群的主要步骤有哪些?

2. 社群规则制定主要包含哪些方面?

实训项目

1. 项目背景

2012年12月,十点读书公众号开启;2015年8月,获得狮享家新媒体基金天使轮投资。2016年5月,知识付费“十点课堂”开启;2017年1月,十点读书宣布已获得清科岭协基金领投,微影资本、赛富投资基金跟投的超6 000万元人民币A轮融资;2017年8月,短视频“十点视频”开启;2018年8月,十点读书的App上线;2021年5月,十点读书线下文化空间“十点书店”在长沙洋湖天街正式开业;2021年6月,十点读书第四家书店在武汉正式开业。

2. 项目训练内容

以团队形式查阅相关资料,结合素质园地十点读书的成长之路,了解十点读书社群矩阵的构成;从社群同好、结构、输出、运营、复制五要素详细分析其在知识付费时代社群营销的主要成功经验和借鉴意义,并撰写报告。

3. 项目训练要求

将分析结果在班级进行展示和汇报。

(1)了解十点读书社群矩阵的构成、资料翔实(10分)。

(2)能结合五要素准确分析十点读书社群营销成功经验和借鉴意义(40分)。

(3)语言表述清晰、准确,团队合作力强(10分)。

(4)项目训练报告内容翔实、观点明确、形式美观(20分)。

(5)团队自评(5分);班级团队互评(5分);教师评价(10分)。

参考文献

[1] 王斐. 新媒体实用工具[M]. 北京：人民邮电出版社，2021.
[2] 杨学成，陈章旺. 网络营销[M]. 北京：高等教育出版社，2014.
[3] 吴永凯，彭小菲，欧阳妮娜. 新媒体运营[M]. 北京：中华工商联合出版社，2021.
[4] 勾俊伟，刘勇. 新媒体营销概论[M]. 北京：人民邮电出版社，2019.
[5] 肖凭. 新媒体营销实务[M]. 北京：中国人民大学出版社，2018.
[6] 华迎. 新媒体营销[M]. 北京：人民邮电出版社，2021.
[7] 邹益民，李丽娜. 新媒体营销与运营 [M]. 北京：人民邮电出版社，2021.
[8] 杜一凡. 新媒体营销完全攻略[M]. 北京：人民邮电出版社，2017.
[9] 叶妙琳. 微信公众号平台操作与版式设计[M]. 北京：人民邮电出版社，2021.
[10] 余以胜，林喜德，邓顺国. 直播电商理论、案例与实训[M]. 北京：人民邮电出版社，2021.
[11] 徐骏骅，陈郁青，宋文正. 直播营销与运营[M]. 北京：人民邮电出版社，2021.
[12] 乔辉，麻天骁. 新媒体营销与运营[M]. 北京：人民邮电出版社，2021.
[13] 康肖琼. 新媒体营销[M]. 北京：机械工业出版社，2020.
[14] 林海. 新媒体营销[M]. 北京：高等教育出版社，2019.
[15] 杨永波. 社群营销 [M]. 北京：人民邮电出版社，2018.
[16] 武永梅. 社群营销 [M]. 天津：天津科学技术出版社，2020.
[17] 丁颖. 从零开始学社群营销[M]. 2 版. 北京：清华大学出版社，2021.
[18] 秋叶，秦阳，陈慧敏. 社群营销方法、技巧与实践[M]. 北京：机械工业出版社，2021.
[19] 陈丰. App 营销与运营一本通[M]. 北京：人民邮电出版社，2016.
[20] 谭静. App 和小程序营销与运营实战[M]. 北京：人民邮电出版社，2019.
[21] 胡保坤. App 营销实战[M]. 北京：人民邮电出版社，2015.
[22] 彭雷清. 内容营销[M]. 北京：中国经济出版社，2018.
[23] 桑昆. 直播带货全攻略[M]. 北京：中国经济出版社，2020.
[24] 王冠，王翎子，罗蓓蓓. 网络视频拍摄与制作[M]. 北京：人民邮电出版社，2020.
[25] 莫瓦特. 视频营销：从规划、创意、内容、制作到发布的视频营销策略[M]. 耿聃聃，吕侠，译. 北京：中国商业出版社，2010.
[26] 科特勒. 营销管理[M]. 梅清豪，译. 上海：上海人民出版社，2003.
[27] 吴健安，聂元昆. 市场营销学[M]. 6 版. 北京：高等教育出版社，2017.